論語

【新装版】

吹野安

笠間書院

導言（『論語』について）

『論語』は、中国の生んだ世界四聖（印度の釈迦《しゃか》、イスラエルのイエス、ギリシアのソクラテスなど）のひとり、孔子の思想を著録したものである。つまり『論語』という書物は、孔子の死後弟子たちの手によって、孔子が弟子や時人と語り合った応答の語や、弟子の言行を集録した一種の言行録である。そこに示されているものは、「言」よりも「行」を重んずる思想家としてのものであり、かかる意味では、孔子は倫理学前期に属する思想家であったと評してよい。

この書は、中国は勿論のこと、日本、韓国、その他漢字の行なわれた国ぐにの間では、いち早く精神文化の上に摂取し、長い年月にわたって行なわれ、それはあたかも西洋におけるバイブルのごとき存在であった。言い換えるならば、「東洋のバイブル」といっても決して不都合ではなかったのである。かようなわけで、『論語』はひとり「中国の古典」であるばかりでなく、「アジアの古典」であり、「東洋の古典」であるといってよい。

また十七世紀の半ばごろからラテン語訳ができ、しだいに世界の注目をあびるようになり、つぎつぎと欧米諸国に翻訳され、それぞれの民族からはしだいに共鳴者が現われ、いつしかこれを聖典として仰ぐにいたったことを考えれば、『論語』はもはや一地域の古典であるばかりでなく、全世界の「人類の古典」として重要な地位に置かれているのである。伊藤仁斎の『童子門』にも「論語は専ら教を言ひて、道其の中に在り」とあるように、人類の書たる所以がある。

わが国においては応神天皇の十六年（西暦約二八五）に『論語』が渡来したというが、当時伝わった『論語』はいかなるテキストであったか、明瞭ではない。ただ養老令学令に、明経道の課目に記した中に『論語鄭玄何晏注』とでているので、奈良朝時代には鄭・晏二注の『論語』が行なわれていたことだけは判かる。そして以後のわが国の言語、文化の上に多大な影響を受けてきたことは大いに注目してよい。したがって、敢えて言うならば、『論語』は「日本の古典」として最も重要な位置におかれて然るべきであろうと、私は考えている。当時の知識人は文字の渡来といっしょにやって来た、かくも偉大な思想が極めて明せきに集大成されている『論語』に目をみはり、競って自国の文化に取り入れようと努力したのであった。わが民族の文字と文化の新生とともにあった『論語』は、われわれの日常生活や文化とは実に密接な関係があるのである。だから少しでも深く、高く、わが民族の思惟を理解し、文字、言語、文化の諸方面にわたって知ろうとするならば、『論語』は決して度外視することのできない唯一の古典といってよいのである。だが『論語』はただそれにとどまるものではない。人間生活の指針ともなり、すぐれた知恵が秘蔵されているのである。あらゆる人間に希望と理想を与え、人間としての健全な生き方を教え導いてくれる。古来「人類の書」として仰がれる所以がここにある。

『論語』は、学而《がくじ》・為政《いせい》・八佾《はちいつ》・里仁《りじん》・公冶長《こうやちょう》・雍也《ようや》・述而《じゅつじ》・泰伯《たいはく》・子罕《しかん》・郷党《きょうとう》・先進《せんしん》・顔淵《がんえん》・子路《しろ》・憲問《けんもん》・衛《えい》霊公《れいこう》・季子《きし》・陽貨《ようか》・微子《びし》・子張《しちょう》・堯曰《ぎょうえつ》篇にいたる二十篇から成り、「学而」篇より「郷党」にいたる前十篇を上論、「先進」以下「堯曰」篇までを下論といわれている。その下論には、孔子の挫折者としての思想、道家的臭味を感ぜしめるものがある。

前にも述べたように、孔子およびその弟子たちの言行録である『論語』とは、『漢書』芸文志に「門人相与《とも》に輯めて論纂《ろんさん》す。故に之《これ》を論語と謂ふ。」とあり、「語を論ずる」ということである。「語」は、社会的に重要な対話の記録、「答述」の意で、孔子が門人に答えたことばの意である。しかし、元来は史としての性格を持つもので、神人間の対話にその起源があった。かかる意味では、「語」ということばは、神人間の「答述」という意があったのである。「論」は、「論議」の意で、孔子の没後、その門人たちが孔子答述の「辞（ことば）」を論議して編集したのである。それはおよそ孔子の没後一〇〇年ごろから前後して大々的にまとめられたものと考えられる。

孔子略年譜

西暦	魯公		年齢	事項
前五五一	襄公	22	1	孔子生まる。（『史記』、『左氏伝』、『公羊伝』、『穀梁伝』では「襄公二十一年（五五二）」とする。）
五四九		24	3	父の叔梁紇死す。
五四二		31	10	子路生まる。
五四一	昭公	1	11	昭公、位に即く。
五三八		4	14	有若生まる。
五三七		5	15	孔子、学に志し、魯の都に行く。
五三三		9	19	宋の幵《けん》官氏の娘と結婚したか？
五三二		10	20	鯉（字《あざな》は伯魚）生まる。委吏、司樴の吏となったのは、この年以降か。
五二二		20	30	周に行き、老子に礼を問う。
五二一		21	31	顔淵、子羔、巫馬施などが生まる。
五一七		25	35	昭公が斉に逃れ、孔子も斉に行き、その翌年魯に帰る。
五一五		27	37	孔子斉に仕えを求む。大師摯に楽を聞く。樊遅生まる。
五〇九	定公	1	43	定公、位に即く。
五〇七		3	45	子夏生まる。
五〇六		4	46	子游生まる。
五〇二		8	50	公山不狃《ふじゅう》、陽虎と乱を起す。

五〇一	9	51	孔子、中都の宰となり、司空となる。段干木・子思生まる。
五〇〇	10	52	定公、斉公と夾谷で会盟。孔子随行して魯の国権を全くし、国威を示した。大司寇となる。
四九八	12	54	定公にすすめて三桓氏の城邑を破壊しようとし、城を囲んだが、不成功に終わる。魯の相事を摂行し、功績があがった。
四九六	14	56	斉が魯に女楽を贈り、孔子魯を去り、衛に行く。衛から陳に行こうとして匡で難にあう。また衛に帰り、南子に会う。
四九五	15	57	定公薨ず。孔子、衛を去り、曹、宋、鄭を経て、陳に行く。途中宋国の将、桓魋《かんたい》により危難に会う。
四九四	哀公 1	55	哀公、位に即く。
四九三	2	59	陳を去り、衛に行き、再び陳に帰る。（世家では哀公三年、孔子六十歳の時とする）
四九〇	5	62	陳から蔡に移り、この年葉に行き、葉公と会い、また蔡に帰る。老萊子と会見。
四八九	6	63	陳、蔡の野で難にあう。楚の昭公に助けられ、のち衛に行く。
四八四	11	65	季康子に迎えられて、魯に帰り、国老として遇される。
四八三	12	69	子の伯魚死す（五十歳ごろ）。
四八一	14	71	顔淵死す（四十一歳）。孔子『春秋』を書くという。宰我、斉で殺さる。
四八〇	15	72	子路、衛で殺さる（六十二歳）。
四七九	16	73	夏、四月、孔子死す。魯の城北泗水のほとりに葬られた。

目次

〔為政第二〕

本文

学　而　第　一

子曰、学而時習レ之、不二亦説一乎。有レ朋自二遠方一来、不二亦楽一乎。人不レ知而不レ慍、不二亦君子一乎。

【読み方】

子《し》曰《いは》く、学《まな》んで時《とき》に之《これ》を習《なら》ふ、亦《また》説《よろこ》ばしからずや。朋《とも》有《あ》り遠方《えんぽう》自《よ》り来《きた》る、亦《また》楽《たの》しからずや。人《ひと》知《し》らずして慍《いきどほ》らず、亦君子《またくんし》ならずやと。

語釈・語法

学而　朱子は「此れ書の首篇為り。」といい、「道に入るの門、徳を積むの基、学者の先務なり。」という。十六章より成る。**子**　男子の美称。ここでは、学徳すぐれた男子の尊称で、孔子をさす。古代では「師」を称して「子」といった。**曰**　言うことに。言うには。「いはく」と読み、「いはく」の「く」は、四段の動詞「いふ」の未然形「いは」についた接尾語で、その動詞を名詞化する。皇侃の『論語義疏』に引く『説文解字』に「口を開きて舌を吐く。これを謂ひて曰と為す」とあり、吐舌の形とする。しかし、もとは神に訴える語であり、また神の宣示の語であろう。**学**　この字は音を表わす「⺍冖（こう）」と、意味を表わす「子」とからなる文字で、「⺍冖」は「ならう」の意の語原「効」からきている。もと、子供に世の中のしきたりの手ぶりを習わせることをいう。他から習うこと、「効」「傚」「⺍冖」、そしてみずからさとること、「覚」をいう。伊藤維禎の『論語古義』

巻一では、「学は、傚なり。」とする。ここでは礼を学ぶこと。一説に、古の聖人たちが残した詩・書・礼・楽といったようなすぐれた古典を勉強すること。「先進」第十一にみえる子路の言「民人有り、社稷有り。何ぞ必ずしも書を読みて然る後に学と為さん」をもってすれば、「読書」と解するがよかろう。　**而**　ここでは順接の意を表わす接続詞。逆接の意を表わす場合「しかれども・しかも・しかるに・しかし」。形容詞と動詞とを並べるさいに用いる場合「て・して・にして」。ここでは「学ん（び）で（て）」の「で・て」、つまり日本語の接続助詞に相当し、漢文訓読のさいは、その場で読まないで、送り仮名で読ませる。　**時**　機会あるごとにいつでも。いつと定めないで、おりにふれて。　**習**　繰り返し繰り返し復習して習熟する。「習」は、羽と白とよりなり、音は「かさねる」意の語原「重（じゅう）」からきている。鳥が飛翔を習う意。ひな鳥がくりかえし羽を動かして飛ぶ練習をする意を表わす。引伸義として「ならう」の意。「習」は、ここでは実行の習熟を意味する。　**之**　ここでは、指示詞。学んだことがら。「学んだ対象」をさす。古い読み方では「学《ビテ》而時《ニ》習《フ》之、……」として、「之」を語調を整える助辞とみる。　**不亦説乎**　なんとまあうれしいことではあるまいか（これ以上のうれしいことはない）。「不亦……乎」は「なんとまあ……ではないか（これ以上の…はない）」の意。感動を表わす。反語の句法。「不亦A乎」の「A」には原則として形容詞・形容動詞が置かれる。「亦」は、意味を強めることばで、相手を納得させる語気を表わす助辞。「……もまた」の並列を表わすことばではない。「説」は、音「えつ」で、「悦」に同じ。『釈文』に「説は音悦」と見える。「よろこぶ」と読まれるが、「喜」が、物事をよろこぶに対して、「悦」は、心に服する主観的なよろこび（心の中で楽しむこと）で、うれしいの意に近い。　**有**　上に時間、場所、または人を表わす語が来るのが原則。したがって「有レ某……」は、「思いがけない不意の訪問者が……」ということを表わす。　**朋**　友だち。ここでは孔子の学問を慕い、その道に志している友だちをいう。一説に、遠来の珍客と解す。　**自**　下に場所や方向を示すことばが置かれ、「……より」と読み、かならず返り点がつく。　**不亦楽乎**　なんとまあ楽しいことではあるまいか（これ以上の楽しみはない）。ここまでの二節は『史記』孔子世家に「定公五年、魯は大夫より以下皆正道を僭離す。故に孔子仕へずして退き、詩・書・礼・楽を修めしに、弟子弥々衆く遠方より至り受業せざるなし。」とあるによると、孔子がすでに仕官への志を絶ち、もっぱら弟子の教育に力を注ぎ、遠方より集まり来たった時の悦楽を語ったことばと解される。**人不知** 他人が自分の学徳や才能の真価を認めてくれない。世間で認めてくれない。「人」は、俗世間の人。凡人。一説に、孔子の弟子たち。また、為政者。「不知」は、ただ単に「知らない」の意ではなく、「判ってくれない」とか、「認めてくれない」などの意である。ここは恐らく当時の君主王侯といったような者が登庸して社会に用いることをしないことをいったものであろう。**不慍** 不平に思わない。「慍」は「わだかまる」意の語原「蘊(うん)」からくるもので、心中に不平をいだいて怒ること。心の中でむっとすること。**君子** 『論語』の「君子」については、普通「三義」を考えればよい。つまり、①才徳の高い人。徳行ともにそなわった人。②学問修養に志す人。③在位の君主。人君など。一説に、『論語』において、「君子」という場合には、多くは願望の意がこめられているという。

この章の三連の句は、学習することと、仕官することとの関係について説いたものであり、春秋時代末期の私学としての孔子学園の特徴を示すものでもある。それを『論語』の開巻第一においたことは、孔子教団と仕官との強調を意味するかに思える。

通釈

孔先生が言うことに、「自分が以前に学んだ事柄の道理や、古の聖賢たちが残した言行などを思い返しては、時おりいつでも復習し、ほんとうに自分の身に習熟するということは、なんとまあ嬉しいことではあるまいか(人生においてこれ以上の嬉しいことはない)。また、そうして日夜努力を積んでいるうちに、自分と同じ考え方を持っている人が、近い処の人はいうまでもなく、遠方からはるばるとやって来て、志した道をともに学ぶようなことになるのは、なんと楽しいことではあるまいか(人生においてこれ以上の楽しみはあるまい)。さて自分がそのように努力し、学問、修養、徳行にすぐれたにもかかわらず、世の人（世の為政者たち）たちは、その自分の真価を認めて社会に登庸するようなことをしなくとも、心の中に不平不満をいだくこともなく、ひたすら自分の進むべき道を自覚し、より高い徳行の道を修め積むものこそ、なんと、まことの君子というべきではあるまいか（これ以上の徳行とともにそなわった人はない）」と。

【参考】

この第一章は学問の真の喜びを知った最初の人、孔子の学問論であり、求道者の幸福論でもあり、はては孔門の学則のごときものでもある。まこと『論語』の冒頭の文章にふさわしいといってよい。三節からなる学問の喜悦、同朋切磋の楽しみ、自己の使命に生きる君子の境涯、これらが互いに深く関連しあって、孔子一生の求道の姿を端的に写しえた名篇で、わが江戸時代の大儒、伊藤仁斎が、この第一章をば「一部の小論語」といっているのは、まことと真を得た評というべきだろう。なお、この章は、孔子一生の事実を述べたもので、聖人晩年のある日の述懐であろうといわれているが、それを『論語』の開巻冒頭の章に配したのも由なしとしない。孔子は十五歳で学に志して以来、学問の道に、それこそ驚くべき情熱を傾けていった。学問を喜ぶ者は多いかも知れないが、学問を心から楽しむ者は少ない。学問を楽しむものはなお求めうるが、世間の人に認知されないでも腹立たず、自らの使命を顧み、道を履《ふ》んで精神の安らぎをうる者に至っては極めて稀といわねばなるまい。学問の喜悦から楽しみに至る深まり、こうした経験の拡大と深奥への進展、そこにこそ第三節における「君子」につらなるものがある。だが、それは決して安易な道ではなかった。「世間の人びとに知られない」という逆境に立ち、その苦難を経て、一層の深みを体験し、真の君子に近づいていくことを知らねばならない。「人知らずして慍らざる」絶対自由の天地に、安心立命の境をみいだし得るまでの、聖人孔子の求道の姿を、その苦難にみちた生涯と、『論語』終章の「命を知らざれば、以て君子為ること無きなり」の言を、併わせ味わうべきだろう。世の学問に志すもの、君子たるものの常に念頭におかねばならないことばである。

有子曰、其為レ人也、孝弟而好レ犯レ上者鮮矣。不レ好レ犯レ上而好レ作レ乱者、未ニ之有一也。君子務レ本。本立而道生。孝弟也者、其為ニ仁之本一与。

【読み方】

有子《いうし》曰《いは》く、其《そ》の人《ひと》と為《な》りや、孝弟《かうてい》にして上《かみ》を犯《をか》すことを好《この》む者《もの》は鮮《すくな》し。上《かみ》を犯《をか》すことを好《この》まずして乱《らん》を作《な》すことを好《この》む者《もの》は、未《いま》だ之《こ》れ有《あ》らざるなり。君子《くんし》は本《もと》を務《つと》む。本《もと》立《た》ちて道《みち》生《しやう》ず。孝弟《かうてい》なる者は、其《そ》れ仁《じん》の本《もと》為《た》るかと。

語釈・語法

有子　姓は有、名は若。字は子有。孔子の門人。魯（山東省）の人。孔子より十三歳若く、その容姿言動が孔子に非常によく似ていたという（「孟子」滕文公上に見える）。なお「字（あざな）」とは、中国で元服の時に、実名のほかにつける名をいう。「あざなをつける」とか、「あざなする」という。　**曰**　前章参照。　**其為人也**　ある人がいて、その人の人がらが。「其」は、指示詞ではあるが、ここでは特定の人をさしているのではない。「為人」は、人がら・心がら・性質などの意、「也」は「……や」と読み、主格である「其為人」の語勢を強める助辞で、断定の意を表わす助辞とは趣きが違う。　**孝弟**　子としては素直に、また弟としては従順な態度で接すること。『孟子』告子下に「堯舜の道は、孝弟のみ。」といっているように、儒家の説く実践道徳は、孝を本とする。「弟」は「悌」で、心と弟より成る文字に同じ。兄や目上の者に心から仕えること。従順。　**而**　ここでは逆接の意を表わす。頁二参照。 **好犯上** 自分より目上の者にさからうことを好んで行なう。「犯」は、抵抗する・つきかかる・ぶつかるなどの意。 **鮮** まったく少ない。ほとんどない。 **矣** 語句の終りに用いる助辞。きっぱりと言い切る場合、文章の末に用いる語気詞。 **作乱** 国家社会の秩序や平和をみだすこと。「作」は、「おこす」の意。「乱」は、世の道理にさからいおこすこと。 **未之有也** 今まであったためしがない。今までにあったことがない。決してない。強意の表現である。「未」は、「いまだ……ず」と返って読む。再読文字。まだそうならないという未定を表わす助辞。 **君子務本** 徳行が立派にそなわった人は、物事の根本を自分から進んで勤め行なうものである。「君子」とは、才徳の高い人・徳行のそなわった人・学問修養に志す人・在位の君主・人君・高い官職にある人・高級官吏・妻が夫をさしていう称など、多義にわたるので、よくその文意を把えて適切な訳をする必要がある。ここの「本」とは、恐らく孝弟の道を含んだ表現であろう。 **本立** 孝弟の道が立派に確立する。孝弟の道が立派に定まる。一説に「本は礼なり」と解す。『左氏伝』の昭公七年に「礼は人の幹なり。礼無くんば、以て立つ無し」。とみえるに拠っている。 **道生** 人として則り従って行く道が自然に出て来る。「道」とは、道理・筋道・道徳・方法・道路などの諸義があるが、ここでは「手段」とか「方法」の意。 **也者** 「……なるものは」とか「……やは」などと読まれ、上の語（ここでは「孝弟」）を重々しく提起する表現法で、一種の提示語と見たい。 **為仁之本与** この句は古来二通りの訓読説がある。その一つは「為仁之本与（仁を為すの本か）」であり、その二は「為仁之本与（仁の本為るか）」である。前者に従えば「孝弟というものは仁を実現する根本であるか」の意であり、後者は「孝弟の道をもってするのが仁の根本であるか」の意である。また日本の古写本には「為」字のない本があり、これに従えば「仁の本か」である。いま「通釈」の項においては後者の説を取った。「仁」とは、社会集団において自然に生ずる心の働きで、親しみ愛しむところの徳である。孔子は仁をもって諸徳の根元と考え、この仁を自分の心にしっかりと自覚して、この働きを失わないことを学問修業の極地であるとした。徂徠は『論語徴』で「仁は、安民の徳なり」という。つまり安民のためのものと解している。

「与」は、疑問を表わす終尾辞。なお「孝弟なるものは、其れ仁を為すの本か」は、仁が家族制度や家の道徳に裏づけられていることを物語っている。この「与」字は、その用法が比較、並列、従属など助辞としての用法もあり、「あたえる、くみす」など動詞としての用法もある。その解釈には十分考えて適訳をしなければならない。

通釈

有子が言うことに「その人がらが、子としては素直に親を敬愛し、弟としては従順な態度で兄長に接し、自分より目上の者に逆い、つきかかることを好んで行なう者はほとんどない。目上の者に逆い、たてつくことを好まない人がらで、国家社会の秩序や平和を乱すことを好んで行なう者は、まだあったためしがない。いったい徳行が立派に備わった人という者は、物事の根本を自分から進んで勤め行なうものである。何事も根本がしっかりと確立するというと、人として則り従って行くべき道はおのずから開けてくるものである。この孝弟こそは、結局、人としての最高道徳である仁という徳の根本であるといってよいでしょうか」と。

【参　考】

孔子の思想は、子の親に対する愛情を基本としているといってよい。この章は、その考えをよく表現しえている。まず孝弟の徳の効用を説明して、それが仁の道の根本であることを納得させる。一種の三段論法を用いて、仁道の根本の徳を努めなければならないことを主張している。要するに親子の間の愛情や、年上の人を畏れ敬するという、人間の自然の感情を伸ばして発達させれば、仁となり、仁義となりうるという。こうした愛の心が進展することにより、社会、国家も平和に治まるというのが儒家の考えであったのである。

子曰、巧言令色、鮮矣仁。

【読み方】

子《し》曰《いは》く、巧言令色《こうげんれいしょく》、鮮《すくな》いかな仁《じん》あると。

語釈・語法

子　男子の美称。ここでは、学徳すぐれた男子の尊称で、孔子をさす。古代では「師」を称して「子」といった。**曰**　言うことに、言うには。「……いはく」と読み、「いはく」の「く」は四段の動詞「いふ」の未然形「いは」についた接尾語で、その動詞を名詞化する。漢文訓読のさいは、「曰く……と」と結ぶ。これに類するものに「……らく」がある。**巧言令色**　口先を上手に、顔色も和らげて、人に気にいられるようにこびへつらうこと。不仁者のさま。「巧言」は、巧舌に同じで、巧みに口をきく。口がうまいこと。「衛霊公」第十五に「子曰く、巧言は徳を乱る。小、忍ばざれば則ち大謀を乱ると。」とみえる。「令色」は、顔色を善くして、努めて人の気に入るような顔つきをすること。「令」は、善の意。伊藤維楨の『論語古義』巻一に「言ふこころは其の言語を好くし、其の顔色を善くし、飾を外に致すは、則ち是れ偽りのみ。何の仁か之れ有らん。」と説いている。**鮮矣仁**　仁などまったくない。仁をもっている者はほとんどない。ここは「仁鮮矣」の倒置法で、語勢を強めた表現である。「仁」とは、社会集団において自然に生ずる心の働きで、親しみ愛しむところの徳である。孔子はこの仁をもって諸徳の根元と考え、この仁を自分の心にしっかりと自覚して、この働きを失わないことを学問修養の極地であるとした。仁斎は「仁は畢竟愛に止まるか。曰く、畢竟愛に止まる。故に学は仁に至りて、便ち実徳為り、種々の善行、皆其の推なり。」（「童子問」上・四十五章）といい、すべての善は、仁の延長だといっている。「鮮」は、単なる「少ない」の意ではなく、「ほとんどない」とか、「あったとしてもそれはごく稀だ」の意である。「矣」は、ここでは「……かな」と送り仮名で読まれ、慨嘆の意を表わすが、元来この字は語句の終りに用いる助辞で、きっぱりと物事を言い切る場合、文章の末に置かれる語気詞である。ここでは倒置形を取ったので、「鮮」と「仁」との間に置かれた。この場合のように倒置した文でも述語の最後につけられるのである。

通釈

孔先生が言うことに、「口先を上手に、顔色も和らげて、努めて人に気にいられるようにこびへつらう人には、本当の仁心というものは全くないものだ」と。

【参　考】

人間の生き方とは、自己の心として忠恕の念に基づく対他的な誠実さに求めるべきで、深い内省に発しなければならぬ。それが外面を飾ることに心奪われては、仁はすでに失われてしまっているのであると、仁に志す者の少ないのを嘆いたもので、孔子の深い人生体験よりでた慨嘆の辞である。宋の大儒朱子は、聖人のことばはあまり直接にいわぬものだから、「鮮し」といったならば、巧言令色なる者は、仁であることが絶無だということであるとしている。

曽子曰、吾日三省㆓吾身㆒。為㆑人謀而不㆑忠乎。与㆓朋友㆒交而不㆑信乎。伝㆑不㆑習乎。

【読み方】

曽子《そうし》曰《いは》く、吾日《われひ》に吾《わ》が身《み》を三省《さんせい》す。人《ひと》の為《ため》に謀《はか》りて忠《ちゅう》ならざるか。朋友《ほういう》と交《まじは》りて信《しん》ならざるか。習《なら》はざる伝《つた》へしかと。

語釈・語法

曽子　前五〇五年—不詳。名は参、字（あざな）は子輿。敬って曽子といわれた。孔子の門人で、孔子より四十六歳も若かったという。魯（山東省）の武城の人。孔子の道を伝えた第一人者で、親孝行の人として知られ、「孝経」はその著であるといわれている。　**曰**　前章参照。　**吾**　一人称の代名詞。われ。　**三省**　くり返し、くり返し反省する。「三省」の「三」を以下の三事と解する説もあるが、「しばしば」、「再三再四」などと解しておく。伊藤仁斎は『論語古義』巻一で「凡そ三の字、句首に在る者は三次の義と為す。三省は三復三令の類の如し。丁寧反復して其の身を省みるなり。」といっているのは正しいというべきであろう。　**為人謀**　人の相談にあずかる。「謀」は、相談にのって計り考えてやる。世話する。　**而**　ここでは接続詞。この字が接続詞として用いられる場合、およそ次の三つを考えるようにしたい。①順接の意を表わす場合、「しこうして・しかして・して・て」などと読まれる。②逆接の意を表わす場合、「しかれども・しかも・しかるに・しかし」などと読まれる。③形容詞と動詞とを並べるさいに用いる場合、「て・して・にして」などと読まれる。ここでは「謀りて」の「て」、つまり日本語の接続助詞に相当し、漢文訓読のさいは、その場で読まないで、送り仮名で読ませる。しかも「活用語（日本語の用言）＋而……否定語」といった場合の「而」は、逆接を表わすことが多い。だからここも「人の為に謀れども忠ならざりしか」と、私としては読みたい。自己回想の助動詞「き」を送り仮名に使った方が、一層自己反省の度が深まろう。　**忠**　誠実。まごころを尽くすこと。「誠心以て人のために謀るを忠という。」（論語正義）と解されている。自己修養の根本原則が「忠」である。「忠」は、音を表わす「中」と、意を表わす「心」とよりなる会意形声の文字で、「充」からきており、「心をこめてすること」をいう。　**乎**　「……か」と読まれ、疑問を表わす終尾辞。　**与朋友**　「与」字の用法は、非常に多方面にわたっている。その文脈文意などに十分の注意をはらって解く必要がある。ここでは「AはBと」の「と」に当たり、従属を表わす助辞として用いられている。こうした場合の「A（ここでは「私」「自分」「吾」などのことば）」は省略されることが多いのである。この他の「与」字の用法を次に挙げておこう。①並列を表わす助辞として用いられる。（A与レB「AとBと」）②比較を表わす助辞として用いられる。「与二其A一寧B」で、「そのAであるよりは、いっそうBの方がよい」のような場合に用いられる。この場合は原則として「与」と「A」との間に「其」字が置かれる。③動詞として用いられる。（与A「Aに与える」）④疑問を表わす助辞として用いられる。（……与。「……か。」）など。　**信**　人と言とよりなる会意文字で、言行の一致すること。信実でいつわらないこと。　**伝不習**　自分が十分習熟していないことを人に伝える。（古注説）この句を「伝不レ習乎。」と読む説があり、これに従うと、「先生から伝授された教えをしっかりと身につけるように練習しなかったのではなかろうか。」の意となる。（朱子説）だがこのように解するには、前句と同じように「伝而不習乎。」となってほしいところである。「而」字が実際にない以上は前説に従った方がよさそうである。「習」は、繰り返し繰り返し復習して習熟すること。もと「習」は、羽と白とよりなり、音は「かさねる」意の語原「重（じゅう）」からきている。ひな鳥がくり返し羽を動かして飛ぶ練習をする意を表わす。引伸義として「ならう」の意。なお、「伝不習」は『大戴礼記』曾子立事篇に「君子既に之を学べば其の博からざるを患ふるなり。既に博ければ、其の習はざるを患ふるなり。」と比較して考えると、「伝」を博字の誤りとし、「博くして習はざるか」と読んで、見解の博きをのみ求めて実践を怠ってはいないかと、自分から反省する意だという。

通釈

曾子が言うことに、「自分は毎日、くり返しくり返し自分の言行を反省している。それは、他人の相談を受けて、その人の身になって判断してやったとき、果して自分の誠心を傾け尽くさないようなことはなかったであろうか。また、友人と交際して、信実でなく、あるいは偽ったりしたことはなかったであろうか。さらにまた、自分がまだ十分に習熟していないことを人に教えてしまったのではなかろうかと。

【参考】孔子は曽子を「魯」（血のめぐりが悪い）と評したほどの人でありながら、ついに孔子の学統を継ぐ第一人者となった。それはこの章にみられる努力の累積の上にこそなったというべきであろう。他人に対して誠実であろうと努め、「仁」にかなうにはいかに生きるべきかを考えていた、曽子の人間像の深奥に触れなければならない。文中の述べる三事が、ともに対他的な道徳であり、仁道の具現にほかならない。しかも、それが自己の誠実、忠信、忠恕、つまり自己を偽らない誠実にこそあるとすることに注目しなければならない。

子曰、弟子入則孝、出則弟。謹而信。汎愛㆑衆而親㆑仁。行有㆓余力㆒、則以学㆑文。

【読み方】
子《し》曰《いは》く、弟子《ていし》入《い》りては則《すなは》ち孝《かう》、出《い》でては則《すなは》ち弟《てい》。謹《つつし》みて信《しん》。汎《ひろ》く衆《しゆう》を愛《あい》して仁《じん》に親《したし》め。行《おこな》ひて余力《よりよく》有《あ》らば、則《すなは》ち以《もっ》て文《ぶん》を学《まな》ぶと。

語釈・語法

子　男子の美称。ここでは学徳すぐれた男子の尊称で、孔子をさす。古代では「師」を称して「子」といった。
曰　言うことには。言うには。「……いはく」と読み、「いはく」の「く」は四段の動詞「いふ」の未然形「いは」についた接尾語で、その動詞を名詞化する。漢文訓読のさいは、「曰く……と」と結ぶ。これに類するものに「……らく」がある。　**弟子**　漢文では「ていし」と読んで、「でし」とは読まない。年少者のこと。若者。
入則孝　家庭内にあっては父母に対して子としての道を尽くす。「孝」は、老と子とよりなる会意文字で、子が父母や祖先に対してよく仕える意を表わし、家庭道徳の基本である。中国の孝道は、親は子供を無条件に愛し、それがために子供も親に対しては無条件に従うものだとする（狩野直喜「支那の孝道」）。「則」は「……らばすなはち」、「……ればすなはち」のように条件を示す語句を受けて、次の語句に接続する助辞である。　**出則弟**　外に出た場合は、目上の者に対して従順であること。「弟」は「悌」で、心と弟とよりなる文字に同じ。兄や目上の者に心から仕えること。ここでは「則」は、「AはBであり、CはDである」というように相対比する時に用いることば。　**謹而信**　自分の行動を慎しみ深くして、うそ偽りをいわない。「信」は、人と言とよりなる会意文字で、言行の一致すること。信実で、いつわらないこと。「而」は、ここでは順接を表わす接続詞。頁一〇参照。　**汎愛衆**　大勢の人をあまねく愛する。「汎愛」は、かたよった私心のない愛をいう。　**親仁**　仁徳を備えた人に親しみ近づくこと。つまり、仁徳ある者を尊親して、これを模範とすることをいう。　**有余力**　時間的にも力量的にもなお余裕があったならば。「有」は、「有らば」と読み、ラ変の動詞の未然形「有ら」に接続助詞「ば」がついたもので、仮定条件を表わす。　**学文**　詩書礼楽といったような古のすぐれた古典を勉強して、物事の道理をわきまえること。なお、「以学文」は「以㆓余力㆒学㆑文」の省略形である。

通釈

孔先生が言うことに、「世間の若者たちは、家庭内にあっては父母に対して子としての道を十分に尽くし、一般社会に出ては目上の者に対して従順な態度で接するようにしたい。そして自分の行動を謹しみ深くし、ことばにうそ偽りのないようにする。また大勢の人をあまねく平等に愛し、仁徳者に親しみ近づいて、これを模範として見習うようにしたい。さてこのように実行しても、なお自分に時間的にも力量においても余裕があるような場合には、いにしえの詩書礼楽といったようなすぐれた古典を勉強して自分の教養を高めるようにするのがよい。まず自分で実践し、学問による裏づけはその後でよいのである」と。

【参　考】

年少者の学問修養は、まず手近かな日常の正しい社会生活の実践から地道に進むべきことを説き、そうしたのち文学を学んで学問による裏づけをしっかりとすべきだという。こうした孔子のことばからすれば、恐らくは当時においても書物の学はあっても、人道の実践にはかける風があったのだろう。学問に志す者の深く味わうべき名句といえよう。なお、「弟子……学文」を「弟子よ……文を学べ」と命令形に読んで、孔先生が弟子たちに呼びかけ導いたことばとも解されよう。

子曰、君子不レ重則不レ威。学則不レ固。主二忠信一、無レ友二不レ如レ己者一。過則勿レ憚レ改。

【読み方】

子《し》曰《いは》く、君子《くんし》重《おも》からざれば則《すなは》ち威《い》あらず。学《まな》べば則《すなは》ち固《こ》ならず。忠信《ちゆうしん》を主《しゆ》とし、己《おのれ》に如《し》かざる者《もの》を友《とも》とすること無《な》かれ。過《あやま》ちては則《すなは》ち改《あらた》むるに憚《はばか》ること勿《な》かれと。

語釈・語法

子曰　前章参照。　**君子**　『論語』に表われる「君子」については、およそ「三義」を考えればよい。つまり、①才徳の高い人。徳行ともにそなわった人。②学問修養に志す人。③在位の君主。人君など。なおこの他に④高い官職にある人。高級官吏。⑤妻が夫をさしていう称などがある。ここでは「人君」の意で、王侯卿大夫をいう。一説に学問をする人。　**不重則不威**　人君たる者は人の上に立つものであるから、その態度が重厚かつ慎重でないと威厳がない。「則」は、「……らばすなわち」「……ればすなわち」のように条件を示す語句を受けて、次の語句に接続する助辞である。 **学則不固** 学問をすれば固陋でなくなる。人君たるものは権力があってわがままのきく立場にある者だから、どうしても偏見固陋におち入り易い。だから学問によって物事の義理に精通し、礼義に達すればその偏見固陋の障害の弊からまぬがれるというのである。一説に「学《ブモ》則《チ》不ㇾ固《ナラ》」と読んで、学んだこともしっかりしない意と解す。 **主忠信** 誠実さと、言行の一致することを専一とする。一説に、「忠信（の人）に主《した》しむ」と訓む。友を選ぶ方法を述べたものと解す。「忠」は、音を表わす「中」と、意を表わす「心」とよりなる会意形声の文字で、「充」からきている。『論語正義』に「誠心以て人のために謀るを忠という。」と解されているように、「心をこめてする」の意。自己の良心を欺かないこと。「信」は、人と言とよりなる会意文字で、言行の一致すること。信実でいつわらないこと。約束を守って他人を欺かないこと。 **無友不如己者** 自分よりつまらない人を友だちとしてはいけない。人君などというものは、自分の思う通りになる者を友人としがちなので、これを戒めたのであろう。「無」は、「なかれ」と読んで、「毋」に通じ、禁止の意を表わす助辞。「不如」は「しかず」と読んで、「……におよばない」と訳し、比較の句法である。 **過則勿憚改** どんな人間でも必ず過ちはあるものだが、その過ちを改めるのに決してためらってはいけない。「過」は、人としての道理を踏み違うこと。「勿」は、「なかれ」と読んで、禁止を表わす助辞。「憚」は、おそれて難しとすること。この句は、人間の弱さを見抜いたことばである。

通釈

孔先生が言うことに、「人の上にあって為政者としての地位にあるものは、その態度が重々しく、しかも落ちついていないと、威厳がなくて人を服せしめることはできない。また、そうした地位にある者は自分に権力があるものだから、どうしても頑固になりがちである。だから学問によって物事の道理に通暁し、礼義をわきまえて偏見固陋の障害の弊からのがれるようにしなければならない。そして誠実さと言行の一致することをまず第一と考え、自分より少しでも劣ったような者を仲間として、自分のわがままを通すようなことのないようにしなければならない。もし自分に過ちがあったら、誰だって過ちはあるものなのだから、自分の面目などにこだわらずに速やかに改めるようにしなければならない」と。

【参　考】

「忠信」とか「信」は、孔子のもっとも重んじたもので、これがなかったならば、一国の政治も社会生活も秩序は保たれないといっている。この章で、まず自ら持する道として「重」を、対他的態度として「忠信」をおき、他人から益を受けるためには友の選び方が問題だとする。だから常に自分よりすぐれた人を選べと展開する。以上の処世は、すべて善に向かうのが目的であるから、もし過失をおかしたときには、誰にもおそれはばかることなく改めよと、その処置を力強く説いたものである。

子禽問二於子貢一曰、夫子至二於是邦一也、必聞二其政一。求レ之与、抑与レ之与。子貢曰、夫子温・良・恭・倹・譲、以得レ之。夫子之求レ之也、其諸異二乎人之求一レ之与。

【読み方】

子禽《しきん》子貢《しこう》に問《と》ひて曰《いは》く、夫子《ふうし》の是《こ》の邦《くに》に至《いた》るや、必《かなら》ず其《そ》の政《まつりごと》を聞《き》く。之《これ》を求《もと》めたるか、抑《そもそ》も之《これ》を与《あた》へたるかと。子貢《しこう》曰《いは》く、夫子《ふうし》は温《をん》・良《りやう》・恭《きよう》・倹《けん》・譲《じやう》、以《もつ》て之《これ》を得《え》たり。夫子《ふうし》の之《これ》を求《もと》むるや、其《そ》れ諸《こ》れ人の之《これ》を求《もと》むるに異《ことな》るかと。

子禽　姓は陳《ちん》、名は亢《こう》。子禽（子亢ともいわれている）は字である。字とは、中国で元服のとき、実名のほかにつける名をいう。「あざなをつける」とか「あざなする」という。陳の人で、孔子より四十歳の年少者。孔子の門人ともいい、また子貢の門人ともいわれている。　**於**　「に」「を」「より」の意味を表わす助辞。訓読のさいはその場で読まないで、下の語に「ニ」「ヲ」「ヨリ」と送り仮名をつけて返って読む。なお「より」と読まれた場合「形容詞＋於＋体言」という関係にあったときは、この「於」は、比較を表わす助辞である。例えば「霜葉紅二於二月花一」の「於」は、比較を表わす。　**子貢**　孔子の門人。姓は端木、名は賜、子貢は、その字である。孔子より三十一歳の年少者。弁説がうまく、才子はだの人だったので、魯（山東省）や衛（河北河南両省にまたがる）の国に仕えて、しばしば外交談判などに成功した。また、理財の道に明るく多くの富を得ていたという。孔門十哲のひとりである。　**曰**　言うことに。言うには。「…いはく」と読み、「いはく」の「く」は四段の動詞「いふ」の未然形「いは」についた接尾語で、その動詞を名詞化する。漢文訓読のさいは、「曰く……と」と結ぶ。これに類するものに「……らく」がある。　**夫子**　元来は「大夫になった者」の称である。恐らく孔子が大夫になったことがあったので、その門弟たちが孔子を「夫子」と呼称したのであろう。それが一般化して「先生」の意となった。　**是邦**　どの邦でもの意。「此邦」の意ではない。　**也**　「……や」と読み、上の語句を起こす文字で、語勢を強める助辞である。　**聞其政**　政治のやり方について相談にあづかる。「聞」は、「聴」と違って、自然に耳もとに入ってくるの意で、先方から相談を持ってくること。　**求之与**　孔子の方から求めて相談にあづかったのか。「之」は、指示詞で、「政」をさす。「与」は「……か」と読み、疑問を表わす助辞であるが、ここでは婉曲な表現をとっている。　**抑与之与**　それともまた諸侯の方から孔子に、政治に参与するようにと相談を持ちかけたのか。「抑」は、上の語句をおさえて下の語句を起こすことば。「与之」の「与」は、告ぐの意。文末の「与」は、疑問を表わす助辞。　**温**　温和、温厚などの温でおだやかさをいう。顔色、態度がいかにもおだやかで、春風のように温和なこと。**良**　人間が生まれながらにして持っている善さ。たちがよくて素直なこと。**恭**　自分の身を持するに慎しみ深くて不作法でないことをいう。うやうやしさ。**倹**　ひきしまって節度のある意。きりりとしていてしまりのあること。**譲**　自分を引き下げて謙遜し、へり下って人にゆずり、人と争わないこと。以上の温良恭倹譲は、対人関係の上で欠くことのできないもので、「五徳」といわれている。**以得之**　だから自然に政治の相談を持ちかけられたのである。「以」は、ここでは接続詞的な用法として使われている。この字は元来、「用」という上一段の動詞が助辞化したもので、返り点がついた場合、つまり「以レA」は「Aをもちひて……(Aで)」と訳してあたるのである。その他「所以」の「所」の省略語として用いられたり、「すでに」という意で用いられたりする。その訳読には十分注意しなければならない。**夫子之**　「之」の用法には①上下の修飾関係を結ぶときに用いる助辞。(A之B「AのB」)という関係。②動詞としての用法。(A之レB「AがBに之く」)のような用い方。③最も一般的な用法として、指示詞として用いられる。(これ・この)など。④日本語の格助詞「が」と同じように用いられる。ここの「夫子之求之」の上の「之」は、正しくこの用法である。**夫子之求之也**　孔子が国政に関してあづかり聞いたということは。孔子はさきに述べた五徳の力によって、どうしても国政に関与しなければならなかったのである。つまり、自然と他から相談をもちかけられたのであった。子禽の「求之与」を受けて、子貢が「夫子之求之也。」と照応させたことから、こうした事柄の経緯は察せねばなるまい。**其諸**　おそらく。あるいは、などの意。**異乎人之求之与**　世間の人のいわゆる官職を求めるのとは大いに違うのではなかろうか。「乎」は、「に」「を」「より」の意味を表わす助辞。訓読のさいは、その場で読まないで、下の語に「ニ」「ヲ」「ヨリ」と送り仮名をつけて返って読む。「人」は、俗世間の人。他の人。「求之与」で文を結んだのは、子禽の「求之与」に呼応したもので修辞の上の妙である。なお、「其諸……与」という表現は、斉の方言だろうという(王応麟「困学紀聞」)。

【通釈】

子禽が子貢に尋ねて言うことに、「わが孔先生はどこの国へ行っても、必ず政治のあり方などの相談を持ちかけられる。これはいったいわが孔先生の方から、求めたのでしょうか。それともまたその国の人君たちが孔先生に持ちかけたものなのでしょうか」と。すると子貢が答えて言うには、「わが孔先生の態度のおだやかさ、お人がらのすなおさ、その行動のうやうやしさ、つつましやかさ、何事も人にゆずるというひかえめ、この五つの徳を備えたお人がらの故に、自然に人君の方から相談を持ちかけられたのである。もちろん孔先生の諸国巡遊の目的は政治を正しくしようとすることであったのだから、先生の方から求めたと言えないこともないが、おそらくその求め方は、世間の人のいわゆる官職を求めるのとは大いに違っているのではなかろうか」と。

【参　考】

孔子は六十八歳、十三年ぶりに魯に帰るまで、席のあたたまる暇もなく諸国をめぐり歩いて、ひたすら自分の理想とする仁による政治を実現しようとつとめたのであった。その孔子の温厚、かつ誠実な、礼儀正しい人がらは、どこの国にいっても、行くさきざきの国君に尊敬信頼の心を起こさせたにちがいなかろう。「温・良・恭・倹・譲」の五徳をそなえた円満なる人格者としての孔子の風貌は、まことにすばらしく、それは『論語』の全篇ににじみでていよう。

有子曰、礼之用和為レ貴。先王之道、斯為レ美。小大由レ之、有レ所レ不レ行。知レ和而和、不二以レ礼節一レ之、亦不レ可レ行也。

【読み方】

有子《いうし》曰《いは》く、礼《れい》の用《よう》は和《わ》を貴《たふと》しと為《な》す。先王《せんわう》の道《みち》も、斯《これ》を美《び》と為《な》す。小大之《せうだいこれ》に由《よ》れば、行《おこな》はざる所《ところ》あり。和《わ》を知《し》りて和《わ》すれども、礼《れい》を以《もつ》て之《これ》を節《せつ》せざれば、亦行《またおこな》はるべからずと。

語釈・語法

有子　姓は有、名は若。字（あざな）は子有。孔子の門人。魯（山東省）の人。孔子より十三歳若く、その容姿言動が孔子に非常によく似ていたという。（『孟子』滕文公に見える）なお、「字」とは、中国で元服の時に、実名のほかにつける名をいう。「あざなをつける」とか、「あざなする」という。　**曰**　前章参照。　**礼之用和為貴**　礼の運用にあたっては、和らぎ調和することが大切であるの意。「礼」は、礼儀作法はもとより法制、秩序、社会規範など、広い意義を表わしている。今日的ことばでいうと「文化」に相当する。「之」は、上下の修飾関係を結ぶ接続の助辞。「之」の用法は、この外に①動詞としての用法「A之レB（AがBに之く）」。②指示詞としての用法「これ・この」。③格助詞「が」にあたる用法などがある。「用」の意味については、数説ある。あるものは「体用の用」（朱子）といい、あるものは『礼記』に「礼之以レ和為レ貴。」により「以」と解している。ここでは応用、運用、活用の意と解しておく。「和」は、剛柔緩急のよろしきを得た調和美をいう。『中庸』に「和なる者は、天下の達道なり」とみえる。「為」は、サ行変格活用の動詞であるが、「A（体言）為レB（体言）」のような場合には、「AをBと為す」と訓読される。なお、この一句は、聖徳太子の十七条憲法の第一条に「和をもって貴しとなし、忤（さがら）うことなきを宗となせ……」と引かれている。　**先王之道**　ここでは、徳行をもって帝王の位についた聖人の残した尊い教道をいうのであって、堯・舜・禹・湯・文・武・周公といったような儒家の理想的聖人の道をいっている。　**斯為美**　和をもってすることを美しいものとした。「斯」は、指示詞で、「これ(を)」と読み、上文の「和」をさしている。「美」は、善の意。　**小大由之有所不行**　大事を行なうにしても、小事を行ならにしても、和だけによって実行するというと、物事はかえってうまく行かない場合がある。「之」は、指示詞で、何をさすかに二説ある。一つは「和」と解し、一つは「礼」と解す。ここでは前者に従っておく。 **知和而**「而」は、ここでは、接続詞。この字が接続詞として用いられる場合、①順接の意を表わす場合、「しこうして・しかして・して・て」などと読まれる。②逆接の意を表わす場合、「しかれども・しかも・しかるに・しかし」などと読まれる。③形容詞と動詞とを並べるさいに用いる場合、「て・して・にして」などと読まれる。ここでは「知りて」の「て」、つまり日本語の接続助詞に相当し、漢文訓読のさいは、その場で読まないで、送り仮名で読ませる。だいたいにおいて「活用語（日本語の用言）＋而……」の関係にあった場合は、活用語にあたる語に「にして・として・して・て」などと送り仮名を施して、「而」は、その場で読まない。しかも「活用語（日本語の用言）＋而……否定語」という関係にあった場合の「而」は、逆接を表わすことが多い。 **以礼節之** 礼でもって、適当に節度を加えて行く。「以」は、元来、上一段の動詞「用ひる」が助辞化したもので、その用法には数種ある。①返り点がつかない場合、「すでに（時を表わす）、接続詞的用法（そして・だから）。②返り点がついた場合、(イ)以レA（体言）「Aを以て（Aを用いて・Aで）」。(ロ)所以の「所」が省略された場合など。

亦 「……もまた」の意を表わすもので、並列的な働きを表わす。

通釈

有若が言うことに、「礼の活用にあたっては、まず調和ということが最も大切である。堯舜文武といったような古代の聖人のやり方の美しさというものも、実はこの和のよろしきを得たからである。しかし、世の中の大事にしても、小事にしても、この和だけによって物事を処理して行こうとすると、どうしてもうまく行かないことがある。だから、和の大切なことを十分知って、和らぐことを計っても、礼でもって適当に節度を加えていかないと、これまた諸事がうまく処理されないのである」と。

有子曰、信近ニ於義一、言可レ復也。恭近ニ於礼一、遠ニ恥辱一也。因不レ失ニ其親一、亦可レ宗也。

【読み方】

有子《いうし》曰《いは》く、信義《しんぎ》に近《ちか》ければ、言《げん》復《ふ》むべきなり。恭礼《きようれい》に近《ちか》ければ、恥辱《ちじよく》に遠《とほ》ざかる。因《よ》ること其《そ》の親《しん》を失《うしな》はざれば、亦宗《またたふと》ぶべきなりと。

語釈・語法

有子　姓は有、名は若。字《あざな》は子有。孔子の門人。魯《ろ》（山東省）の人。孔子より十三歳若く、その容姿言動が孔子に非常によく似ていたという。（「孟子」滕文公上に見える）なお、字とは、中国で元服の時に、実名のほかにつける名をいう。「あざなをつける」とか、「あざなする」という。　**曰**　前章参照。　**信**　ここでは、しかと約束すること。「信」は、社会道徳の基調である。人と言とよりなる会意文字で、言行の一致すること。信実でいつわらないことをいう。　**近於義**　人として踏み行なうべき道に適っている。「近」は、ここでは、離れない。違わないの意。「於」は、「に」「を」「より」の意味を表わす助辞。訓読のさいは、その場で読まないで、下の語に「ニ」「ヲ」「ヨリ」などと送りがなをつけて返って読む。なお「より」と読まれた場合、「形容詞＋於＋体言」という関係にあったときは、この「於」は、比較を表わす助辞。例えば、「霜葉紅ニ於二月花一。」の「於」は、比較を表わしている。「義」とは、許慎の『説文解字』に「宜なり」とあり、段注には「義の訓は礼容各其の宜しきを得るを謂ふ」とあり、また、劉師培が「義字の訓は、専ら正身に属す」といっているように、礼容の正身の意である。美しい意を表わす羊と我とよりなる形声文字で、美しい舞の姿、美しい礼を行なう姿の意。引伸義として、儀礼、礼、道などの意となり、ここでは五常の一つ「正しい筋道」、「道理」をいう。したがって、「義」とは、人の道における法則であり、人として為すべきか、為すべからざるかを判断する標準である。　**言可復**　そのことばを実行することができる。「復」は、「践む」と解する朱子説が正しいようである。「可」は、可能、許容のいずれでも解釈してよかろう。……できる。……してよろしい。　**也**　断定の意を表わす終尾辞。　**恭**　うやうやしくすること。自分の身を持するに慎しみ深く不作法でないことをいう。　**近於礼**　節度にかなう。礼儀にかなう。　**恥辱**　自分で心に恥かしいと思ったり、他人からはずかしめられること。　**因不失其親**　人との交際で、最初にたよる時に親しむべき人を違うことがない。　**亦**　「また」と読み、並列を表わす助辞。　**宗**　尊ぶ。主とする。家を表わす「宀（ベン）」と、神を表わす「示」とよりなる会意文字で、神をまつるみたまやの意。引伸義として、族長の意となり、また尊、崇と通じて用いられる。ここでは、本家または正統としてたっとぶこと。分家が本家を主として尊崇すること。

通釈

有若が言うことに、「言行が必ず一致すべきだという信、約束をしかと守ることも、それが人として踏み行なうべき正しい筋道にかなっていれば、約束した通りに実行してよかろう。自分の言行が慎しみ深く不作法でないということはいいが、それが礼にはずれていなければ、自分で恥かしがることもないし、人から恥かしめられることもない。また、人との交際で、最初にたよるときに、親しむべき人を違うことがなければ、これまた、いつまでもその人を尊敬していいことである」と。

子曰、君子食無レ求レ飽、居無レ求レ安、敏ニ於事ニ而慎ニ於言一、就ニ有道ニ而正焉。可レ謂レ好レ学也已。

【読み方】

子《し》曰《いは》く、君子《くんし》は食《しょく》飽《あ》くことを求《もと》むる無《な》く、居《きょ》安《やす》きを求《もと》むる無《な》く、事《こと》に敏《びん》にして言《げん》に慎《つつし》み、有道《いうだう》に就《つ》きて正《ただ》す。学《がく》を好《この》むと謂《い》ふべきのみと。

語釈・語法

子　男子の美称。ここでは学徳すぐれた男子の尊称で、孔子をさす。古代では「師」を称して「子」といった。**曰**　言うことには。言うには。「……いはく」と読み、「いはく」の「く」は、四段の動詞「いふ」の未然形「いは」についた接尾語で、その動詞を名詞化する。漢文訓読のさいは、「曰く……と」と結ぶ。これに類するものに「……らく」がある。　**君子**　『論語』の「君子」については、普通「三義」を考えればよい。つまり、①才徳の高い人。徳行ともにそなわった人。②学問修業に志す人。③在位の君主。人君。この他に、④高い官職にある人。高級官吏。⑤妻が夫をさしていう称などがある。ここでは②の君子である。　**飽**　腹いっぱい食べること。　**居**　住居のこと。　**安**　安楽、安逸の意。なお「食無求飽」と「居無求安」とは対句である。　**敏於事**　どうしても人としてしなければならないことをすばやく行なう。「敏」は、「怠」の反対で、すばやいこと。　**事而慎**　「而」は、ここでは順接を表わす接続詞。頁二一参照。　**慎於言**　ことばを慎重にする。ことばはみだりに発し易いから慎を重んずるのである。なお「敏於事」と「慎於言」とは、対句である。　**就有道**　学徳のまさった人に自分から親しみ近づくのである。「就」は、自分から親しみ近づくの意。「有道」は、学徳のまさった人。有徳者。　**正焉**　自分の是非善悪を質問して、その誤りを正しくする。「焉」は、訓読のさいは多く読まれないで、断定の気持ちを表わす終尾辞(語気詞)。しかし、指示詞として用いられる場合もあり、この場には返り点がつけられる。ここも「正レ焉」と「レ」点をつけ、「焉れを正す」と訓読している註釈書もある。いまこの説をとらない。　**好学**　孔子が教導している「学」は、すべて人間完成への実践の学である。　**可**　「……できる」

の意から、ここでは「……するねうちがある」の意。　也已　二字で「……のみ」と読み、断定を表わす場合と、限定を表す場合との「二義」があるが、ここでは、断定を表わす。

通釈

孔先生が言うことに、「学問修養に志す人というものは、美食を腹いっぱい食べたいと望むこともなく、また、自分の住いも安楽にしたいなどと望むこともなく、人としてしなければならない仕事にはすばやく実行にうつり、ことばをひたすら慎しんで軽はずみなことは言わない。さらに学徳のまさった人に自分から親しみ近づいて自己の是非善悪を質問してその誤りを正すようにする。このような人こそ本当に学問を好んで努力する人だと言ってよいだろう」と。

【参　考】

学問は道を求めて人格を完成するのが根本であるから、物欲にとらわれてはいけないこと、君子なる者の篤学の心を説いている。孔子の弟子顔淵はこれを実行した代表的人物として名高い。高遠な理想と好学求道の念に燃える君子には、自然、衣食住の安逸を追求するといった暇のあろうはずのないことを強調したものである。孔子の学問は単なる知識の累積にあるのではない。あくまで実践に根をおくものであることも併せ解してほしい。

子貢曰、貧而無ㇾ諂、富而無ㇾ驕何如。子曰、可也。未ㇾ若二貧而楽、富而好ㇾ礼者一也。子貢曰、詩云、如ㇾ切如ㇾ磋、如ㇾ琢如ㇾ磨、其斯之謂与。子曰、賜也始可二与言ㇾ詩已矣。告二諸往一而知ㇾ来者。

【読み方】

子《し》貢《こう》曰《いは》く、貧《ひん》にして諂《へつら》ふこと無《な》く、富《とみ》みて驕《おご》ること無《な》きは何如《いかん》と。子《し》曰《いは》く、可《か》なり。未《いま》だ貧《ひん》にして楽《たの》しみ、富《と》みて礼《れい》を好《この》む者《もの》には若《し》かざるなりと。子《し》貢《こう》曰《いは》く、詩《し》に云《い》ふ、切《せつ》するが如《ごと》く、磋《さ》するが如《ごと》く、琢《たく》するが如《ごと》く、磨《ま》するが如《ごと》しとは、其《そ》れ斯《これ》れを之《こ》れ謂《い》ふかと。子《し》曰《いは》く、賜《し》や始《はじ》めて与《とも》に詩《し》を言《い》ふべきのみ。諸《これ》に往《わう》を告《つ》げて来《らい》を知《し》る者《もの》なりと。

語釈・語法

子貢　孔子の門人。姓は端木、名は賜、子貢は、その字《あざな》である。孔子より三十一歳の年少者。弁説がうまく、才子はだの人だったので、魯（山東省）や衛（河北河南両省にまたがる）の国に仕えて、しばしば外交談判などに成功した。また、理財の道に明るく、多くの富を得ていたという。孔門十哲のひとりである。　**曰**　前章参照。

貧而無諂　貧乏でも卑屈に人にへつらうことがない。「而」は、ここでは逆接を表わす接続詞。頁二一参照。以下の「富而無レ驕」、「未レ若二貧而楽、富而好レ礼者一」、「告二諸往一而知レ来者」などの「而」は、いずれも逆接を表わす助辞。「諂」は、卑屈になって、あわれみを乞うこと。へり下る。　**驕**　思いあがって他を見下すこと。おごりたかぶって人を人とも思わない態度をいう。　**何如**　「いかん」と読み、「どうでしょうか・どんなか」などと訳される。疑問を表わすことば。物事の性質や状態を問うことば。心中によいと思いながら、幾分不安の意がある時に発する。なお「如何（いかん）」は、「どうか・どうするのか」などと訳され、物事の方法を問うことばである。　**子**　男子の美称。ここでは学徳すぐれた男子の尊称で、孔子をさす。古代では「師」を称して「子」といった。　**可也**　「可」は、許容を表わし、「……でよかろう」の意。十分とは言えないが、まあまあよかろうの意を表わす。　**未若**　まだ……におよばない。「いまだ……にしかず」と返って読み、「しかず」は、比較を表わす。「未」は「いまだ……ず」と返って読み、まだそうならない未定の意を表わすことば。再読文字。**貧而楽**　いくら貧乏でも別に貧乏を気にしないで人としての道を楽しんでいる。『史記』仲尼弟子列伝をみると、「楽」の下に「道」字がある。その方が下文の「富而好礼」と相対してよろしい。道とは、先王の道である。伊尹が堯舜の道を楽しんだのと同じである。　**富而好礼**　いくら金持ちの身分になっても、進んで礼儀に従い、礼を好む。「好」は、単なる「好む」ではなく、積極的に自分から「好む」の意。この二句は、貧富によって楽しむ対象、好む対象が動くものでないことを示している。　**詩云**　「詩」は、中国古代の詩集『詩経』のこと。ここでは『詩経』の衛風淇澳《えいふうきいく》の篇をいう。衛の武公のことを詠じた詩といわれている。　**如切如磋、如琢如磨**　刀で切り、やすりでみがき、のみでくだきとり、といしや金剛石でといで、だんだんと精巧さをましていくこと。粗から精へと進展する方法は、学問、修養の過程において一層の努力が必要であることをいう。『漢書』芸文志に楽は以て神を和らぐ、仁の表なり。詩は以て言を正す。義の用なり。」といい、「楽」「詩」の教養は君子にとって必須であり、仁義に効用あるものと考えている。　**其斯之謂与**　ちょうどこの事をいうのでしょうか。ちょうどその意味でしょうね。「其」は、指示詞ではなく、強意を表わして、「まことに」「本当に」と同じ。「与」は、「……か」と読み、疑問を表わす終尾辞。それほど強い疑問の意はない。　**賜也**　陽よ。「賜」は、子貢の名。「也」は、「や」と読み、呼びかけを表わす助辞。親愛の情を表わす。「人名十也」は、つねに呼びかけを表わす助辞と考えておけばよい。　**始可ニ与言レ詩已矣**　それでこそ始めて一緒に詩をかたる資格があるというものである。「与」は、「ともに」と読み、一緒に、と共になどの意。「可」は、できる・してよい・資格があるなどの意。「已矣」は「のみ」と読み、限定を表わす場合と、断定を表わす場合とがある。ここでは後者である。　**告諸往而知来者**　過ぎ去ったことがらをば聞かせると、新しいものの道理というものを知り得る。「諸」は、「之於」の二字がつまったもので、指示詞である。「これ」と訓読する。「往」は、すでに言ったこと、「来」は、まだ言わないこと。前に古代の『詩経』について語ったにもかかわらず、子貢は、すぐ自分の将来の進み方にあてはめて考えたことをほめたのである。

通釈　子貢が（尋ねて）言うことに、「貧乏でも卑屈になって人にへつらうことなく、金持ちになってもおごりたかぶって人を見下すようなことがなければ、どうでしょうか。」と。孔先生が言うことに、「それでもよろしかろう。だが貧乏でも道を楽しみ、金持ちになっても礼を好む人にはまだ及ばない」と。すると子貢が言うことに、『詩経』に『刀で切り、やすりでみがき、のみでくだきとり、といしや金剛石でといでだんだんとその精巧さを加える』とありますが、それはちょうどこの事をいっているのでしょうね」と。孔先生が言うことに、「おお賜よ。それでこそお前は始めて一緒に詩をかたれるというものである。前に古い『詩経』のことを語ったのにもかかわらず、まだ言わない将来の進路のことまでわかるものである」と。

【参考】

学問修養の道は、奥深く極めがたいものであるから、小成に安んじてはならないことを強調したものである。子貢は貨殖の道にすぐれ、初めは貧乏であったが後に金持ちになった。冒頭のことばは子貢の体験からくるものであり、その心構えは常人のとうてい及ぶべくもない。しかし、まだ貧富ということに拘わっている。そこで孔子は「可なり」といって、さらに積極的な境地を教示したのである。子貢はその教えに接して『詩経』の一節を口にした。その子貢の態度に賞讃のことばを贈ったというのが話の筋である。その問答の展開をよく考え、主意を取り違えないようにすることが肝心である。

子曰、不㆑患㆔人之不㆓己知㆒。患㆑不㆑知㆑人也。

【読み方】

子《し》曰《いは》く、人《ひと》の己《おのれ》を知《し》らざるを患《うれ》へず。人《ひと》を知《し》らざるを患《うれ》ふと。

語釈・語法

子 前章参照。 **曰** 前章参照。 **不患不** 「……しないのを苦にしない」の意を表わす慣用的否定形である。「患」は、心配し気にかける。苦にするの意。 **不己知** 自分を認めない。「己・吾・我・自」などの文字が目的格にある否定形の場合には、「不知己」と表記しないで、「不己知」と書かれる。 **患不知人** 「患」字の下に「己」字の入っている本もあるが、いまはこれに従わない。なお、「里仁」篇に「己を知るなきを患へず、知らるべきを為さむことを求めよ。」「憲問」篇に「人の己を知らざるを患へず、己の能なきを患へよ。」「衛霊公」篇に「君子は能なきを病ふ、人の己を知らざるを病へざるなり。」等々のことばは、この章と同趣旨である。

通釈

孔先生が言うことに、「他人が自分の学徳と実力とを知って認めてくれないことを心配し気にかけることはない。しかし、他人の学徳と実力とを自分がしっかりと認識していないのではないかということは大いに心配すべきである」と。

【参　考】

学問の目的は修己の精神であり、先ず自己の完成を第一義とすべきである。したがって、世間の人びとが自分を認めるか否かというようなことを苦にする必要はない。かえって、自分が他人を見抜く力の足らないことを心配せよと説く。世の立身出世をあせる人びとに対しての警句ともいうべきものである。

為政第二

子曰、為㆑政以㆑徳、譬如㆘北辰居㆓其所㆒、而衆星共㆖㆑之。

【読み方】
子《し》曰《いは》く、政《まつりごと》を為《な》すに徳《とく》を以《もつ》てすれば、譬《たと》へば北辰《ほくしん》の其《そ》の所《ところ》に居《ゐ》て、衆星《しゅうせい》の之《これ》に共《むか》ふが如《ごと》しと。

語釈・語法
子　男子の美称。ここでは学徳すぐれた男子の尊称で、孔子をさす。古代では「師」を称して「子」といった、
曰　言うことに。言うには。「…いはく」と読み、「いはく」の「く」は四段の動詞「いふ」の未然形「いは」についた接尾語で、その動詞を名詞化する。漢文訓読のさいは「曰く……と」と結ぶ。これに類するものに「……らく」がある。　**為政以徳**　政治を行なうのに道徳でする。道徳によって政治を行なう。「A《スルニ》以《テス》㆑B《ヲ》」は「BでAする」と訳され、慣用的句法である。「政」は、朱熹は「政の言為る、正なり。」という。正が音を表わし、直（まっすぐ）からきている。打って直にする、正すの意で、その篆文は、一と止の二要素を結合し、一所に止まるという意を示す会意の文字。一は、至善のところ。法制禁令をもいう。自分を正し、人の不正を正して平和にすることが政治の根本である。「徳」は「得」で、自分の身に体得したもの。人としての道理を自分の身に体得したものが「徳」である。ここでは道徳の意と考えればよい。　**譬如**　「ちょうど……のようである。」と訳され、比喩を表わす句法。　**北辰**　北極星のこと。子（ね）の星。ポーラリス星。北極の空に、その位置を変え

ないで、輝いている星。 **居其所** その場所にいていつも動かない。常に不動をもって位置を変えることがない。 **而衆** 「而」は、接続を表わす助辞。ここでは順接を表わす。頁二一参照。むかう。「向」と音・義同じ。一説に「かかえこむように、とりまき、めぐること」という。

通釈

孔先生が言うことに、「道徳によって政治を行なうということは、国中の人心がその為政者に帰服することは、ちょうど北極星が常に不動をもってその位置を変えないにもかかわらず、他の多くの星が北極星を中心としてめぐりめぐっているように、自然に民心が帰服するものである」と。

【参　考】

「修己治人」を主眼とする儒教の根本思想からいうと、すぐれた人格をもって政治を執り行なえば、国民はそれに感化されて、一国は平和に治まるものである。北極星を為政者に、それをとりまく多くの星を民衆にたとえ、徳治思想を説いたものである。

子曰、詩三百、一言以蔽レ之。曰、思無レ邪。

【読み方】

子《し》曰《いは》く、詩三百《しさんびやく》、一言以《いちげんもつ》て之《これ》を蔽《おほ》ふ。曰《いは》く、思邪《おもひよこしま》無《な》しと。

語釈・語法

子　男子の美称。ここでは学徳すぐれた男子の尊称で、孔子をさす。古代では「師」を称して「子」といった。

曰　言うことに。言うには。「いはく」と読み、「いはく」の「く」は四段の動詞「いふ」の未然形「いは」についた接尾語で、その動詞を名詞化する。漢文訓読のさいは「曰く……と」と結ぶ。これに類するものに「……らく」がある。　**詩三百**　『詩経』の詩三百十一篇の概数をいう。『漢書』芸文志に「楽は以て神を和らぐ、仁の表なり。詩は以て言を正す。義の用なり。」というように、『詩経』の教養は読書人の必須なものとされていた。『詩経』は中国における北方文学の代表で、南方文学の『楚辞』と対するものである。「詩は志をいう」といわれているように、人間の真情があらわれでたものである。中国最古の詩集である。この『詩経』の詩は、内容、形式の両方面から分けられ、「風雅頌賦比興」の六つがあり、これを三経三緯といい、詩の六義という。東洋史学の父と称され、『史記』百三十巻を著わした司馬遷は、三千もあった古来の詩を、孔子がこれを削ったり、整理したりして三百十一篇にしたという。この詩を学び、また門人の教育に専ら活用した孔子のことから考えれば、司馬遷の言を全面的に信用しないまでも、孔子が自らの手で整理されたことだけは事実のようである。**一言以**　たった一言で。「以二一言一」の倒装法で、「一言」を強調した句法。「一言」は、ひとこと・一句などの意とみればよい。「以」には種々な用法があるが、ここのように「以」に返り点がついた場合は、日本語における上一段の動詞「用ひる」が助辞化したものと考えればよい。例えば「以レA（Aを以《もっ》て）」は「Aを用ひて」の意とみるのである。「以」に返り点がつかない場合は、接続詞的用法として使われている。そして、だからなどと訳される。その他「所以」の「所」の省略語として用いられたり、「すでに」という意味を表わす場合などがあるから、その訳読には十分注意しなければならない。　**蔽レ之**　『詩経』の詩三百首を概括する。「之」は、指示詞で、ここでは「詩三百」をさす。「之」が「体言＋之＋体言」のような関係にあったときは、接続詞である。「蔽」は、蓋と同じで、おおい尽くす・概括するなどの意。　**思無邪**　詩を作る人の心に少しの邪念もない。純真な心情の発露で、誠の意である。作者が接して抱いた真情をそのまま表現したものである。これは『詩経』魯《ろ》頌の駉《けい》篇の詩句で、結局「忠信を重んずる」意である。詩の原義とは少し趣きを異にしている。孔子は『詩経』によって忠信の情操を養い、『書経』によって孝悌の行を教えたのであった。

通釈

孔先生が言うことに、『詩経』の詩三百首は、それぞれが内容発想、あるいは趣きといったものが種々様々であるが、もしこれらの詩に通ずるものを、たった一文句で言い尽くせ、と言うならば、それは『詩を作る人の心に少しの邪念すらない』ということである」と。

子曰、道ㇾ之以ㇾ政、斉ㇾ之以ㇾ刑、民免而無ㇾ恥。道ㇾ之以ㇾ徳、斉ㇾ之以ㇾ礼、有ㇾ恥且格。

【読み方】

子《し》曰《いは》く、之《これ》を道《みちび》くに政《まつりごと》を以《もっ》てし、之《これ》を斉《ととの》ふるに刑《けい》を以《もっ》てすれば、民《たみ》免《まぬが》れて恥《は》づるなし。之《これ》を道《みちび》くに徳《とく》を以《もっ》てし、之《これ》を斉《ととの》ふるに礼《れい》を以《もっ》てすれば、恥《は》づる有《あ》りて且《か》つ格《いた》ると。

語釈・語法

子曰　前章参照。　**道之**　人民たちをこういうふうにせよとみちびくこと。「道」は、導と同じで、みちびくこと。朱子は「道は、猶ほ引導のごとし。」といっている。「之」は、指示詞で、ここでは「人民」をさす。　**以政**　法律や命令だけの政治で人民をおさめる。「政」は、正が音を表わし、直（まっすぐ）からきている。打って直にする。正すの意。法制禁令などの政治的な規制をいい、朱子が「政は、法制禁令を謂ふ。」といえるがごとくである。「A《スルニ》 以《テス》レB《ヲ》」は「BでAする」と訳され、慣用的句法である。「以」に返り点がついた場合は、日本語における上一段の動詞「用ひる」の助辞化したものと考えればよい。だから「以レA」は「Aを用いて」、「Aで」と訳せばあたる。　**斉之**　その国の人民らしく一様にそろえる。「斉」は、整えて一つにそろえる。もし法令に従わないような者があれば、ものを切ってそろえるように、刑罰を加えてそろえること。　**免而無恥**　人間としての正しい筋道にくらい者は、刑罰をのがれようと努めて、自分の悪をけっして恥かしいと思わない。刑をのがれることのみ考えて、道徳的に恥ずることがない。　**徳**　「得」で、自分の身に体得したもの。人としての道理を自分の身に体得したものが徳である。ここでは道徳の意と考えればよい。　**礼**　礼儀作法はもとより法制、秩序、社会規範など、広い意義を表わしている。物事のそうあるべき条理をいう。つまり、人間社会における文化的法則とでもいえばよかろう。　**有恥**　羞恥を自分から感ずるようになる。　**格**　「いたる」と読み、自分から心に感じて善に至るをいう。一説では「ただし」と読み、正しくなる意と解す。

通釈

孔先生が言うことに、「法律や命令によって人民を導き、刑罰によって人民の足並みを揃えようとするならば、人民はその刑罰を免れさえすればよいとして、悪いことをしても何ら良心的に恥ずかしく思うことがない。それに反し、道徳によって人民を導き、物事のそうあるべき条理によって人民を整えようとするならば、人民は悪いことをするのを恥じて自然に善にいたるものである」と。

【参　考】

人為的な法律・政令による政治と、儒家の主眼とするいわゆる徳治主義・礼治主義との相違を展開している。

法律とか刑罰はそれだけが目的となり、ややもすればどんな風でも、それに合致していればよいことになる。したがって、法律がいかに完備していても、人間の悪心がなくならない限り、これをもぐって悪い行為をする者が絶えない。ところがこれに対して、徳治主義は感化善導を主として、自然な調和を作りあげ、礼治主義は社会に自然に発展した秩序にしたがって、自発的に協同させようとするものである。

子曰、吾十有五而志二于学一。三十而立。四十而不レ惑。五十而知二天命一。六十而耳順。七十而従二心所レ欲、不レ踰レ矩。

【読み方】

子《し》曰《いは》く、吾《われ》十有《いう》五にして学に志《こころざ》す。三十にして立つ。四十にして惑《まど》はず。五十にして天命《てんめい》を知《し》る。六十にして耳順《みみしたが》ふ。七十にして心の欲《ほっ》する所《ところ》に従《したが》へども、矩《のり》を踰《こ》えずと。

語釈・語法

子曰　前章参照。　**十有五而志于学**　十五歳で学問修養の道に志すようになった。「十有五」の「有」は「又（いう）」と音義同じ。十と五歳。「而」は接続を表わす助辞。「志」は「之（ゆく・おもむく）」と同じ語源の語で、心があることがらにおもむくこと。目的をもつこと。「于」は「於」とほぼ同じで、「に」「を」「より」などの意を表わす助辞。「学」とは、実践の学をいうのであって、単なる知識だけの学問でなく、人格的に自己を完成すること。つまり、孔子の説く学は、空理空論ではなく、あくまで大地に立脚した実践の学であったのである。だから孔子は倫理学前期に属する思想家で、「言」よりも「行」を重んずる思想家として注目されてきた。なお、十五歳を「志学」というのは、『論語』のこの語句からきている。　**立**　人間として立派にひとり立ちできる自信がつく。自立すること。一通り学問をわきまえ、徳を身に修めて立派にひとり立ちすること。一説に、「立」は、「詩に興り礼に立つ」(泰伯)、「礼を知らざれば以て立つなきなり」(堯曰) 等々のことばより察すれば、「礼に立つ」意と解す。志学以来、十五年の研鑽をつんで、周公の礼を体得したという意味だという。なお、三十歳を「而立」というのは、この語句からきている。　**不惑**　物事の道理というものがしっかりと身につき、どんな事に遭遇しても取りみだして処置を誤るようなことがない。「知者は惑はず」(子罕・憲問)　「不惑」と同じで、知識判断の成熟を示したことば。『孟子』「公孫丑」上に「四十《ニシテ》不レ動《カサ》レ心《ヲ》。」といっているが、それに同じである。なお、四十歳を「不惑《ふわく》」というのは、この語句からきている。　**知天命**　この語句の解釈にはおよそ三つの立場がある。まずその一つは、天が自分に与えた使命を自覚したと解する説。つまり、人は生まれると同時に先天的に道徳性が賦与されている。この道徳性を自覚することだという。その二は、物事のそうあらねばならないという道理(正しい筋道)を悟ったと解する説。その三は、時勢の流れというものは、人為的なものではどうにもならないものがあると悟ったとする説。最も一般的な解釈は「その一」である。なお、五十歳を「知命《ちめい》」というのは、この語句からきている。徂徠は「五十にしてなお地位をえなかった孔子は、天の意思が、己を政治の実践者たらしめることなく、著作者として、先王の道を後世に伝えさせることを知った。かくて六経を編定したのである。」という(弁名、天命の項)。　**耳順**　人からどんな話題をもちかけられても、物事の道理というものがすらすらとすなおに理解できる。また、自分の意見は意見としてしっかりと持っていながら、他人の意見にも耳を傾け理解することをいうとも解されている。朱駿声は春秋以前のいわゆる聖人とは、通人のことで、「耳順」が「聖」だという。しかも「聖」とは、神意をズバリと耳で聴きあてる人のことで、もと占卜にたずさわる聖職者のことであった。なお、六十歳を「耳順《じじゅん》」というのは、この語句からきている。　**七十而従心所欲、不踰矩**

七十歳になって、自分の心の欲するがままに行動しても、人として踏み行なわなければならない正しい筋道（道理）からはずれるようなことがなくなった。自分の思うがままに、自由に行動して、なお道理に的中するという徳の極地を具現することができたというのである。「踰」は、ふみはずすこと。さきに述べた「六十耳順」を何事も超越した境地とみるならば、こちらの「七十従心」の心境は解脱の境地と考えられよう。

通釈

孔先生が言うことに、「自分は十五歳で学問修養の道に志し、その後努力を重ねて、三十歳になるというと、一通りの学問は身につき、徳も身に修まってひとり立ちできる自信がついた。けれどもなお世間の些事にあっては迷うことがあったが、四十歳になるというと、道理をよく身につけ、いかなることに出合っても取り乱すことなく、処置を誤らなくなった。そうして五十歳になると、自分に与えられた使命をさとり、六十歳になると、他人の意見をすなおに受けいれて、世の人びとともに善事を行なえるようになり、七十歳になって、やっと、自分の心にこれがしたい、あれがしたいと考える通りに、その実践に入っても決して人としての道をふみはずすことはないようになった」と。

【参考】

孔子晩年の述懐であり、いわゆる自叙文学的発想である。『論語』の首章にみられたような、孔子一生の絶えざる求道の姿があり、かれの自発的な志（心）と学との両面から、それがいかに「一貫の道」に進展したかを示している。七十三歳で没したといわれるから、このことばは、人生の旅路を終ろうとする孔子の、悔のない一生を語ったものとみることができる。まこと聖人の名にもとらない人物であったことが知られる。この章が、孔子自身の徳を誇らしげに述べられているところから、おそらく孔子の言ではあるまいとする説がある。しかし、自分のことを述べる場合、往往にしてこういう表現がとられるものである。したがって、このような自尊自負の表現があるからといって、孔子の言にあらずとするのはおかしいのである。

なお、この一章から、十五歳を志学、三十歳を而立、四十歳を不惑、五十歳を知命、六十歳を耳順という。そのほか年齢を表わす熟語には、還暦（六十一歳）、古稀（七十歳）、米寿（八十八歳）などがある。

孟武伯問㆑孝。子曰、父母唯其疾之憂。

【読み方】

孟武《まうぶ》伯《はく》孝を問ふ。子《し》曰《いは》く、父母は唯《ただ》其《そ》の疾《やまひ》を之《こ》れ憂《うれ》ふるのみと。

語釈・語法

孟武伯　春秋時代の魯《ろ》（山東省）の大夫《たいふ》孟彘《てい》のこと。「武」は、そのおくりなである。「伯」は、長子の意。**孝**　老と子とより成る会意文字で、子が父母や祖先によく仕える意を表わす。孝行。**子**　男子の美称。ここでは学徳すぐれた男子の尊称で、孔子をさす。古代では「師」を称して「子」といった。**曰**　言うことには。言うには。「……いはく」と読み、「いはく」の「く」は、四段の動詞「いふ」の未然形「いは」についた接尾語で、その動詞を名詞化する。漢文訓読のさいは、「曰く……と」と結ぶ。これに類するものに「……らく」がある。**唯**　「ただ……のみ」と呼応して訓読される文字で、限定を表わす。「唯其疾」を「ただ其の疾を……」と読んで、「人の親というものは、ただその病気だけを……」という強意の表現法とみる。**其疾之憂**　「憂㆓其疾㆒」という文章を例装法を用いて「其疾」を強めた形であり、「之」という指示詞は、倒装法による場合にしばしば使われる。なお、この章には、三つの訓読の仕方がある。その一つについては本文の通りであり、その二は「父母は唯其の疾を之れ憂へしむ。」と訓読する方法であり、これに従うと、解釈は「子を持つ親というものは、子供が悪事に走ることを心配するものだから、ただ病気のことだけを心配させるようにしなければいけない。」になる。その三は「父母には唯其の疾を之れ憂ふ。」と訓読する方法であり、これに従うと、解釈は「父母の病気をひたすら心配して、親が病気にかからないようにと常に憂えなければならない。」となる。いずれの立場をとっても通じないことはないが、最も一般的な考え方でもって「その一」の立場を妥当としたい。

通釈

孟武伯が孔先生に「孝行」の道について尋ねた。すると孔先生が言うことに「世の子供の親というものは、子供の病気のことばかり心配しているものである。だから身体に気をつけて健康であることが『孝行』というものである」と。

子游問レ孝。子曰、今之孝者、是謂二能養一。至二於犬馬一、皆能有レ養。不レ敬、何以別乎。

【読み方】

子游《しいう》孝を問《と》ふ。子曰《しいは》く、今《いま》の孝《かう》は、是《こ》れ能《よ》く養《やしな》ふを謂《い》ふ。犬馬《けんば》に至《いた》るまで、皆能《みなよ》く養《やしな》ふこと有《あ》り。敬《けい》せずんば、何《なに》を以《もつ》て別《わか》たんやと。

語釈・語法

子游 孔子の門人。姓は言、名は偃《えん》、子游はその字《あざな》。子夏とともに文学の才をもって称せられた。魯《ろ》（山東省）

の武城の代官となって、礼楽を以って治めたという話が残っている。なお、「字」とは、中国古代において元服のときに本名以外につける名をいい、これを「あざなする」とか、「あざなをつける」などといわれる。**孝** 老と子とより成る会意文字で、子が父母や祖先によく仕える意を表わす。孝行。**子曰** 前章参照。**今之孝者** このごろの孝行とは。「之」は、上下の修飾関係を結ぶ接続の助辞。「A（体言）之B（体言）」の場合は「AのB」と読まれ、接続詞である。「者」は、言語をはっきりと提示する場合に用いられる助辞。主語を提起する提示語である。**能養** 飲食衣服住居などに何に一つ不自由のない生活をさせて善く仕えること。朱子は「養」について、「飲食供奉を謂ふなり。」といっている。「能」は、「十分……する」とか「よく……する」の意。**於** 「に」「を」「より」などの意を表わす助辞。訓読のさいは、その場で読まないで、下の語に「ニ」「ヲ」「ヨリ」などと送りがなをつけて返って読む。**能有養** 犬や馬も人から養われている。一説に、犬馬にいたるまで人を養う、つまり養うだけでは犬馬と何ら異なるところがないと解している。**敬** 心に敬意をいだいて尊ぶこと。**何以別乎** どうして区別できようか（できない）。「何以……乎」は、反語を表わす句法。子游に答えた孔子のことばは、外形よりは内面的心情が大切だという戒めである。

通釈

子游が孔先生に孝行について尋ねた。すると孔先生が言うことに、「このごろの孝は衣食住など何に一つ不自由のない生活で親を養えばよいといっているようである。しかし、犬馬でも飼う以上はだれでも十分に養えるものである。だから親を尊敬する心がなかったとしたら、それこそどうして犬や馬を養うのと区別することができようか（できない）」と。

【参　考】
孔子の教えにおいて、孝は「礼」の徳目の中で、もっとも基本的なものであり、「仁」にいたる重要な徳である。したがって、親に食物を与えるだけなら、それは牛馬と同じで、決して孝行とはいえない。つねに敬の心をもって仕えることが大切で、誠をつくし、礼をつくすことが大切な孝行である。孝道の「養」よりは、むしろ「敬」を強調しているところからみると、恐らく子游という人物は博学ではあったが、自分の親に接する態度に誠意を欠くところがあったのだろう。孔子の言葉は門人の微過に対しても極めて適切な響きをもっていた。高弟子游にむかって、物質的な孝よりも、むしろ精神的なものの必要を強調していることは、注目すべき思想といえる。『孝経』が、孝道について、「愛敬」の二字をとくに強調しているのは、孔子のこうした孝道観を敷衍したものである。

子曰、視二其所レ以、観二其所レ由、察二其所レ安、人焉廋哉。人焉廋哉。

【読み方】
子曰《しいは》く、其《そ》の以《もっ》てする所《ところ》を視《み》、其《そ》の由《よ》る所《ところ》を観《み》、其《そ》の安《やす》んずる所《ところ》を察《さっ》すれば、人焉《ひといづくん》ぞ廋《かく》さんや。人焉《ひといづくん》ぞ廋《かく》さんやと。

【語釈・語法】
子曰　男子の美称。前章参照。　**視**　示（し）と見とより成る形声文字で、じっと止まる意の語原「止」からきている。目を止めてじっとみる意。気をつけてみる。**以**　行為をいう。朱熹は「以は為なり。」と注している。**観**　視よりさらに入念にみること。回りを広くつまびらかにみわたす。朱熹は「観は、視に比して詳為り」と注している。**由**　由来した動機。由来するところ。前句の「行為」の由ってきたるところ。一説に、過去の行為と解しているが、いまはとらない。**察**　心の奥底までつまびらかにみること。「視」と「観」は、外界にあるものをよく見ることであり、「察」は、内にあるものをよく見ることである。**安**　心が落ちついて楽しんでいるところ。心が落ちついて安んずるところ。**人焉廋哉**　人がどうしてかくすことができようか（絶対にかくすことはできない）。「焉……哉」は、「安……也」と同じで、反語を表わす句法。「どうして……しようか（決して……しない）」と訳す。「廋」は、音「しゅう」で、かくすこと。

通釈

孔先生が言うには、「その人の行動を気をつけてみ、その行動の由来した動機を十分に調べ、その人の安んじ楽しむところをよく考えたならば、その人の真実はすっかり分かるものであって、どうしてかくすことができようか（絶対にかくすことはきでない）」と。

【参　考】

ある人間を観察する場合、まず平素の行為と、その動機を観察するだけでなく、さらにその人間が平生どういうことに満足しているかを見よ、と教えている。このような鑑識法で人をみれば、人はどうして真の己をかくすことができようか。「人焉んぞ廋さんや」を二度くり返して詠嘆の意を深めているのは、この人間観察の方法のもっとも深いことを表わしている。孔子は他人をみるにも慎重そのものであったことが、この一文で十分わかる。

子曰、温レ故而知レ新、可ニ以為レ師矣。

【読み方】

子《し》曰《いは》く、故《ふる》きを温《あたた》めて新しきを知れば、以《もつ》て師為《た》るべしと。

語釈・語法

子曰 前章参照のこと。 **温** 「たづねる」とも読む（朱子説）。むし返して十分習熟すること。考究すること。研究の意。 **故** 朱熹は「故とは、旧聞く所なり」と解している。荻生徂徠は「先世の伝ふるところの者」という。「故」に「旧」に同じ。古いこと。伝統の文化、あるいはその伝統文化というものが最もよく示されている古典などをいう。孔子は、尭・舜・禹・湯・文・武・周公といったような聖人たちの残した徳治主義を実現しようと努力していたのである。つまり古代の復興による人間社会の救済を、孔子はことのほか強調したのである。

而 ここでは順接を表わす接続詞。「而」が接続詞として用いられる場合、およそ次の三つを考えるようにしたい。①順接の意を表わす場合、「しこうして・しかして・して・て」などと読まれる。②逆接の意を表わす場合、「しかれども・しかも・しかるに・しかし」などと読まれる。③形容詞と動詞とを並べるさいに用いる場合、「て・して・にして」などと読まれる。ここでは「温めて」の「て」、つまり日本語の接続助詞に相当するもので漢文訓読のさいは、その場で読まないで、送り仮名で読ませる。だいたいにおいて「活用語（日本語の用言）＋而……」の関係にあった場合は、活用語にあたる語に「にして・として・して・て」などと送り仮名を施して、「而」は、その場で読まない。しかも「活用語（日本語の用語）＋而……否定語」という関係にあった場合の「而」は逆接を表わすことが多い。 **知新** 新義を知る。古典に習熟して、かつ新しい意義というものを発見すること。荻生徂徠は「新とは、古人の言はざる所、先師の伝へざる所」（『論語徴』甲）という。朱子が「記問の学」を否定したように、中唐の韓愈も『論語筆解』で、「故に由り新に及ぶ。是れ記問の学は、人師と為るに足らざるなり。」という。可以……矣　………の資格がある。ねうちがある。「可以……」は現代中国語でも「……できる」と訳されるように、古典においてもその訳は通ずるのである。したがって「可以……矣」は「……できる・……することができる」と解する註釈書も多い。「矣」は、断定の意を表わす語気詞で、漢文訓読のさいはほとんど読まれない。この章は『礼記』学記に「記問の学、以て人の師と為るに足らず。」とみえるように、古典を読み、記憶し、他人の問を待つだけで、心に会得しない学問を否定したのである。

通釈

孔先生が言うことに、「古典を学び、立派に習熟して、新しい意義が発見できるようになれば、それこそ人類の師と称される資格が十分にある」と。

【参　考】

人の師たるものの最も重要な条件は、古今に通ずる道を知っていることにある。しかもそれは古典をふまえてのものである。古典が貴いゆえんは、古人の残した典籍から新しいものが生まれるからである。人の師たるものは、古典の中に流れている真理の泉を新しく汲みとることが大切である。この章は、古典を学習するものに貴重な示唆となる。「温故」と「知新」とでは、「温故」が主となり、「知新」は、その応用であるが、両者を兼ねそなえた者こそ、人の師で、それは「記問の学（物知りのこと）は、以て人の師と為るに足らず」（礼記）と対照して考えてみれば、一層明瞭になろう。「温故知新」という格言の出典で、まことに味の深いことばであり、千古の響きをもっている。

子曰、君子不レ器。

【読み方】

子《し》曰《いは》く、君子《くんし》は器《き》ならずと。

語釈・語法

子　男子の美称。ここでは学徳すぐれた男子の尊称で、孔子をさす。古代では「師」を称して「子」といった。**曰**　言うことには。言うには。「……いはく」と読み、「いはく」の「く」は四段の動詞「いふ」の未然形「いは」についた接尾語で、その動詞を名詞化する。漢文訓読のさいは「曰く……と」と結ぶ。これに類するものに「……らく」がある。**君子**　徳を身にそなえた立派な人物をいう。『論語』の「君子」については、普通「三義」を考えればよい。つまり、①才徳の高い人。徳行ともにそなわった立派な人。②学問修養に志す人。③在位の君主。人君など。なお、この他に「君子」の意として、高い官職にある人・高級官吏・妻が夫をさしていう称などがある。**器**　朱熹は「器は、各おの其の用に適すれども、相通ずる能はず」といっている。荻生徂徠は「器とは、有害なり。君子とは、君と卿なり。」と説いている。器を用いる者が有徳者たる君子であるとする。道具とか器物のこと。器物とは、茶わんのような一つのことにしか役立たないうつわのこと。だから人間においても、一芸一能にだけは役立つが、他のことに役立たないような人物は、すなわち器である。「不器」に二様の解釈がある。その一つは、器物をつかいこなす働きを具えた人間でなくてはならないと解する説。その二は、一芸一能といったような器物ではなく、あらゆる働きをする万能に価するような器物でなくてはならないと解する説。

通釈

孔子が言うことに、「徳を身にそなえた立派な人物というものは、自分の全人格を最大限に発展させ、一芸一能にだけ用をなしうる器であってはならない。ただ一芸一能に通ずる融通性のない者ではない」と。

子曰、君子周而不㆑比。小人比而不㆑周。

【読み方】

子《し》曰《いは》く、君子《くんし》は周《しう》すれども比《ひ》せず。小人《せうじん》は比《ひ》すれども周《しう》せずと。

語釈・語法

子曰 前章参照のこと。 **君子** 前章参照。 **周** 朱熹は「普偏なり」と解す。広く行きわたる。あまねし。他人と交際し、あまねく親しくすること。「義」にしたがって広くあまねく公平平等に親しみ合うのである。 **比** 朱熹は「偏党なり」と解す。かたよって一方につく。他人と交際して親しくするのにかたよっていること。利害損得など感情によって都合のよい者とだけ親しみ合うことをいうのである。なお、「而」については、頁四三参照。ここでは逆接を表わす助辞。

通釈

孔先生が言うことに、「徳を身にそなえた立派な人物というものは、人として践み行なわなければならない正しい筋道にしたがって広くあまねく公平に親しみ合うけれども、決して感情によって都合のよい者とだけ親しむというようなかたよった交際はしない。それに反して、徳のすくないつまらない人物というものは、感情によって交際し、親しみ合うにも非常にかたよっていて、人としての道にしたがって広くあまねく公平に親しみ合うというようなことはない」と。

子曰、学而不レ思則罔。思而不レ学則殆。

【読み方】

子《し》曰《いは》く、学《まな》びて思《おも》はざれば則《すなは》ち罔《くら》し。思《おも》ひて学《まな》ばざれば則《すなは》ち殆《あやふ》しと。

語釈・語法

子 男子の美称。ここでは学徳すぐれた男子の尊称で、孔子をさす。古代では「師」を称して「子」といった。**曰** 言うことには。言うには。「……いはく」と読み、「いはく」の「く」は四段の動詞「いふ」の未然形「いは」についた接尾語で、その動詞を名詞化する。漢文訓読のさいは「曰く……と」と結ぶ。これに類するものに「……らく」がある。**学** 詩・書・礼・楽といったような古典を読み、広く先人の説をまなぶこと。一説に、読書のことと解す。孔子の「学」は、あくまで実践の学であった。**而** ここでは接続詞。逆接を表わす。頁四三参照。**思** 思索、思考すること。研究して道理に通ずること。**則** 「……らばすなはち」、「……ればすなはち」のように条件を示す語句を受けて、つぎの語句に接続する助辞。「A則B」は「A」ということがあれば、必ず「B」という結果があるといったような場合に用いられ、普通「れば則」と覚えればよい。**罔** 「盲」と音義通じて用いられ、くらいこと。あきめくら。道理にくらく明らかになれないことをいう。明確にその道理がつかめないこと。体系のない漠然としたもの。**殆**　危殆《きたい》の意で、あぶないこと。一説に、精神を無用に疲労させることと解す。なお「殆」の義としてこの他に、①疲れる義（何晏）、②怠の意、③疑の意などがあるが、「危殆」の義と解するのがもっとも首肯できるようである。つまり、物事の思索研究にあたっては、主観的な立場によってばかり考えて、相反する面、客観的な立場から考察を加えるようにしないと、一方に偏してしまって、正しい見解というものはでないから、それこそ危険であるというのである。

通釈

孔先生が言うことに、「詩書礼楽といったようなすぐれた古典を通して先人の説を広く勉強したとしても、そのことがらについて、自分でよく思索研究することをしなかったならば、物事の道理に通ずることがなく、何の役にも立たない。また、それと反対に、いくらよく思索研究しても、すぐれた古典を通して先人の説を広く学ぶことをしなかったならば、その思考研究の結果というものは一方に偏してしまって危険である」と。

【参考】

「学」と「思」とを合わせ修めよとは、孔子の広義の学の意味である。それを展開するために、「学」と「思」と相対し、全体が対句でできていることに注意しなければならない。ただ書物を読むだけで、それについて深く考えなかったならば、学んだことが決して身につかない。また、いろいろ考えて思いつくが、その土台になる博い学問のないものは不安であり、危険である。したがって「博学」と「深思」とが両々相またなければ、学問は決して成就するものではない。高弟子夏が「博く学んで篤く志し、切に問うて近く思ふ」（子張）といい、また、『中庸』に「博く学び慎んで思ふ」とあるのも、学問・思索の偏ってはならないことを説いたものである。

子曰、由、誨ニ女知レ之乎。知レ之為レ知レ之、不レ知為レ不レ知。是知也。

【読み方】

子《し》曰《いは》く、由《いう》、女《なんじ》に之《これ》を知《し》るを誨《をし》へんか。之《これ》を知《し》るを之《これ》を知《し》ると為《な》し、知《し》らざるを知《し》らずと為《な》せ。是《こ》れ知《し》るなりと。

語釈・語法

子曰　前章参照。　**由**　孔子の門人。姓は仲、名は由、字《あざな》は子路、または季路。魯《ろ》の人で、孔子より九歳の年少者であった。勇を好み、信義を重んじた。魯や衛の国に仕えて、哀公の十五年に、六十四歳で他郷に非業の最後を遂げた。孔門十哲のひとりである。　**女**　汝と同じ。　**誨**　ことばで人をさとすこと。あきらかにおしえること。「教」は、上から下におしえること。　**知之**　「之」は、ここでは動詞の下につける語助の文字で、指示詞ではない。だからここでは「之」を訓読しなくてもよいのである。以下の二つの「之」も同じである。なお、一説に、「之」を指示詞とみて、「道」をさすものという。　**乎**　疑問を表わす終尾辞。　**是**　前句と後句とが同じであることを示すことば。「A是B」の「是」で、「AはBである」と訳してあたる。現代中国語においての「是」も同様な意を表わす。「這是書」は「これは本です」と訳されるのと同じである。

通釈

孔先生が言うことに、「子路よ、お前に物事を知るということをはっきりと言葉で教えてやろうか。自分が知っていることは知っているとし、知らないことは、まだ知らないとはっきりと区別するようにしなさい。これこそ本当に知ることである。（このような態度こそ、さらに新しい知識を身につけることである）」と。

【参考】

孔子が、この章でいいたいのは、後半である。子路は勇を好み、自信の強い人であったらしく、ものを速断する傾向があった。そこで孔子は、このように教えさとしたものであろう。真の知者とは、知っていることと、あいまいでよくわからないことの区別をはっきりするところにこそ、そうした資格があるものである。荀子が「知るを知るといい、知らざるを知らずといふ。内は自ら以って誣《し》いず、外は自ら以って欺かず」（儒効）といっているのは、この章に基づいたものである。

子張学レ干レ禄。子曰、多聞闕レ疑、慎言二其余一、則寡レ尤。多見闕レ殆、慎行二其余一、則寡レ悔。言寡レ尤、行寡レ悔、禄在二其中一矣

【読み方】

子張《しちやう》禄《ろく》を干《もと》むることを学《まな》ぶ。子《し》曰《いは》く、多《おほ》く聞《き》きて疑《うたが》はしきを闕《か》き、慎《つつし》みて其《そ》の余《よ》を言《い》へば、則《すなは》ち尤寡《とがめすくな》し。多《おほ》く見《み》て殆《あやふ》きを闕《か》き、慎《つつし》みて其《そ》の余《よ》を行《おこ》なへば、則《すなは》ち悔寡《くいすくな》し。言尤寡《げんとがめすくな》く、行悔寡《おこなひくいすくな》ければ、禄《ろく》其《そ》の中《うち》に在《あ》りと。

語釈・語法

子張　孔子の門人。姓は顓孫《せんそん》、名は師、子張は字《あざな》。陳の人で、孔子より四十八歳の年少者。**学**　ここでは「問」の意である。司馬遷の『史記』仲尼弟子列伝には「学」を「問」に作っている。ここも列伝に従った方がよい。**干禄**　俸禄を進んで求めること。仕官して自分からいい俸禄を進んで求めること。この語は『詩経』大雅・旱麓篇に「豈悌の君子、禄を求むる豈悌」とあるに基づいたものである。「干」は、自分から進んで求める意。**子**　男子の美称。ここでは学徳すぐれた男子の尊称で孔子をさす。古代では「師」を称して「子」といった。**曰**　言うことには。言うには。「……いはく」と読み、「いはく」の「く」は四段の動詞「いふ」の未然形「いは」についた接尾語で、その動詞を名詞化する。漢文訓読のさいは「曰く……と」結ぶ。これに類するものに「……らく」がある。**聞・見**―荻生徂徠は「聞とは、君子の言ふ所を聞き、見るとは、君子の行なふ所を見る」という（論語徴）。**闕**　音「けつ」で、「欠」と同じ、とりのけておくこと。**疑**　自分に信ぜられないところのもの。**則**　「……らばすなはち」、「……ればすなはち」のように条件を示す語句を受けて、つぎの語句に接続する助辞である。「A則B」は「A」ということがあれば、必ず「B」という結果があるというような場合に用いられ、普通「れば則」と覚えればよい。**寡**　少ないこと。ほとんどないの意。**尤**　「咎」と同じ。外から罪せられること。**殆**　他人が自分をとがめたてること。危殆《きたい》の意で、あぶないこと。あやふやで心に安心できないもの。**悔**　行なったことに関して自分から罪を自覚すること。やらなければよかったと思う気もち。後悔。**在其中矣**　自然にその中から生ずること。しいて求めないでも、その中に自然に得られるというような場合に用いる慣用句である。「A在其中」は「Aが自然にその中から生じてくる」という意。「矣」は、断定の意を表わす語気詞である。

通釈

子張が孔子に禄位を求めるにはどうしたらよいものであろうかと尋ねた。すると孔先生が言うことに、「広く物事について聞き、自分に信じられないものを取りのけておき、慎しんでそれ以外の自分にはっきりとしていることを言葉に出すならば、人からの批難は必ず少なくなる。また、広く見て、あやふやで安心できないものは取りのけておき、慎しんでそれ以外の明確なことを行なうならば、自分から罪を自覚し、後悔するというようなことが少なくなる。言葉に批難が少なく、また行動に後悔することが少なければ、俸禄というものは自然にそこからでてくるものである」と。

【参　考】

学問と修養を広くしっかりやって、その言行を慎重にすれば、何も自分から求めなくとも、仕官への道は開けるものだという孔子のことばからみると、子張は、とかく細行をつつしまず、なんとか自分の評判をとることに努めた人のようである。この孔子のことばも応病与薬的な戒めのものであったに違いない。冒頭の「学ㇾ干ㇾ禄」は、子張の学問がどちらかというと禄を求めるための仕方、仕官のためのものであったのだろう。なお、この文章は互文形式のもので、二つの語句が前後互いに意味が通じ合うように工夫された修辞法である。つまり、「多聞闕疑」に対して、「多見闕殆」とあるのは、「見聞」と「疑殆」を二つに分けたもので、多く聞きもし、見もして、その中に疑わしいことと、危険なこととを欠く意味である。「言寡ㇾ尤」「行寡ㇾ悔」も同様であって、この方法で文章の簡略化をはかったのである。

季康子問、使㆓民敬忠以勧㆒、如ㇾ之何。子曰、臨ㇾ之以ㇾ荘、則敬。孝慈則忠。挙ㇾ善而教㆓不能㆒、則勧。

【読み方】

季《き》康子《かうし》問《と》ふ、民《たみ》をして敬忠《けいちゆう》にして以《もつ》て勧《すす》ましめんには、之《これ》を如何《いかん》せんと。子曰《しいは》く、之《これ》を臨《のぞ》むに荘《そう》を以《もつ》てすれば、則《すなは》ち敬《けい》す。孝慈《かうじ》なれば則《すなは》ち忠《ちゆう》なり。善《ぜん》を挙《あ》げて不能《ふのう》を教《をし》ふれば則《すなは》ち、勧《すす》むと。

語釈・語法

季康子　春秋時代の魯《ろ》の大夫《たいふ》。魯の三桓の一つで、権勢をほしいままにした。季孫氏の第七代目。孔子と同時代の人である。　**使**　使役を表わす助辞。（助動詞）「使《レム》ニA《ヲシテ》B《セ》一」と返って読み。「AにBさせる」と訳され、使役の句法である。　**敬忠**　主君を敬い、まごころを尽くすことで、自己修養の根本原則を意味することばである。主君が自分を尊敬し、自分に忠義を尽くさせる。「忠」は、心の中、まごころ。　**勧**　人民たちが業に励むようにさせる。　**如何**　「いかん」と読み、「どうしたらよいか」と訳す。疑問の句法。どうか。どうするのかなどと方法を問う場合に用いられる。なお「何如」も「いかん」と読む。この方は「どんなか。どんなふうか」などと訳され、性質や状態を問う場合に用いる。しかも、「如何」の方は、ここの場合のように「如……何」と分離して、その中間に目的語を取る用法も多いが、「何如」の方はそのような働きがない。つまり、「何如」が形容詞的であるのに反して、「如何」は、動詞的な性格を持っているのである。　**荘**　言行が正しくして威厳のあること。　**孝慈**　よく父母に仕え、子孫をいつくしむこと。「慈」は、愛。　**子曰**　前章参照のこと。　**則**　「……らばすなはち」「……ればすなはち」のように条件を示す語句を受けて、つぎの語句に接続する助辞である。「A則B」は「A」ということがあれば、必ず「B」という結果があるというような場合に用いられ、普通「れば則《そく》」

と覚えればよい。 **挙善**　善行のあった人をあげて賞揚してやる。 **而**　ここでは順接を表わす接続詞。頁四三参照。 **教不能**　能力のない人間を教えみちびく。

通釈

季康子が孔子に尋ねた。「人民たちが慎しんでま心を尽くして仕事に励むようにさせるには、いったいどうしたらよいだろうか」と。すると孔先生が言うことに、「人民たちに対しては言行を正しくして威厳をもって臨むというと、人民たちは自然に主君をうやまうようになる。親には孝を尽くし、子には慈愛をもってすれば、人民たちはま心を尽くすようになる。善い人物をあげて賞揚し、働きのない不能の民を教えみちびいてやるというと、人民たちは自然に仕事に励むようになるものである」と。

子曰、人而無レ信、不レ知二其可一也。大車無レ輗、小車無レ軏、其何以行レ之哉。

【読み方】

子《し》曰《いは》く、人《ひと》にして信無《しんな》くんば、其《そ》の可《か》なるを知《し》らざるなり。大車《たいしや》に輗無《げいな》く、小車《せうしや》に軏無《げつな》くんば、其《そ》れ何《なに》を以《もつ》て之《これ》を行《や》らんやと。

語釈・語法

子　男子の美称。ここでは学徳すぐれた男子の尊称で、孔子をさす。古代では「師」を称して「子」といった。

曰　言うことには。言うには。「……いはく」と読み、「いはく」の「く」は四段の動詞「いふ」の未然形「いは」についた接尾語で、その動詞を名詞化する。漢文訓読のさいは、「曰く……と」結ぶ。これに類するものに「……らく」がある。**人而**　「而」は、ここでは逆接を表わす助辞。「如」と同じで仮定の意を含んでいる。なお、詳しくは頁四三。**信**　人と言とよりなる会意文字で、言行の一致することをいう。信実でいつわらないこと。**其可**　その人の可なるところ。よい点。よさ。**大車**　牛がひく車。荷物などを運ぶ大きな車をいう。**輗**　音「げい」。車の轅（ながえ）の端についている横木で、それに軛（くびきをしばりつけて牛の首に車をつける道具。**小車**　馬車の類をいい、普通の馬でひく車。兵車。乗車。**軏**　音「げつ」。ながえの端が上むきに曲ったところで、そこにくびきをつけて馬に結びつけるところ。輗軏とは、ともに喩えをいうのであって、「信」に喩えた。信は、世間の人と自分とを結びつける「徳目」で、これがなくては社会人として一日たりとも交際を結ぶことはできない。**何以……哉**　どうして……しようか、……しない」と訳し、反語を表わす句法。「哉」は、反語を表わす終尾辞。**行**　「やる」と読み、動かす、進ませるの意。車をおし進めること。

通釈

孔先生が言うことに、「人としてこの世に生まれて、もし信用がなかったとしたならば、その人のよい点がいったいどこにあるかわからない。たとえて言うならば、大車とか小車に牛馬をつなぐ道具がなかったとしたら、車馬とも離れてしまって、どうして車が進もうか（ちっとも進まない）。ちょうどそのように、人間に『信』がなかったならば、世の中と結びつくはずがなく、うまく世を渡れるはずがないのである」と。

子張問、十世可ㇾ知也。子曰、殷因二於夏礼一。所二損益一可ㇾ知也。周因二於殷礼一。所二損益一可ㇾ知也。其或継ㇾ周者、雖二百世一可ㇾ知也。

【読み方】

子張《しちょう》問《と》ふ、十世《じっせ》知《し》るべきやと。子《し》曰《いは》く、殷《いん》は夏《か》の礼《れい》に因《よ》る。損益《そんえき》する所《ところ》知《し》るべきなり。周《しう》は殷《いん》の礼《れい》に因《よ》る。損益《そんえき》する所《ところ》知《し》るべきなり。其《そ》れ或《あるい》は周《しう》に継《つ》がん者《もの》は、百世《しゃくせ》と雖《いへ》ども知《し》るべきなりと。

語釈・語法

子張　孔子の門人。姓は顓孫《せんそん》、名は師《し》、子張は、その字《あざな》である。陳《ちん》の人で孔子より四十八歳の年少者。ちなみに、字とは、中国で元服のときに本名以外につける別名をいうである。「あざなす」とか「あざなをつける」という。　**十世**　易姓革命によって一王朝が滅び、新王朝がおこる。つまりその一つの王朝を「一世」といったのである。だから王朝が十回も変わった遠い将来のことをいう。「世」は、ここでは「王朝」の意であるが、別に三十年のことにも使われ、また、父子の相代る場合などにも「世」といわれる。　**可知也**　知ることができるか。「可」は、可能の意であり、「也」は、疑問を表わす終尾辞である。　**子曰**　前章参照。　**殷**　湯王が夏の桀王をほろぼして建てた国で「商」といった。のち「殷」と号した。紀元前一七六〇年〜前一一二二年。　**因**　因襲すること。うけつぎ従うこと。　**於**　「に」「を」「より」などの意を表わす助辞。訓読のさいは、その場で読まないで、下の語に「ニ」「ヲ」「ヨリ」などと送りがなをつけて返って読む。事物の起点を表わす助辞である。なお「より」の意を表わす場合「形容詞＋於＋体言（名詞）」というような関係にあったときは、比較を表わす助辞に変わることに十分注意してほしい。　**夏**　禹王が建国したといわれ、紀元前二二〇〇年〜前一七六〇年と伝えられている。　**礼**　法律・制度・規範・道徳・儀礼など、一切の社会秩序をいう。古代においては文化の総合体として「礼」があり、その「礼」が分化して法律とか、儀礼、道徳などとなっていたのである。　**損益**　減じたり増したりすること。増減取捨の意を表わす。　**周**　武王が殷の紂王を滅ぼして建てた国である。紀元前一一二二年

〜前二二一年、　**其或継周者**　「其或有二継レ周者一」の意で、「或」は、元来不定代名詞であるが、ここでは「あるいは……あり」の意である。　**雖**　「たとい……でも」、「たとい……とも」。仮定条件を表わす。推量の意を含んでいる。

通釈

子張が孔先生に尋ねた、「十王朝もさきのことを知ることが、はたしてできるのでしょうか」と。すると孔先生が言うことに、「殷は夏王朝の社会秩序を受けついで従っているから、その増減した点は知ることができる。周は殷王朝の社会秩序を受けついで従っているから、その増減した点は知ることができる。だからかりに周王朝の後をつぐような国があれば、たとい百代さきの王朝のことでも十分知ることができるものである」と。

子曰、非二其鬼一而祭レ之、諂也。見レ義不レ為、無レ勇也。

【読み方】

子《し》曰《いは》く、其《そ》の鬼《き》に非《あら》ずして之《これ》を祭《まつ》るは、諂《へつら》ふなり。義《ぎ》を見《み》て為《な》さざるは、勇《いうな》無きなりと。

語釈・語法

子　男子の美称。ここでは学徳すぐれた男子の尊称で、孔子をさす。古代では「師」を称して「子」といったのである。　**曰**　言うことには。言うには。「……いはく」と読み、「いはく」の「く」は四段の動詞「いふ」の未然形「いは」についた接尾語で、その動詞を名詞化する。漢文訓読のさいは、「曰く……と」結ぶ。これに類するものに「……らく」がある。 **其鬼** 朱熹は「其の当に祭るべきの鬼」といっている。自分の祖先。自分が当然祭らなければならない鬼神のこと。「其」は指示詞で、当然祭るべきものをさしている。日月星辰などといった天に在る神を「神」といい、山川に在る地の神を「祇」といい、人が死んだのを「鬼」といった。『周礼』という本には「天神・地祇・人鬼」の語がみえている。 **而** ここでは逆接を表わす助辞。「而」が接続詞として用いられる場合、およそ次の三つを考えるようにしたい。①順接を表わす場合、「しこうして・しかして・して・て」などと読まれる。②逆接の意を表わす場合、「しかれども・しかも・しかるに・しかし」などと読まれる。なお韻文などに用いられるこうした場合は、しばしば強調が多い。③形容詞と動詞とを並べるさいに用いる場合、「て・して・にして」などと読まれる。だいたいにおいて「活用語（日本語の用言）＋而……」のような関係にあった場合は、活用語にあたる語に「にして・として・して・て」などと送りがなを施して、「而」はその場で読まない。しかもここの場合のように「否定語＋名詞＋而＋活用語」といったような場合、また、「活用語（日本語の用言）＋而＋不定語」といったような関係にあったときの「而」は逆接を表わすことが多い。 **祭之** 「之」は指示詞で、「其鬼」をさしている。 **諂** 音「てん」。言と臽（うかがう意→覗）とよりなる。朱熹は「媚を求むるなり。」と解す。気にいられるようにこびへつらい、自分の幸福を求めること。 **義** 人として践み行わなければならない道。人のなすべきつとめ。したがって「義」とは、人の道における法則であり、人として為すべきか、為すべからざるかを判断する標準である。「宜」と同じ。

通釈

孔先生が言うことに、「自分が当然祭らなければならない祖先の霊以外のものを祭るのは、神にへつらって幸福を求めようとするものである。人としてなさねばならない正しい道を知っていながら、これをつとめてなそうとしないのは、真の勇気がないものである」と。

八佾第三

子曰、人而不仁、如レ礼何。人而不仁、如レ楽何。

【読み方】

子《し》曰《いは》く、人《ひと》にして不仁《ふじん》ならば、礼《れい》を如何《いかん》せん。人《ひと》にして不仁《ふじん》ならば、楽《がく》を如何《いかん》せんと。

語釈・語法

八佾　礼楽の事を論じ、二十六章より成る。　**子曰**　前章参照。　**人而**　人間と生まれたにもかかわらず、もし……の意。「而」は、ここでは逆接を表わす助辞。ただし仮定の意を含んでいる。「人而……」は「人にして……」と読む慣用句。なお、「而」の用法については頁五六参照。　**不仁**　仁徳をうしなう。「仁」は、孔子の思想の根本をなすもので、孔子はときに「忠恕」ともいっている。つまり、「誠実」と「思いやり」の性情の働きをいうのである。「仁」は「人なり」ともいわれているように、人間らしいことでもある。徂徠は「論語徴」で「仁は、安民の徳なり」という。つまり、安民のためのものといっている。　**如何**　「いかん」と読み、「どうしたらよいか」と訳す。疑問反語（ここの場合のように）などを表わす句法。どうか、どうするのか、などと方法を問う場合に用いられる。なお「何如」も「いかん」と読む。この方は「どんなか・どんなふうか」などと訳され、性質や状態などを問う場合に用いられる。しかも、「如何」の方はここの場合のように「如……何」と分離して、その中間に目的語を取る用法も多いが、「何如」の方にはそのような働きがない。つまり、「何如」が形容詞的であるのに反して、「如何」は、動詞的な性格を持っているのである。 **礼**　法律、制度、規範、道徳、儀礼など一切の社会秩序をいう。古代においては文化の総合体として「礼」があり、その礼が分化して法律とか、儀礼、道徳などとなっていたのである。 **楽**　詩を歌いながら舞うことをいう。中国古代においては、さきの「礼」と常に並称されてきた。この文によると、「礼」と「楽」とを成り立たせるような人間の立場が「仁」なのである。『漢書』芸文志に「楽は以て神を和らぐ、仁の表なり。詩は以て言を正す。義の用なり。礼は以て体を明らかにす。」と見える。

通釈

孔先生が言うことに、「人間として生まれて人間らしくなかったとしたならば、それこそ礼があって何になろうか（何にもならない）。また、人と生まれて人間らしくなかったとしたならば、それこそ楽があって何になろうか（何にもなるまい）」。と

林放問㆓礼之本㆒。子曰、大哉問。礼与㆓其奢㆒也寧倹。喪与㆓其易㆒也寧戚。

【読み方】

林放《りんぽう》礼《れい》の本《もと》と問《と》ふ。子《し》曰《いは》く、大《だい》なるかな問《とひ》や。礼《れい》は其《そ》の奢《おご》らん与《よ》りは寧《むし》ろ倹《けん》せよ。喪《さう》は其《そ》の易《をさ》まらん与《よ》りは寧《むし》ろ戚《いた》めよと。

語釈・語法

林放　古来魯《ろ》（山東省）の国の人といわれているが、（鄭玄の注）司馬遷の『史記』の仲尼弟子列伝には、その名が見えない。おそらく孔子の弟子ではなかったのであろう。　**礼**　法律、制度、規範、道徳、儀礼など一切の社会秩序をいう。古代において文化の総合体として「礼」があり、その「礼」が分化して法律とか儀礼、道徳などとなっていたのである。　**本**　根本。大本。根本義。　**子**　男子の美称。ここでは学徳すぐれた男子の尊称で、孔子をさす。古代では「師」を称して「子」といったのである。　**曰**　言うことには。言うには。「……いはく」と読み、「いはく」の「く」は四段の動詞「いふ」の未然形「いは」についた接尾語で、その動詞を名詞化する。漢文訓読のさいは、「曰く……と」と結ぶ。これに類するものに「……らく」がある。　**大哉問**　この文が平叙文ならば「其問大也。」と書かれる。ここでは倒装法を用いて感嘆の意を表わしたのである。　**奢**　おごる。気張って金をかけ派手にしてよいとしていること。　**倹**　ひかえめにする。つつましくする。倹約する。「奢」の反対。　**与其……也寧……**　「与二其A一寧B」で、「そのAならんよりは、寧ろBせよ」と読まれる慣用句である。そして「そのAであるよりは、いっそBの方がよい」の意。そのAであることも、さして悪くはないが、それよりもいっそのことBの方がのぞましいという意を表わし、二者いずれも十分ではないものについて、比較してその一方を選ぶ形式である。「寧」は、願望の意を含んでいる。一方選択の句法として記憶してほしい。　**喪**　死者についてのすべての礼をいう。喪の礼。葬式、服喪、おたまやの祭祀など。　**易**　ここでは、治めるの意。儀式が十分にととのうこと。　**戚**　心からかなしみ傷むこと。哀痛の情をいたすこと。　**与其易也**　一本に「与其易焉」に作っている。上句と照合した場合「也」の方がよさそうである。いずれも助辞としての働きである。なお、『礼記』檀弓に「子路曰く、吾之を夫子に聞けり、喪礼は其の哀の足らずして、礼の余り有らんよりは、礼の足らずして、哀の余り有るに若かず。」とみえる。

通釈　林放が孔子に礼の根本について尋ねた。すると孔先生が言うことに、「こりゃ重大な質問である。礼というものは派手にするよりは、いっそつつましくする方がよい。葬式というものは儀式が十分にととのっているよりは、いっそ心から悲しみ傷んだ方がよい」と。

【参　考】　孔子は「周は二代に監《かんが》みて郁郁乎《いくいくこ》として文なるかな」と讃嘆しているように、周公の整備した伝統文化は、それこそすばらしいものであった。あらゆるものを美化し、倫理化してみごとな総合文化（礼）を成就した。しかし時代の流れとともに、礼の本質はうすれ失われがちであった。林放が礼の本質につき、孔先生に質問したので、「大哉問」といって感嘆の意を示したのである。孔子の返答はまことに具体的で、かつ卑近な例をあげて教えている。礼というものは「文」と「質」、つまり形式と内容とがほどよく調和してこそ立派な礼となることを説く。だがその根本はむしろ「質」（内容）にある。それは「まことの精神」であり、孔子が礼の思想を「忠」と「信」をもって説いていることがわかり、それがやがて『中庸』の「誠」の説く倫理思想へと発展していくのである。

子曰、君子無ㇾ所ㇾ争。必也射乎。揖譲而升下、而飲。其争也君子。

【読み方】
子《し》曰《いは》く、君子《くんし》は争《あらそ》ふ所無《ところな》し。必《かなら》ずや射《しや》か。揖譲《いうじやう》して升下《しようか》し、而《しか》うして飲《の》む。其《そ》の争《あらそひ》や君子《くんし》なりと。

語釈・語法

子曰　前章参照のこと。　**君子**　徳行ともに立派にそなわった人物。有徳の人。『論語』の「君子」については普通三義を考えればよい。つまり、①才徳の高い人。徳行ともにそなわった人。②学問修養の道に志している人。③在位の君主。人君など。なおこの他に、④高い官職にある人。高級官吏。⑤妻が夫をさしていう称などがある。　**無所争**　人と争う場合がない。「所」は「もの・こと・場合」などと訳され、下の動詞（ここでは「争」）を体言化する働きを持っている。　**必也射乎**　きっと射の礼であろう。ただ射の礼だけで、それ以外には断じてないということ。「必也A乎」は、「きっとAであろう」と訳され、詠嘆を表わす。なお、この句の上に「若有レ所レ争則（必也射乎）」と補って解釈するとすっきりとするであろう。「乎」は、「……であろうよ」などという言葉にあたり、軽く念を押す意を表わす疑問詞である。　**揖譲**　敬礼をし、譲り合うこと。「揖」は、「音」いう（ゆう）」。また「いつ」。自分の両手を組みあわせて、頭を下げる軽い敬礼をいい、「譲」は、階段を昇る時とか、室内に入るときなどに謙遜して他人を先立てること。　**升下**　射は、堂上で行なわれた。その堂には東西に階段があり、その階段を昇ったり、下ったりすること。　**而**　ここでは順接を表わす助辞。頁五八参照。　**其争也**　也は、強勢の助辞。

通釈

孔先生が言うことに、「有徳の人というものは、物事について争うことがない。もし争うことがあるとすれば、それはきっと射の礼であろう。射を行なうときには、お互いに敬礼をし、譲りあって堂を昇り下りし、勝負に負けたときには罰杯を飲む。その争い方というものは、誠に礼儀にかなっていて、それこそ君子人の姿である」と。

子曰、管仲之器小哉。或曰、管仲倹乎。曰、管氏有㆓三帰㆒。官事不㆑摂。焉得㆑倹。然則管仲知㆑礼乎。曰、邦君樹塞㆑門。管氏亦樹塞㆑門。邦君為㆓両君之好㆒、有㆓反坫㆒。管氏亦有㆓反坫㆒。管氏而知㆑礼、孰不㆑知㆑礼。

【読み方】

子《し》曰《いは》く、管仲《くわんちゆう》の器《き》は小《せう》なるかなと。或《ある》ひと曰《いは》く、管仲《くわんちゆう》は倹《けん》なるかと。曰《いは》く、管氏《くわんし》に三帰《さんき》有《あ》り。官事《くわんじ》は摂《か》ねず。焉《いづくん》ぞ倹《けん》なるを得《え》んと。然《しか》らば則《すなは》ち管仲《くわんちゆう》は礼《れい》を知《し》れるかと。曰《いは》く、邦君《はうくん》は樹《じゆ》して門《もん》を塞《ふさ》ぐ。管氏《くわんし》も亦《また》樹《じゆ》して門《もん》を塞《ふさ》ぐ。邦君《はうくん》、両君《りやうくん》の好《よしみ》を為《な》すに、反坫《はんてん》有《あ》り。管氏《くわんし》も亦《また》反坫《はんてん》有《あ》り。管氏《くわんし》にして礼《れい》を知《し》らば、孰《たれ》か礼《れい》を知《し》らざらんと。

語釈・語法

子　男子の美称。ここでは学徳すぐれた男子の尊称で、孔子をさす。古代では「師」を称して「子」といった。

曰　言うことには。言うには。「……いはく」と読み、「いはく」の「く」は四段の動詞「いふ」の未然形「いは」についた接尾語で、その動詞を名詞化する。漢文訓読のさいは、「曰く……と」と結ぶ。これに類するものに「……らく」がある。　**管仲**　春秋時代の政治家で、法家思想の祖といわれる。前六四五年ごろ没。姓は管。名は夷吾《いご》。字《あざな》は仲。一説に、字は「夷吾」とするものがある。大夫となり、桓公を助けて諸侯に覇たらしめた。

之　「A之B（AのB）」の「之」で、上下を結びつける接続の助辞。　**器**　元来は道具とか器物のことをいう。器物とは、茶わんのような一つのことにしか役立たないうつわのこと。だから人間においても、一芸一能にだけは役立つが、他のことに役立たないような人物は、すなわち「器」である。ここでは「器小」といっているから、器量の小さいのをいう。そして「器」には「器量」と「材能」の二説があるが、前者の立場をとった方がよいようである。何故なら、孔子は管仲の働きは十分認めているから。**哉**「……かな」と読まれ、詠嘆を表わす終尾辞。**倹**つつましいこと。倹約。**乎**「……か」と読まれ、疑問を表わす終尾辞。**有**持つの意。**三帰**三か所の邸宅。「帰」は、より所の意。**不摂**かねない。大夫の家臣は一人でもって数職をかねるのが常であったのに、管仲は大夫でありながら、家臣一人一職で、多くの家臣を使った。**焉得倹**どうして倹約であろうか、決して倹約ではない。「焉……」は、「いづくんぞ……ん（や）」と読まれ、反語の句法である。**則**「……らばすなはち」、「……ればすなはち」のように、条件を示す語句を受けて、つぎの語句に接続する助辞。「A則B」は「A」ということがあれば、必ず「B」という結果があるといったような場合に用いられ、普通「れば則」と覚えればよい。**知礼乎**礼儀を知っているか。「礼」とは、元来法律、制度、規範、道徳、儀礼など、一切の社会秩序をいう。古代においては、文化の総合体として「礼」があり、その「礼」が分化して上記に述べたような法律とか儀礼、道徳などとなっていたのである。**邦君**諸侯のこと。**樹塞門**屏を門内にたてて外と内とを区分した。「樹」は、屏のこと。「塞」は蔽の意。**亦**「……もまた」と読まれ、「A亦B」で、「AもまたB」（Aも同じようにB）と訳され、並列的な働きを表わす助辞。**好**諸侯がお互いに集って親睦を重ねること。**反坫**土で作った杯を置く台をいう。堂上で酒宴を催したときなどに、堂上の東西の大柱の間に土堆をもって築いてある台の東方の坫に主人が酒杯をおき、西方の坫に客が置く習慣であった。**管氏而**「而」は順接を表わす助辞。なお頁五八に「而」の用法を詳述しておいたので、ぜひ参照していただきたい。**孰不知礼**いったいだれが礼を知らないものがあろうか、（礼を知らないものは決してない）。「孰不」は、「たれか……（ざら）ん」と読み、反語を表わす句法である。なお、反語の句法のとき、肯定の場合は否定となり、否定の場合は肯定となることに注意してほしい。

通釈

孔先生が言うことに、「管仲という人物はなんと器量が小さいんだろうなあ」と。するとある人が言うことに、「管仲という人物は倹約家なのですか」と。そこで先生が言うことに、「管仲という人物は自分の邸宅が三か所にもあり、しかも召し使がそれぞれ一人一役で、一人が数役をかねるというようなことはしない。このような生活ぶりであって、いったいどうして倹約であるはずがあろうか（決して倹約家ではない）と。するとある人が、「それでは管仲という人が礼というものを知っているのですか」とたずねた。すると孔先生が言うことに、「諸侯は門の内側に屏をたてて門をふさぎ、内部が見えないようにする。ところが管仲も大夫でありながらそのまねをして、私邸に屏をたてていた。また諸侯がお互いの親睦を重ねる宴会に反坫という杯の台をつかうことになっているが、管仲もまた同じようにその台を用いている。このような行動をした管仲が礼をわきまえているというのならば、いったいこの世の中でだれが礼を知らないといえようか（礼を知らないものはない）」と。

儀封人請レ見。曰、君子之至二於斯一也、吾未二嘗不一レ得レ見也。従者見レ之。出曰、二三子、何患二於喪一乎。天下之無レ道也久矣。天将下以二夫子一為中木鐸上。

【読み方】

儀《ぎ》の封人《ほうじん》見《まみ》えんことを請《こ》ふ。曰《いは》く、君子《くんし》の斯《ここ》に至《いた》るや、吾未《われいま》だ嘗《かつ》て見《まみ》ゆることを得《え》ずんばあらざるなりと。従者之《じゅうしゃこれ》を見《まみ》えしむ。出《い》でて曰《いは》く、二三子《にさんし》、何《なん》ぞ喪《うしな》ふことを患《うれ》へんや。天下《てんか》の道無《みちな》きや久《ひさ》し。天将《てんまさ》に夫子《ふうし》を以《もつ》て木鐸《ぼくたく》と為《な》さんとすと。

儀　衛の一地方で、今の河南省蘭儀県のあたり。　**封人**　関守のこと。国境守備の低級な官であったようである。　**請**　「どうか……したい」、「なんとか……したい」などと訳され、願望を表わす。　**見**　「まみゆ」と読んだときは、目上の者にお目通りする場合に使われる。　**曰**　前章参照。　**君子**　立派な人。有徳者。「君子之至」の「之」は「が」と訳され、主語を示す助辞である。　**於**　「を」「に」「より」などの意を表わす助辞。訓読のさいは、その場で読まないで、下の語に「ニ」「ヲ」「ヨリ」などと送り仮名をつけて返って読む。事物の起点を表わす助辞である。なお、「より」の意を表わす場合「形容詞＋於＋体言」というような関係にあったときは、比較を表わす助辞に変わることに十分注意してほしい。　**斯**　この土の意。　**未㆔嘗不㆓A㆒**　「いまだかつてAせずんばあらず」と読む慣用句で、しかも否定のことばが二つ重っているから二重否定である。解釈の場合は、「これまで一度だってAしなかったことはない」と、肯定の意になる。　**得見**　国境を通過する立派な人にお目通りすることができる。「得」は、可能を表わす。　**従者**　孔子の弟子たちのこと。旅行中のことだから従者といったのである。　**見之**　「見」は、意味の上から「まみえしむ」と使役に読まねばならない。「之」は、指示詞で、ここでは孔子をさす。　**二三子**　孔子の門人たちに向かって呼びかけたことば。年寄りが若い者に向かって呼びかけるときに使う。封人も相当の年寄りであったようである。　**何患於喪乎**　どうして先生が位を失って国を去ったのを悲しむ必要があろうか（そんな必要はない）。「喪」は失う。位を失って国を去ること。役人をやめて浪人の身となっていること。「何……A……乎」は「何ぞAせんや」と読み、「どうしてAしようか、Aしない（決してAしない）」と訳し、反語を表わす句法。　**也**　「……や」と読み、主語を提示し、語勢を強める助辞。　**将**　「まさに……（せんと）す」と返って二度読む。再読文字。　**夫子**　あなた。先生。ここでは孔子をさす。　**木鐸**　木の舌をつけた金属製の大きな鈴をいう。昔、文教には木鐸を振り鳴らし、武教には金鐸を振り鳴らして広く人民に告げたのであった。かようなことから、世の中の人を目覚めさせるような世の警世家をたとえるようになった。

通釈

衛の国の儀というところで、国境を司《つかさ》どっていたある関守りが、なんとか孔子にお目にかかりたいと申しでた。そして言うことに、「私は立派な方がたがこの土地にお出でになると、いつも必らずお目にかかっております」と。するとお供の門人たちは、孔子に面会させてやった。やがて孔子に面会して出てきた関守りが言うことに、「あなたがたは、孔先生が位を失って国を去り、浪人生活をしていられるのをどうして悲しむ必要がありましょう（決して悲しむ必要などありません）。今の世の中は道徳も行なわれず、人道の乱れ甚だしいこと久しい間です。宇宙の主宰神たる天の神は、孔先生を多くの人びとに道を教える警世家としての役を果たさせようとしているのです」と。

【参　考】

この事件は孔子が最初に衛に行った時で、定公の十三年、孔子五十六歳の時だといわれている。まず儀の封人の鑑識眼がなんといっても光っている。宋の大儒朱子が儀の封人を「蓋し賢にして下位に隠るる者ならん」といっているように、身分の低い関守りであった。だが凡庸な関守りでなかったことは想像がつく。幾多の名士に必ず面会している。また、孔子に会ってから「天下の道無きや久し…」と述べているようすをみても、乱世を歎いていながら、孔子によって道を回復、秩序ある正しい社会の実現を期待しているようである。

里仁第四

子曰、里レ仁為レ美。択不レ処レ仁、焉得レ知。

【読み方】

子曰《しいは》く、仁《じん》に里《を》るを美《び》と為《な》す。択《えら》びて仁《じん》に処《を》らずんば、焉《いづくん》ぞ知《ち》たるを得《え》んと。

語釈・語法

子　男子の美称。ここでは学徳すぐれた男子の尊称で、孔子をさす。古代では「師」を称して「子」といった。　**曰**　言うことには。言うには。「……いはく」と読み、「いはく」の「く」は四段の動詞「いふ」の未然形「いは」についた接尾語で、その動詞を名詞化する。漢文訓読のさいは「曰く……と」と結ぶ。これに類するものに「……らく」がある。　**里**　許慎の『説文解字』に「里は居なり」とある。処に同じ。朱熹は「里仁なるを美と為す」と読んでいる。　**為美**　よいとする。「為」は「A為レB」で、「AをBとなす」と訳読する。「美」は、よいの意。うつくしいの意ではない。　**択**　えらぶ。選に同じ。おるところをえらぶの意。　**処**　里と同じく、おる（居る）の意。　**焉得知**　どうして真に智あるものとなし得ようか（なし得ない）。「焉得知」は、「焉得レ謂二知者一乎」の省略法と考えてほしい。なお「焉得レA」は「いづくんぞAなるを得ん」と読み、「どうしてAであることができようか（できない）。」の意を表わし、反語法。「知」は、単なる知識をいうのではなく、人生の真実を知った叡知をいうのである。

通釈

孔先生が言うことに、「人間というものは自分の心身を仁という場所におちつけておくのが最もよい。自分の言動が仁という場所にいるか否《いな》かの選択は、自分の自由であるのにもかかわらず、自ら選んで仁の立場に心をおちつけていないとすれば、いったいどうして真に知るものとなし得ようか（なし得ない）」と。

子曰、不仁者不レ可ニ以久処一レ約。不レ可ニ以長処一レ楽。仁者安レ仁、知者利レ仁。

【読み方】

子《し》曰《いは》く、不仁者《ふじんしゃ》は以《もつ》て久《ひさ》しく約《やく》に処《を》るべからず。以《もつ》て長《ひさし》く楽《らく》に処《を》るべからず。仁者《じんしゃ》は仁《じん》に安《やす》んじ、知者《ちしゃ》は仁《じん》を利《り》すと。

語釈・語法

子曰　前章参照。　**不仁者**　仁徳のない人。徳行のそなわっていない人。　**不レ可ニ以A一**　Aできないの意。ここでは「以レA（不仁）」の「A」が省略された文形である。「不可」を「べからず」と読んで、禁止を表わす場合もある。たとえば、国立公園などの「芝生に入るべからず」とあるのなどは、これに属する。なお、現代中国語では「可以……」は「クォーイー（以て……べし）」と読み、「……できる」、「……して宜しい」などの意に用いている。**約**　生活に困ること。貧賤困窮などをいう。この字は下文の「楽」字の対語として使われている。

不二長A一　上文の「不可以久処約」の「不久……A」と同じく、部分否定の句法である。口語訳すると「ちょっとはAできても、久しくはAできない」となる。つまり、「久」とか「長」といった形容詞が否定のことばの下に置かれた場合は、その形容詞が副詞に転用され、その文章を部分否定（または一部否定ともいう）に導く。これを図式化すれば「否定の文字＋副詞＋動詞」という文形になる。**楽**　生活のたのしみ。富貴からくるたのしみ。物質的な幸せ。**仁者安仁**　世に仁者といわれる人は、自分の生活の困窮貧賤の境にあっても、決して心を動かさず、仁徳に安んじている。**利仁**　仁をよいものであると考える。知恵のある者は、仁というものは、自分にとって利益があるものだと考えて熱心に探求する。

通釈

孔先生が言うことに、「仁徳のない人は、困窮の生活になった場合、ちょっとは堪えることができても、長い間はその貧窮生活に堪えていることができない。またその逆に、ちょっとの間は富貴の楽しみにひたることができても、長い間、その富貴安楽の身を心から楽しむこともできない。ところが、仁者といわれる人は、仁というところに心からおち着いて、人としての正しい道を踏みたがうことなく安住しており、知恵があるといわれる人は、仁の価値を十分に知り、それは自分にとって利益があるのだと考えて、常にこれを守り行なって、人としての正しい道を失わないものである」と。

【参　考】

不仁者は環境に左右され、貧賤の場合にはすぐにいやしい行ないに走り、富貴の場合には傲慢になって道にはずれた行ないをしてしまう。ところが仁者とか知者はそういうことがない。ただここで注意しなくてはならないのは、知者は仁者に比してやや劣るということである。つまり、仁者とは無意識のうちにも仁を失わないものであり、知者は、仁のすばらしい価値を知って、仁を実践しようとしている者のことである。『孟子』に「富貴も淫すること能はず、貧賤も移すこと能はず、威武も屈すること能はず、此れを之れ大丈夫と謂ふ。」とみえるが、孔子の「仁者知者」は、この大丈夫に似たものがあろう。孔子の仁に対する信念のほどがうかがわれよう。

子曰、富与レ貴、是人之所レ欲也。不レ以二其道一、得レ之不レ処也。貧与レ賤、是人之所レ悪也。不レ以二其道一、得レ之不レ去也。君子去レ仁、悪乎成レ名。君子無二終食之間違一レ仁、造次必於レ是、顛沛必於レ是。

【読み方】

子《し》曰《いは》く、富《とみ》と貴《たふと》きとは、是《こ》れ人《ひと》の欲《ほっ》する所《ところ》なり。其《そ》の道《みち》を以《もっ》てせざれば、之《これ》を得《う》とも処《を》らざるなり。貧《ひん》と賤《せん》とは、是《こ》れ人《ひと》の悪《にく》む所《ところ》なり。其《そ》の道《みち》を以《もっ》てせざれば、之《これ》を得《う》とも去《さ》らざるなり。君子《くんし》は仁《じん》を去《さ》りて、悪《いづ》くにか名《な》を成《な》さん。君子《くんし》は終食《しゅうしょく》の間《かん》も仁《じん》に違《たが》ふことなく、造次《ざうじ》にも必《かなら》ず是《ここ》に於《おい》てし、顛沛《てんぱい》にも必《かなら》ず是《ここ》に於《おい》てすと。

語釈・語法

子　男子の美称。ここでは学徳すぐれた男子の尊称で、孔子をさす。古代では「師」を称して「子」といった。

曰　言うことには。言うには。「いはく」と読み、「いはく」の「く」は四段の動詞「いふ」の未然形「いは」

について接尾語で、その動詞を名詞化する。漢文訓読のさいは、「曰く……と」結ぶ。これに類するものに、「……らく」がある。**富与レ貴**　俸禄をうることと高い地位につくことは。「与」字の用法は非常に多方面にわたっている。だから、その文脈、文意などに十分の注意をはらって解く必要がある。ここでは「AとBと」の「と」にあたり、並列を表わす助辞として用いられている。なお「A与レB（AはBと）」のような場合の「与」は、従属を表わす助辞として用いられ、この場合の「A」は、しばしば省略されるので口語訳のときは十分注意しなければならない。次に「与」字が比較を表わす助辞として用いられる場合をのべておこう。それは「与二其A一寧B」で、「そのAであるよりは、いっそのことBの方がよい」のような場合に用いられる。この場合は原則として「与」字と「A」との間に「其」字が置かれることに注意してほしい。さらにこの文字が文末（……与。）に置かれると疑問や詠嘆を表わす助辞に転化するのである。**富**　資産、財産などが多いこと。**貴**　身分や地位などが高いことで、「賤」の反対。**是人之**　「之」の用法には①上下の修飾関係を結ぶときに用いる助辞。（A之B「AのB」）というような場合である。②動詞としての用法。（A之レB「AがBに之く」）といったような場合で、Bの項には原則として場所を表わすことばが来る。③もっとも一般的な用法としては、指示詞としての用法である。（これ・この）など。④日本語の格助詞「が」と同じような働きをする場合、つまり「A之B……（AがBする）」というような用法で、Bの項には原則として動詞が置かれる。**也**　断定を表わす終尾辞。「……である」と訳す。**不以其道、得之不処也**　富貴となるような正しい方法（仁の道にかなったような行動、手段）を用いないで、富貴を得たとしても、仁者といわれるような人はそれに安んじない。「不レA、不レB」は「Aせざれば、Bせず」と読み、仮定を表わす文形である。「以」は、上一段の動詞「用ひる」に同じ。「其道」は、①仁の道。②文中に二つ出てくるが、前者は富貴となる道、後者は貧賤となる道。③正しい道、など数説ある。本文が対句的表現形式であり、さらに「其」ということばの内容指示の面からも③の説が妥当性を持っているようである。「得之不処也」の「得之」の上に仮定を表わす「雖」を補ってみると一層文脈がはっきりする。「之」は指示詞で、富貴をさす。一句の意は「富貴を得るといえどもそんな不義の富貴には居らない」の意である。**貧**　俸禄のないこと。**賤**　位をえないこと。**得之不去也**　貧賤をえても、それは自分から招いたものでなくて、天から賦与されたものであるから、その貧賤からのがれ去ろうとしない。**悪乎成名**　いったいどこで君子(立派な人物)としての名を立派に成就しえようか(成就できない)。反語の句法で「悪成名乎。」とほぼ同じ。「悪……A……乎」は「いづくんぞAせんや」と読み、「いったいどうしてAしようか(決してAしない)」と訳し、反語を表わす文形。「成名」は、名を立派に成就すること。名は実を伴なうものであり、ここでは君子としての実を立派に備えることをいう。**終食之間**　食事を終えるほどのわずかな時間。「一飯の間」と同じ。**造次**　急ぎの場合。あわただしい時。「草次」などともいわれる。また「食卒」と同じ。**顚沛**　つまづき倒れる場合。危急な場合。**於是**　仁において行なう。また、仁におるの意。「ここにおいてす」と読み、「是」は指示詞で、仁をさし、「於」は動詞として使用されていることに注意しなければならない。

通釈

孔先生が言うことに、「禄高や資産の多いことと、自分の地位が高くなることは、人間だれしも望むことである。だがしかし、有徳者といわれるような君子人は、人としての正しい道を践み行なった上で、富貴におるのでなかったならば、たとえ自分が富貴を得たとしても、そこに安んじているようなことはしない。(不義によって得た富貴などには決して安んじていない)。また禄高や資産が少ないことと、自分の地位が低くいやしくなることは、人間だれしも嫌うものである。けれども正しい人の道によって貧賤から離れられるのでなければ、たとい自分が貧賤になっているとしても、その貧賤から離れようとしない。(人道を踏みにじってまで貧賤からわが身を救うようなことはしないで、天から自分に賦与された「天命」に甘んじている)。君子と言われる人が仁から身を引いて、いったいどこで君子としての名を成就しえようか、成就しえない。こういうわけで、君子人といわれる人は、食事を終えるほどのごくわずかな時間でも仁にそむくことがなく、いかなる危急の場合であっても仁の道に立脚して物事を行ない、つまずき倒れるような不慮の場合でも、あくまで仁の道に立脚して物事を行なうのである」と。

【参　考】

仁者は栄えて富貴になり、不仁者は貧賤になって辱しめられるものであることが前提となっている。孔子も富貴を欲し、貧賤をにくむのを当然とし、かれは人間性を見抜いていた。しかし、不義の富貴を望まず、仁を守って貧賤になっても、これを憂えないという態度であった。かりそめの間でも傾覆流離のさいでも仁の道を離れないものが「君子」であると説いている。孔子の仁道を人間の根本とする精神主義である。時所を問わず、物事を超克して、時には身を殺して仁をなし、終始仁に生き、仁に死す。まこと巧利主義、物質論者の夢想だにできない、儒教の精神主義を十分くみとらねばなるまい。

子曰、人之過也、各於二其党一。観レ過斯知レ仁矣。

【読み方】

子《し》曰《いは》く、人《ひと》の過《あやまち》や、各《おのおの》其《そ》の党《とう》に於《おい》てす。過《あやまち》を観《み》て斯《ここ》に仁《じん》を知《し》ると。

語釈・語法

子曰　前章参照のこと。　**人之**　「之」は、日本語の格助詞「が」と同じ意を表わす助辞。　**過**　自分の思考力が足りなくて、思わず悪い結果となってしまったこと。**也**「……や」と読み、中止法で、語勢を強める助辞。**於**　この字は一般に助辞として用いられるものであるが、ここの場合のように「於」に返り点がつくと、しばしば動詞として転用されるのである。詳しく言えば、「於てす」は、「助辞『於て』＋『サ変の動詞』の形」なのであり、日本語の複合動詞に類するものと考えてよい。**党**　同類。同じようなこと。「各於其党」の一句の意は、「君子はいかにも君子らしい過ちをし、小人はいかにも小人らしい過ちをする」の意。**斯**　仮定形を示すことば。「則」とほとんど同じである。だから「過を観れば斯ち……」と読んでもよい。**知仁**　仁、不仁の人がらを知る。その人の人がらがわかる。ここの「仁」は、ほとんど「人」と同義と考えてよい。徂徠は「論語徴」で「仁は、安民の徳なり。」という。つまり安民のためのものといっている。**矣**　物事をはっきりと言い切る助辞。訓読のさいはほとんど読まれない。

通釈

孔先生が言うことに、「人間が過ちを犯す場合には、それぞれその人の類によって過ちをするもので、君子はいかにも君子らしい過ちを犯し、小人はどう見ても小人だと思われるような過ちをするものである。だからして、その人の過失について十分観察するというと、その人の人がらが仁者であるか、どうか、はっきりとわかるものである」と。

子曰、朝聞レ道、夕死可矣。

【読み方】

子《し》曰《いは》く、朝《あした》に道《みち》を聞《き》かば、夕《ゆうべ》に死《し》すとも可《か》なりと。

語釈・語法

子　男子の美称。ここでは学徳すぐれた男子の尊称で、孔子をさす。古代では「師」を称して「子」といった。　**曰**　言うことには。言うには。「……いはく」と読み、「いはく」の「く」は四段の動詞「いふ」の未然形「いは」についた接尾語で、その動詞を名詞化する。漢文訓読のさいは、「曰く……と」と結ぶ。これに類するものに、「……らく」がある。　**朝**　下文の「夕」とともに、ここでは時間の甚だしく短い意に用いられている。朱子は「朝夕はと、甚だその時の近きを言ふ所以なり。」と注している。　**道**　人が聞き知り、信ずべき最高の規範。この字に関して宋の大儒朱熹は「道とは事物当然の理なり。苟もこれを聞くを得れば、生きては順ひ、死しては安く、復た遺恨なきなり。」と注している。人として、また、人の践まなければならない当然の筋道である。人間として生きがいのある道、つまり「仁道」。道を以て真理となしている。徂徠は「先王の道」とする。なお「聞道」は、仮定法として訳読する。しかもこの「聞道」ということばは、孔子以前には使用されなかったもので、孔子が始めて口にした大切な文字といわれる。なお、「朝聞道」について、古注では「もし朝に世の道あるを聞かば、夕に死するも恨みなし。」といい、「道が行われるようなすばらしい世の中になったという報せを聞いたならば……」と解している。ここでは朱子説を是とする。　**可矣**　まあまあである。まあよろしい。まあ満足してよい。徂徠は、この一句を詩的な誇張の文章と解している。

通釈

孔先生が言うことに、自分がもし朝方に人として践み行なわなければならない仁道を聞いて、自分の心に得るところがあったとしたならば、その日の夕刻に死んでしまってもまあ満足してよいだろう」と。

【参考】
道を知ることの必要を極言して、孔子の求道者としての信仰にまで高められた熱烈さが感得される。人の生涯は道の追求にこそ意義があり、人はすべからく生命をかけて、この道を求めるために生きるべきことを、簡潔に述べているが、まこと千古の響きと輝きをみる。程子は「人は以て道を知らざるべからず。苟《いやしく》も道を聞くを得ば、死すといへども可なり」といい、また朱熹は「苟も之を聞くを得ば、則ち生きては順ひ、死しては安んず。復《ま》た遺恨無し」といっている。

子曰、士志二於道一、而恥二悪衣悪食一者、未レ足二与議一也。

【読み方】
子《し》曰《いは》く、士《し》道《みち》に志《こころざ》して、悪衣《あくい》悪食《あくしょく》を恥《は》づる者《もの》は、未《いま》だ与《とも》に議《はか》るに足《た》らざるなりと。

語釈・語法
子曰　前章参照。　**士**　①さむらい。四民の第一（士・農・工・商）。②官吏の総称。③学問や人格のある者。士君子。④男子をほめていう語。など多義にわたっている。もと身分の名。卿《けい》・大夫《たいふ》・士《し》・庶人《しょじん》と分かれていた。ここでは、学問をして相当な知識を持った人。知識人をいう。　**志**　心がある目的に向って働くことをいう。　**道**　人間の守るべき道。人として、また、人の践まなければならない当然の道。　**而**　「しかるに」の意で、逆接を表わす接続の助辞。次に「而」の用法について簡単に触れておく。①順接を表わす場合、「しこうして・しかして・して・て」などと読まれる。②逆接を表わす場合、「しかれども・しかも・しかるに・しかし」などと読まれる。③形容詞と動詞とを並べるさいに用いる場合、「て・して・にして」などと読まれる。ここでは「志して」の「て」、つまり日本語の接続助詞に相当し、漢文訓読のさいは、その場で読まないで、送りがなで読ませる。**未足与議也** まだいっしょに話し合うねうちがない。仲間となって話し合うにたらない。「未」は「いまだ……ず」と返って二度読む文字で、再読文字という。まだそうなっていない未定の物事を表わす助辞。「足」は、十分の意。「与」は「ともに」と読み、副詞的用法である。「議」は、話し合う。語り合う。「也」は、断定を表わす終尾辞。

通釈

孔先生が言うことに、「仁義道徳に志し、学問修養の道に自分から励んでいるような人で、自分の衣服や食事などがいかにもみすぼらしいのを恥辱なことだと考えるようでは、まだ自分（孔子）といっしょに人間の守るべき道について論じ合う資格はない」と。

【参　考】

前章と同じく、ひたむきな求道精神を説いたもので、道に志したものは、その志をもっぱら道についての修学に向け、悪衣悪食に恥じいり、物質生活の面にとらわれないように戒めたものである。「士にして居を懐ふは、以て士と為すに足らず」（憲問）、つまり、有識者であるのに、しかも安らかな住まいを思うようでは、有識者としての資格がない、という孔子のことばと通じている。

子曰、参乎、吾道一以貫レ之。曾子曰、唯。子出。門人問曰、何謂也。曾子曰、夫子之道、忠恕而已矣。

【読み方】

子《し》曰《いは》く、参《しん》や、吾《わ》が道《みち》は一以《いちもつ》て之《これ》を貫《つらぬ》くと。曾子《そうし》曰《いは》く、唯《ゐ》と。子《し》出《い》づ。門人《もんじん》問《と》ひて曰《いは》く、何《なん》の謂《いひ》ぞやと。曾子《そうし》曰《いは》く、夫子《ふうし》の道《みち》は、忠恕《ちゅうじょ》のみと。

語釈・語法

子　男子の美称。ここでは学徳すぐれた男子の尊称で、孔子をさす。古代では「師」を称して「子」といった。**曰**　言うことは。言うには。「……いはく」と読み、「いはく」の「く」は四段の動詞「いふ」の未然形「いは」についた接尾語で、その動詞を名詞化する。漢文訓読のさいは、「曰く……と」と結ぶ。これに類するものに「……らく」がある。**参乎**　参よ。「参」は、曾子の名。前五〇五年―没年不詳。字《あざな》は子輿《しよ》。敬って曾子といわれた。春秋時代の魯(山東省)の人。親孝行の人として知られ、『孝経』はその著であるといわれている。「乎」は、ここでは呼びかけを表わす助辞。「人名十也」は「……や」と読み、親愛の情を表わす。**吾道**　自分（孔子）が心から信じて行なってきたこと。「道」は、「教」とほとんど同じと解してよい。だが、その教えの根本は、忠であり、恕であった。**一以貫之**　ある一つの原理をもって一貫している。孔子の仁道が一つの精神でつらぬかれている。「以レ一貫レ之」と同じ。「一」を強めた形。強めようとする語を上に置きかえて、語の順序をかえたのである。「之」は、元来指示詞であるが、ここでは語助とみた方がよい。なお、古来の註釈家は「貫」を「つらぬく」とするが、近世の考証家は、『広雅』釈詁に「貫は、行なり」に従って、「行なう」意に解している。朱子は「一以て之を貫く」といったのは、行為について言ったものとする（語類・巻二十七）。**唯**　「はい」とていねいに答える返事。**門人**　孔子の門人。一説に、曽子の門人と解する。**何謂也**　どういう意味ですか。どういうわけですか。「何……A……也」は「なんのAぞや」と読み、「どういうAですか」と訳し、疑問の文形である。「也」は、疑問を表わす助辞。**夫子**　先生。ここでは孔子をいう。**之**　「之」の用法には数種ある。①上下の修飾関係を結ぶときに用いる助辞。「A之B（AのB）」。②動詞としての用法「A之B（AがBに之く）」。Bの項には原則として場所を表わすことばがくる。③指示詞としての用法。（これ・この）など。④日本語の格助詞「が」と同じような働きをする場合、つまり「A之B」……（AがBする）。Bの項には原則として動詞が置かれる。**忠恕**　誠実と思いやり。「忠」は「中」と「心」の合字で、自分から反省して自分を欺かず、良心の命令にしたがうこと。つまり先天的に自己に内在する根源的な一理であるとし、「忠は、体であり、本根であり、一理であるとする（語類・巻二十七）。「恕」は「如」と「心」の合字で、他人に対する心がけで、自分の心のように、他人もあってほしいと考えて、自分の欲しないことを人に施さないようにつとめること。まごころを尽くして思いやること。「わが身をつねって人のいたさを知れ」という諺は、恕の観念を言い表わしたものである。朱子は、忠を体とし、恕を用と考え、恕は人為であって、人間に内在する内心の真情を他人に推し及ぼすこととする。**而已矣**　「のみ」と読み、もと限定。ここでは強い断定の意を表わす終尾辞。「ただこれだけで、他の何ものでもない」の意。

通釈

孔先生が言うことに、「参よ、自分が弟子たちに説き、かつ行なう道というものには、ただ一つのもので貫かれているのだよ」と。これを聞いた曽子はただちに言うことに「はい」と。ややあって孔先生は室を出て行かれた。すると他の門人たちが曽子に尋ねて言うことに、「いまの話はどういう意味ですか」と。そこで曽子が言うことに、「われわれの先生が説かれ、かつ実践している道というものは、忠恕、つまり誠実と思いやりだけで他にはないのだよ」と。

【参　考】

孔子の哲学の最も重要な根本問題を提起しているもので、孔子の思想体系である忠恕、つまり仁を述べている。孔子が「女《なんじ》は予《よ》を以て多く学んで之を識る者と為すか」と子貢に問うたとき、子貢は「然り。非なるか。」と答えた。ところが孔子は「非なり。予は一以て之を貫く」（衛霊公）と教導された章と相関連する。その一貫した理念を曽子はみごとに「忠恕」と断言したのである。これは『孟子』や『中庸』におよんで「誠」となり、「至誠」とよばれるにいたる。曽子は孔門中、徳行をもって聞こえ、孔子の思想の主要な継承者であったのである。とくに曽子は、孔子の教えを主観的な心の面でとらえていることは、この章にはっきりとあらわれている。儒家の流れをくむ荀子が、孔子の客観的な教えの礼に求め、礼至上主義を唱えているのとは大いに異なっている。

子曰、君子喩$_{二}$於義$_{一}$、小人喩$_{二}$於利$_{一}$。

【読み方】

子《し》曰《いは》く、君子《くんし》は義《ぎ》に喩《さと》り、小人《せうじん》は利《り》に喩《さと》ると。

語釈・語法

子曰　前章参照。　**君子**　『論語』の「君子」については、普通「三義」を考えればよい。つまり、①才徳の高い人。徳行ともにそなわった人。②学問修養に志す人。③在位の君主。人君など。一説に、『論語』において君子という場合には、願望の意がこめられている、という。 **喩** 暁《さと》る。覚る。心が敏感に働くこと。 **於** 「に」「を」「より」の意味を表わす助辞。訓読のさいは、その場で読まないで、下の語に「ニ」「ヲ」「ヨリ」などと送りがなをつけて返って読む。事の起点を表わす助辞。なお、「より」と読まれた場合、「形容詞(形容動詞)+於+体言」という関係にあったときは、この「於」は、比較を表わす助辞に転化する。例えば、「霜葉紅ニ於二月花。」の「於」は比較。 **義** 人の道における法則であり、人として為すべきか、為すべからざるかを判断する標準である。「宜」に同じで、自然の理にかなって、正しいこと。 **小人** 君子の対語。徳の少ない人。つまらん人間。 **利** 自己の身を利すること。欲望にかなうこと。一説に「諸君は正義に敏感であってほしい。利益に敏感であっては困る」と解す。

通釈

孔先生が言うことに、「徳行ともにそなわった立派な人物は、何事につけても正しさということに敏感に心が働くが、徳の少ないつまらん人物は、正しさということよりも、まず自分の利益ということに心が敏感に働くものである」と。

【参　考】

君子と小人の弁、あるいは義理の弁は、儒教でもっともやかましくいうところのものである。何事も正しい義理を標準として考えていく者は君子であり、利害に結びつけて物事を解決する者は小人であるとする。安井息軒は「聖人の堯とか舜が飴をみると、それで老人を喜ばせようと考え、大盗人の跖《せき》が同じ飴をみると、戸の鍵をなめらかにしてどろぼうに入ろうと思うものだ」という巧みな例をもって説いている。義理については、孟子も説き、開巻冒頭の文にも「王何ぞ必ずしも利と曰《い》はん。亦仁義あるのみ」とあって、利益第一主義を批難し、あくまで人間の正しい平和な秩序をうることを第一義としていることに注意せねばなるまい。

子曰、父母之年、不㆑可㆑不㆑知也。一則以喜、一則以懼。

【読み方】
子《し》曰《いは》く、父母《ふぼ》の年《とし》は、知《し》らざるべからざるなり。一《いっ》は則《すなは》ち以《もっ》て喜《よろこ》び、一《いっ》は則《すなは》ち以《もっ》て懼《おそ》ると。

語釈・語法
子　男子の美称。ここでは学徳すぐれた男子の尊称で、孔子をさす。古代では「師」を称して「子」といった。
曰　言うことには。言うには。「……いはく」と読み、「いはく」の「く」は四段の動詞「いふ」の未然形「いは」についた接尾語で、その動詞を名詞化する。漢文訓読のさいは、「曰く……と」と結ぶ。これに類するものに「……らく」がある。　**父母之年**　「之」の用法には数種ある。①上下の修飾関係を結ぶときに用いる助辞。「A之B（AのB）」というような場合である。②動詞としての用法、「A之㆑B（AがBに之く）」といったような場合で、Bの項には原則として場所を表わすことばがくる。③もっとも一般的な用法としては、指示詞としての用法である。（これ・この）など。④日本語の格助詞「が」と同じような働きをする場合、つまり、「A之B㆑……（AがBする）」といったような用法で、Bの項には原則として動詞が置かれるのである。　**不可不知也**　絶対に知らなくてはいけない。「不可不A」は「絶対にAねばならない」、「絶対にAしなくちゃいけない」などと訳され、二重否定を表わす句法である。つまり、「否定語＋否定語」の場合を二重否定といい、解釈の場合は強い肯定を表わす。　**一則以喜、一則以懼**　このような修辞法を対句《ついく》法というのである。「一」は、「あるいは」、「一方では」と訳して当たる。「則」は、「……らばすなはち」、「……ればすなはち……」のように、条件を示す語句を受けて、次の語句に接続する助辞である。しかし、ここの場合のように対句法であるときは、「……はすなはち……、はすなはち」というように対立させて読ませるのである。「喜」は、父母の健在長寿であることをよろこぶ。一説に、まだ春秋に富むから達者だと解するむきもあるが、今この説はとらない。「懼」は、万一のことがあるかも知れないと恐れ気づかう。

通釈

孔先生が言うことに、「自分の両親の年は絶対におぼえていなくちゃいけない。一方では、その長生きであること（健在であること）を心から喜び、また一方では、万一のことがあるかも知れないと恐れ気づかわねばならない」と。

【参　考】

安井息軒は「この章は思うに、門人たちの中で父母の年を知らない者があって、そうした弟子たちに孔子が教えられたものである。聖人が人を導く方法は、みなこうした仕方であった」と解し、孔門のすぐれた教育法を讃美している。『揚子法言』の孝至篇に「得て久しくすべからざるは、親に事《つか》ふるの謂なり。孝子は日を愛《お》しむ」とあることばからでた「愛日《あいじつ》の誠」というのがあるが、これは日を惜しんで親に孝行することを説いたもので、この章とあわせ味わうべきだろう。

子曰、古者言之不レ出、恥二躬之不レ逮也。

【読み方】

子《し》曰《いは》く、古者《いにしへ》言《げん》を之《こ》れ出《い》ださざるは、躬《み》の逮《およ》ばざるを恥《は》づればなりと。

子曰　前章参照のこと。　**古者**　「いにしへ」と読み、「昔の人」の意である。　**言之不出**　「不出言」と書くのが原則であるが、ここでは「言」を強調するために倒置法をもって表現したのである。「之」は、倒置法にする場合にしばしば用いられる助辞である。　**躬之**　自分自身の行ないが。「躬」は元来、身に同じであるが、ここでは身の行ないの意。「之」は、日本語の格助詞「が」と同じ働きを示す助辞である。　主語を示す助辞。　**逮**　「及」に同じ。追いつくこと。　**恥**　どちらかと言えば、「懼《おそ》る」の意に近い。　**也**　断定を表わす終尾辞。

【通釈】

孔先生が言うことに、「昔の人がみだりに言葉を口から出さなかったのは、自分自身の行ないが、その言葉通りに実践して行けないのをおそれ恥じたからである」と。

【参　考】

古の例を引いたのは、結局、当時の人に言行一致の少なかったことを如実に示すものである。孔子は言行一致を重んじ、実践できないことを軽々しく口にだすことを、ことの外いみきらったのである。朱子は「古者と言ふは、今の然らざるをあらはす」と注している。つまり「古者」ということばの中に、すでに「今はそうでない」という意が含まれているというのである。

子曰、君子欲㆘訥㆓於言㆒、而敏㆗於行㆖。

【読み方】

子《し》曰《いは》く、君子《くんし》は言《げん》に訥《とつ》にして、行《おこなひ》に敏《びん》ならんと欲《ほっ》すと。

語釈・語法

子　男子の美称。ここでは学徳すぐれた男子の尊称で、孔子をさす。古代では「師」を称して「子」といった。　**曰**　言うことには。言うには。「……いはく」と読み、「いはく」の「く」は四段の動詞「いふ」の未然形「いは」についた接尾語で、その動詞を名詞化する。漢文訓読のさいは、「曰く……と」と結ぶ。これに類するものに「……らく」がある。　**君子**　『論語』の「君子」については普通「三義」を考えればよい。つまり、①才徳の高い人。徳行ともにそなわった人。②学問修養に志す人。③在位の君主。人君など。なお、この他に④高い官職にある人。高級官吏。⑤妻が夫をさしていう称などがある。　**欲**　願望を表わすことば。「……したい」。　**訥**　ことばの出るのがおそいこと。ことば数の少ないこと。　**於**　「に」「を」「より」の意を表わす助辞。訓読のさいは、その場で読まないで、下の語に「ニ」「ヲ」「ヨリ」などと送りがなをつけて返って読む。事物の起点を表わす助辞である。なお、「より」と読まれた場合、「形容詞（形容動詞）＋於＋体言」という関係にあったときは、この「於」は、比較を表わす助辞に転化することに注意してほしい。例えば、「霜葉紅㆓於二月花㆒（霜葉は二月の花よりも紅なり）」の「於」は、比較を表わしているのである。　**而**　接続の意を表わす助辞。次に「而」についての用法を簡単に解説しておく。①順接を表わす場合、「しこうして・しかして・して・て」などと読まれる。ここの場合は「……して」にあたる。②逆接を表わす場合、「しかれども・しかも・しかるに・しかし」などと読まれる。③形容詞と動詞とを並べるさいに用いる場合、「て・して・にして」などと読まれる。なお、ここの場合は、「訥にして」の「にして」、つまり日本語の接続助詞に相当し、漢文訓読のさいは、その場で読まないで、送りがなで読ませる。だいたいにおいて、「活用語（日本語の用言）＋而……」の関係にあった場合は、その活用語にあたる語に「にして・として・して・て」などと送りがなを施して、「而」はその場では読まないのである。しかも「活用語（日本語の用言）＋而……＋否定語」といった関係に置かれた場合の「而」は、逆接を表わすことが多い。　**敏**　事の実践にあたっては、すばやいこと。

通釈

孔先生が言うことに、「立派な人物（有徳者）といわれるような人は、言葉については重々しく不調法であり、それに反して、事の実践にあたっては実に俊敏でありたいと常日ごろ願っているものである」と。

【参　考】

忠信を重んじた孔子が、発言を慎しみ、実行を貴んで、ひたすら言行一致を期したことは当然である。「事に敏にして言に慎しむ」（学而）とか、「先づ其の言を行なひて、而る後に従ふ」（為政）、「巧言令色、鮮なし仁」（学而）、あるいは「君子は其の言の行なひに過ぐるを恥づ」（憲問）など、いずれも実行を重んじている、孔子学をうかがうことができよう。

子曰、徳不レ孤、必有レ鄰。

【読み方】

子《し》曰《いは》く、徳孤《とくこ》ならず、必《かなら》ず鄰有《となりあ》りと。

語釈・語法

子曰　前章参照。　**徳**　許慎の『説文解字』に「徳とは、心を省みるなり。」と説いている。「得」で、自分の身に体得したもの。人としての道理を自分の身に体得したものが「徳」である。　**孤**　孤立する。ひとりぼっちで、仲間がないこと。　**鄰**　隣に同じ。同調したり、共鳴したりする者。なおこの字に関して、宋代の儒者朱熹は「鄰は、なほ親のごとし」といっている。

通釈

孔先生が言うことに、「徳をそなえた立派な人物というものは、けっして孤立するというようなことはなく、かならずその人に同調し、共鳴する者を招き、親しむこと隣近所のようになるものである」と。

【参　考】

この章も孔子みずからの体験を語ったものであろう。古来しばしば引用され、愛誦されて善行をする者の励ましになったことばである。有徳者は必ず人に影響をおよぼし、感応するものがあって、決して孤立することはない。それは「朋《とも》遠方より来たる有り」の実感に通ずるものがあろう。

公冶長第五

孟武伯問、子路仁乎。子曰、不レ知也。又問。子曰、由也、千乗之国、可レ使レ治二其賦一也。不レ知二其仁一也。求也、何如。子曰、求也、千室之邑、百乗之家、可レ使レ為二之宰一也。不レ知二其仁一也。赤也何如。子曰、赤也、束帯立二於朝一、可レ使下与二賓客一言上也。不レ知二其仁一也。

【読み方】

孟武《まうぶ》伯《はく》問《と》ふ、子路《しろ》仁《じん》なるかと。子《し》曰《いは》く、知《し》らざるなりと。又《また》問《と》ふ。子《し》曰《いは》く、由《いう》や千乗《せんじよう》の国《くに》、其《そ》の賦《ふ》を治《をさ》めしむべきなり。其《そ》の仁《じん》を知《し》らざるなりと。求《きう》や、何如《いかん》と。子《し》曰《いは》く、求《きう》や、千室《せんしつ》の邑《いふ》、百乗《ひやくじよう》の家《いへ》、之《これ》が宰《さい》為《た》らしむべきなり。其《そ》の仁《じん》を知《し》らざるなりと。赤《せき》や何如《いかん》と。子《し》曰《いは》く、赤《せき》や、束帯《そくたい》して朝《てう》に立《た》ち、賓客《ひんかく》と言《い》はしむべきなり。其《そ》の仁《じん》を知《し》らざるなりと。

語釈・語法

孟武伯　春秋時代の魯《ろ》（山東省）の大夫《たいふ》、孟彘《まうてい》のこと。「武」は、そのおくり名である。「伯」は、長子の意。

子路　孔子の門人。姓は仲、名は由、字《あざな》は子路、または季路。魯（山東省）の人で、孔子より九歳の年少者。勇を好み、信義を重んじた。魯や衛に仕えて、哀公の十五年に、六十四歳のとき、衛国の内乱に関与して壮烈な武人としての討死を遂げた。孔門十哲のひとりである。

仁乎　仁でしょうか。「仁」は、「人」と「二」とより成る形声文字で、「二」が音符。人と親しむこと。転じて、人をいつくしむこと。一説に、ふたりの会意文字だという。最高最大の道徳。徳の高い人、有徳の人、などの意。「乎」は、疑問を表わす終尾辞。　**子**　男子の美称。ここでは学徳すぐれた男子の尊称で、孔子をさす。古代では「師」を称して「子」といった。　**曰**　言うことには。言うには。「……いはく」と読み、「いはく」の「く」は四段の動詞「いふ」の未然形「いは」についた接尾語で、その動詞を名詞化する。漢文訓読のさいは、「曰く……と」と結ぶ。これに類するものに、「……らく」がある。　**不知也**　よく存じません。その仁であるか、どうかを知らないの意で、否定もしないし、肯定もしないという態度を表わしている。仁というものが、いかに遠大で、容易でないことをうちに含ませている。「不」は、日本語の助動詞「ず」にあたり、下の動詞の送りがなは、その未然形から施す。「也」は、断定を表わす助辞。**又**　そのうえまた。さらにまた。添加を表わす助辞。　**由也**　「也」は「や」と読み、主語をはっきりと提示する助辞。ここでは、呼びかけを表わす助辞と考えたい。　**千乗之国**　兵車千乗を出すような国。諸侯の国。　**賦**　兵事をいう。中国の古代には、田の税を一単位として兵を出した。だから兵事を「賦」といい、また租税のことをも「賦」といったのである。　**求**　孔子の弟子、冉有のこと。名を求といった。春秋時代の魯《ろ》(山東省)の人。**孔門十哲**のひとり。字《あざな》は子有。孔子より二十九歳年下であった。季氏の宰（家老職）となった。　**何如**　「いかん」と読み、「どんな状態か」と尋ねる場合に用いる。なお「如何」となった場合は、「いかん」と読み、「……をどうするか、……をどう処置したらよいか」の意。目的語をともなうような場合は、「如レA何」のように、中間に目的語を配置する。　**千室之邑**　戸数千にもおよぶような大きな村。古代では、一家、一戸を一室といったのである。　**百乗之家**　兵車百乗を出す大夫《たいふ》の家。兵車百乗を出すほどの領地をもつ卿大夫の家。　**宰**　家老職。すべての長官にもいう。宰領村長などの意にも用いられる。　**赤**　孔子の弟子。姓は公西、字《あざな》は子華。春秋時代の魯《ろ》（山東省）の人。孔子より四十二歳の年少者。儀式礼法に通じ、孔子の時には、かれが葬儀委員長の役を果たしたといわれている。　**束帯**　礼服に用いる帯。古代においては、何か事あるときには束帯し、事なきときには緩帯するのが礼であったのである。　**立於朝**　朝廷に立つ。「於」は、「に」「を」「より」の意を表わす助辞。訓読のさいは、その場で読まないで、下の語に「ニ」「ヲ」「ヨリ」などと送りがなをつけて読む。事物の起点を表わす助辞である。なお「より」と読まれた場合、「形容詞（形容動詞）＋於＋体言」という関係にあったときは、この「於」は、比較を表わす助辞に転化することに注意してほしい。例えば、「霜葉紅ニ於二月花一（霜葉は二月の花よりも紅なり）」の「於」は、比較を表わしている。さらに、「於レA」というように、「於」に下から返る記号がついている場合は、動詞（サ変動詞）としての働きを示している場合が多い。「朝」は、朝廷の意。

可使与賓客言也　（赤は）諸外国からきた賓客と一緒に外交辞令をさせることができる。「可」は可能の意を表わす助辞。「使」は使役を表わす助辞。上文の「可使治……」、「可使為……」の「使」も同じ。「与」字の用法は非常に多方面にわたっている。だから、その文脈、文意などに十分の注意をはらって解く必要がある。ここでは「AはBと」の「と」にあたり、従属を表わす助辞として用いられている。このような働きを示す場合、「A」に相当することばがしばしば省略される。ここもその省略法の一つである。「AとBと」の「と」にあたる場合もある。この用法を「並列」と言い、「A」「B」ともに省略されることがない。次に「与」字が比較を表わす助辞として用いられる場合をのべておこう。それは「与ニ其A一寧B」といった形で、「そのAであるよりは、いっそのことBの方がよい」のような場合に用いられる。この場合は、原則として「与」字と「A」との中間に「其」字が置かれることに注意してほしい。さらに、この文字が文末「……与。」に置かれると疑問や詠嘆を表わす助辞に転化することも覚えていてほしい。動詞として用いられるのは、今さら述べるまでもなかろう。「千乗之国」、「千室之邑」、「百乗之家」、「可使為之……」などの「之」字について、次に簡単に解説しておく。①上下の修飾関係を結ぶときに用いる助辞。（A之B「AのB」）というような場合である。②動詞としての用法。（A之レB「AがBに之く」）といったような場合で、Bの項には原則として場所を表わすことばが来る。③もっとも一般的な用法としては、指示詞としての用法である。（これ・この）など。④日本語の格助詞「が」と同じような働きをする場合、つまり「A之B㆑……（AがBする）」というような用法で、Bの項には原則として動詞が置かれるのである。

通釈

孟武伯が（孔子に）お尋ねした、「子路という人物は仁者かどうか」と。すると孔先生が言うことに、「どうだか存じません」と。するとまた尋ねた。そこで孔先生が言うことに、「子路という人物は、大諸侯の国々で、その軍事を治めさせることはできる。けれども、それが仁であるかどうかは存じません」と。また尋ねた、「それでは冉求はどうですか」と。孔先生が言うことに、「求という人物は、千戸ほどの大きな村や大夫の家で、その上役をやらせることはできる。けれどもそれが仁かどうかは存じません」と。するとまた尋ねた、「それでは公西赤はどうでしょうか」と。孔先生が言うことに、「赤という人物は、礼服を着て朝廷に立たせ、諸外国の賓客と外交辞令をさせることはできる。しかしそれが仁であるかどうかは存じません」と。

子謂㆓子貢㆒曰、女与㆑回也孰愈。対曰、賜也何敢望㆑回。回也聞㆑一以知㆑十。賜也聞㆑一以知㆑二。子曰、弗㆑如也。吾与㆑女弗㆑如也。

【読み方】

子《し》子《し》貢《こう》に謂《い》ひて曰《いは》く、女《なんじ》と回《くわい》と孰《いづ》れか愈《まさ》れると。対《こた》へて曰《いは》く、賜《し》や何《なん》ぞ敢《あへ》て回《くわい》を望《のぞ》まん。回《くわい》や一《いち》を聞《き》いて以《もつ》て十《じふ》を知《し》る。賜《し》や一《いち》を聞《き》いて以《もつ》て二《に》を知《し》ると。子《し》曰《いは》く、如《し》かざるなり。吾《われ》と女《なんじ》と如《し》かざるなりと。

語釈・語法

子　男子の美称。ここでは、学徳すぐれた男子の尊称で、孔子をいう。古代では「師」を称して「子」といった。　**謂……曰**　「AがBに謂ひて曰く」のような場合は、「Bに説明していうには」「Bに向かって言うには」ほどの意。　**子貢**　孔子の門人。姓は端木、名は賜、子貢はその字《あざな》である。孔子より三十一歳の年少者。弁説がうまく、才子はただの人だったので、魯《ろ》（山東省）や衛《えい》（河北・河南両省にまたがる）の国に仕えて、しばしば外交談判などに成功した。また、理財の道に明るく、多くの富を得ていたという。孔門十哲のひとりである。　**曰**　前章参照。　**女**　お前。汝に同じ。　**与**　この字の用法は実に多方面にわたっている。だからその文脈、文意などに十分の注意をはらって解く必要がある。ここでは「A（女）とB（回）と」の「と」にあたり、並列を表わす助辞。なお「A与レB（AはBと）」のような場合の「与」は、従属を表わす助辞として用いられているのであり、この場合の「A」はしばしば省略されるので、口語訳の場合は十分に注意しなければならない。次に「与」字が比較を表わす助辞として用いられる場合をのべておこう。それは「与二其A一寧B」で、「そのAであるよりは、いっそのことBの方がよい」のような場合に用いられる。この場合は原則として「与」字と「A」との間に「其」字がおかれることに注意してほしい。さらにこの文字が文末「……与。」におかれると疑問や詠嘆を表わす助辞に転化することも記憶してよい。　**回**　顔回のこと。前五一三～前四八二年。孔子の弟子の中で最もすぐれ、徳行第一の人にあげられている。字《あざな》は淵《えん》。魯《ろ》（山東省）の人。三十二歳で孔子より先に死んだ。亜聖と称せられる。　**也**　中止法的な働きを表わす。語勢を強める。　**孰**　疑問詞。「孰…A」は疑問の句法。「いづれか……A」、「たれか……A」と読み、「A」に当たる語を連体形で読むことを記憶してほしい。　**愈**　まさる。すぐれているの意。　**対**　尊敬語。目下の者が目上の者に答えるときに「対」を用いる。お答えするの意。　**賜**　子貢のこと。孔子の門人。姓は端木、名は賜、子貢はその字。孔子より三十一歳の年少者。弁説がうまく、才子はただの人だったので、魯（山東省）や衛（河北河南）の国に仕えて、しばしば外交談判に成功した。また、理財に明るく、金持ちであった。孔門十哲のひとり。**何敢望回** いったいどうして顔回と比較になりましょうか(比較にならない)。「何敢……A」は「なんぞあへて……Aせんや」と読み、「いったいどうしてAしょうか、Aしない」の意。反語の句法。「望」は、背のびして遠くを眺めやるの意。**聞一以知十** ある事柄について、最初にちょっと説明を聞いて、すぐに物事の全体を理解することができる。「一」は、物の始めであり、「十」は、物の終りをいう。つまり、最初にちょっと説明を聞いて、すぐに物事の全体を理解するの意。**聞一以知二** 初めから順々に段階を追って理解してのち、始めて全体を理解するの意。**弗如** 「しかず」と読み、比較を表わす句法。「……弗レ如レA」は「……はAに及ばない」の意。「弗」は「不」と同じで、否定を表わす言葉。

通釈

孔先生が弟子の子貢に向かって尋ねて言うことに、「お前と顔回とは、いったいどちらがすぐれているだろうかね」と。すると(子貢は)お答えして言うことに「私なぞどうして顔回と比較になりましょう(比較になりません)。かれ顔回は、ある事柄について最初にちょっと説明を聞いて、すぐに物事の全体を理解することのできる聰明さですが、私などは最初から順を追って説明していただかないと全体の理解はできません」と。すると孔先生が言うことに「とうてい及ばないね。私もお前も及ばないね」と。

【参考】

この章の問答はまことに師弟間のこまやかな情愛をうつして余すところがない。孔子が子貢とともに顔回の賢をたたえ、子貢の気持ちを慰め引き立てるなど、そこにあふれんばかりの師情を汲みとらねばなるまい。最後の一句「吾与女弗如也」は、「吾、女の如かざるをゆるす」、あるいは「吾、女の如かざるにくみす」などと読み、「私は、君が顔回にかなわないということを認める(または賛成する)」と解したいとは、宋の大学者朱子である。いかにも朱子らしいが、そのように解してしまったら、師弟間の情愛もうすらぎ、情愛の冷さだけで終ってしまうであろう。「吾と女と如かざるなり（私もお前と同様で、とても顔回にはおよばないよ）」という口吻にこそ、師情の豊かさをみるのである。

宰予昼寝。子曰、朽木不レ可レ雕也。糞土之牆不レ可レ杇也。於レ予与何誅。子曰、始吾於レ人也、聴二其言一而信二其行一。今吾於レ人也、聴二其言一而観二其行一。於レ予与改レ是。

【読み方】

宰予《さいよ》昼寝《ひるしん》す。子《し》曰《いは》く、朽木《きうぼく》は雕《ゑ》るべからず。糞土《ふんど》の牆《しやう》は杇《ぬ》るべからず。予《よ》に於《おい》てか何《なん》ぞ誅《せ》めんと。子《し》曰《いは》く、始《はじ》め吾人《われひと》に於《お》けるや、其《そ》の言《げん》を聴《き》きて其《そ》の行《おこなひ》を信《しん》ず。今吾人《いまわれひと》に於《お》けるや、其《そ》の言《げん》を聴《き》きて其《その》の行《おこなひ》を観《み》る。予《よ》に於《おい》てか是《これ》を改《あらた》むと。

語釈・語法

宰予　春秋時代の魯《ろ》（山東省）の人。孔子の門人。字《あざな》は子我。宰我ともいった。斉に仕えて臨菑《りんし》（山東省内）の大夫《たいふ》となった。弁舌が巧みなことで知られていた。**子**　男子の美称。ここでは、学徳すぐれた男子の尊称で孔子をいう。古代では「師」を称して「子」といった。**朽木**　腐った木。なお、老人や無用の人のたとえにも使われる熟語である。「朽」は、くちる、くさる、おとろえる、ほろびる、つきる、などの意。**不可**　できないと訳す。「可」は可能を表わす。**雕**　ここでは、彫刻する、ほる、える、きざむ、などの意。**也**　ここでは、断定を表わす終尾辞。**糞土之牆**　腐った土で造った垣《かき》。「糞土」は、くそと土。はきだめの土。腐った土。きたないもの。卑しいもの。「之」は、上下の修飾関係を結ぶ接続詞。つまり、日本語の場合の「体言＋之＋体言」というような関係にあるときは接続詞。また、「之」に返り点がついたとき、「之レA」のような場合は、（Aに之《ゆ》く」と訓《よ》み、動詞に変わる。　**朽**　音「お」。壁を塗る道具。こて。ここでは、動詞として用いられており、「こてを使ってぬる」意。　**於予**　「予」は、自分という意ではない。宰予のことである。つまり、「宰予に対して」の意。　**与**　強意を表わす助辞として使われている。「か」と読んで、文末にある場合は、疑問を表わす終尾辞である（時として、詠嘆にも用いられる）。　**何誅**　どうして責めようか（責めない）。宰予のことなど責めるにも責められない（何のねうちもなくて）。「何……」は、「なんぞ……せんや。」で、反語の句法。　**於人**　人に対して。　**也**　前に二回でてくる「也」と働きが違う。「吾於人」の句を浮きださせ、下句をおこす助辞。「や」と読んで、「也」の上に人名が置かれているときは、呼びかけを表わす助辞として用いられる。　**聴**　耳を傾けてきく。注意してきく。　**而**　ここでは順接を表わす助辞。日本語の場合の「用言」と「用言」の中間に置かれた場合は、原則として順接を表わす。　**信**　人と言とよりなる会意文字で、言行の一致すること。信実でいつわらないことをいう。　**観**　観察する。十分に見きわめる。

通釈

弟子の宰予が昼寝ころんでいた。その様子を見て孔先生が言うことに、「腐った木は彫刻できないし、腐った土で造った土塀には壁を塗る道具のこてを使って上塗《うわぬり》することもできない。宰予に対しては、もう責める気にもなれない（責めたところでむだなことだ）」と。また、孔先生が言うことに、「始め自分は人に対したとき、その人自身のことばを十分気をつけて注意してきき、その人の行ないを信じて疑わなかった。だが今は、自分が人に対するとき、その人自身のことばに耳傾けてきき、その上、その人自身の行ないをも十分見きわめるようになった。（ことばだけで、人を信ずることができなくなった。）このように態度が変わったのは、宰予に対してからのち、このように改めたのである」と。

【参　考】

前章にみられた孔子の柔和な姿は全くみられない。まことに人の師たる者の厳しい眼ざしである。平素の孔子のことばに似ない、それこそ皮肉なものであるところから、種々な解釈が生じている。ある者は、これは筆誅ではなく、叱られた宰予自身の筆記をそのままに編集者が入れたものだろうといい、また、ある者は、宰予が単なる昼寝を叱られたのではなく、何か特別の事情があっての孔子の叱責だろうという。いずれにしても、意志の薄弱な者は教育のしがいがないということを強調したもので、孔子の「好学」に対する厳なる態度がうかがわれる。志学者の深く味わい、反省すべき教訓にみちたことばである。「朽木は雕るべからず、糞土の牆は杇るべからず」ということばの出典であることも覚えておきたい。

顔淵季路侍。子曰、盍㆔各言㆓爾志㆒。子路曰、願車馬衣軽裘、与㆓朋友㆒共、敝㆑之而無㆑憾。顔淵曰、願無㆑伐㆑善、無㆑施㆑労。子路曰、願聞㆓子之志㆒。子曰、老者安㆑之、朋友信㆑之、少者懐㆑之。

【読み方】

顔淵季路《がんえんきろじ》侍す。子曰《しいは》く、盍《なん》ぞ各《おのおの》爾《なんじ》の志《こころざし》を言《い》はざると。子路曰《しろいは》く、願《ねが》はくは車馬《しゃば》衣《い》軽裘《けいきゅう》、朋友《ほういう》と共《とも》にし、之《これ》を敝《やぶ》るも而《しか》も憾《うら》むこと無《な》けんと。顔淵曰《がんえんいは》く、願《ねが》はくは善《ぜん》に伐《ほこ》ること無《な》く、労《らう》を施《ほどこ》すことなけんと。子路曰《しろいは》く、願《ねが》はくは子《し》の志《こころざし》を聞《き》かんと。子曰《しいは》く、老者《らうしゃ》は之《これ》を安《やす》んじ、朋友《ほういう》は之《これ》を信《しん》じ、少者《しうしゃ》は之《これ》を懐《なつ》けんと。

語釈・語法

顔淵　顔回のこと。前五一三―前四八二年。孔子の弟子の中で、最もすぐれ、徳行第一にあげられている。淵は字《あざな》。魯《ろ》（山東省）の人。孔子より先に死んだ。没年三十二歳。亜聖と称せられる。**季路**　子路のこと。孔子の門人。姓は仲、名は由、字は、子路または季路。魯の人で、孔子より九歳の年少者。勇を好み、信義を重んじた。魯や衛に仕えて、哀公の十五年に六十四歳で、他郷に非業の死を遂げた。孔門十哲のひとり。**侍**　はべる。目上の人のそば近く従う。**子**　男子の美称、ここでは、学徳すぐれた男子の尊称で、孔子をいう。古代では「師」を称して「子」といった。**曰**　言うことに。言うには。「いはく」と読み、「いはく」の「く」は四段の動詞「いふ」の未然形「いは」についた接尾語で、その動詞を名詞化する働きを表わす。漢文訓読のさいは、「曰く……と」と結ぶのが常である。これに類するものに、「……らく」がある。**盍**　音「かふ」で、何不《かふ》と通じ用いられる。「なんぞ……(せ)ざる」と読み、再読文字。「どうして……しないのか（……した方がよい）」ぐらいに訳してあたる。疑問反語を表わす。また「……しようではないか」とか「……してはどうだ」などと、勧誘の語としても用いられる。**爾**　汝と同じ。おまえ。**志**　のぞみ。ねがい。「志望」。**願**　「……できることなら……したい」の意で、冀求を表わす。**衣軽裘**　「衣」は、この文章では不用であろうと佐藤一斎はいうが、否。「軽裘」は、軽い毛皮の衣服。立派な衣服。「裘」は、かわごろも。獣類の毛皮で作った衣服をいう。劉宝楠は「軽」は衍字で、後人が勝手に加えたものであろうという（論語正義）。一九六九年出土の卜天寿少年（十二歳）の書写（景竜四年・七一〇・三月一日写すとみえる）には「軽」字がある。衍字説は当たらない。
与朋友　「与」は、ここでは従属を表わす助辞。「A（ここでは省略されている）はBと」の「と」にあたる。なお、「与」という助辞について、もう少し詳しく説明を加えておこう。「AとBと（A与ㇾB）」という場合は、これを並列を表わす助辞という。「与二其A一寧B」で、「そのAであるよりは、いっそのことBの方がよい」のような場合がある。このときは「与」を「より」と読んで、比較を表わす助辞とする。この場合は「与」字と「A」との間に、「其」という指示詞が置かれていることに注意してほしい。さらに、この文字が文末「……与。」に置かれると、疑問や詠嘆を表わす助辞に転化していくことも記憶してほしい。　**共**　共用する。おたがいに用いる。　**敝**　破に同じ。「破」が、石の砕ける意や急に物がうちやぶれることを表わすに対して、「敝」は、衣服の古びてやぶれる意。　**而**　ここでは逆接を表わす助辞。頁八七参照。　**憾**　うらむ。「恨」は、心にとどめていつまでもうらむ。「憾」は、恨よりやや軽い意をもつ。　**願**　できることなら……したい。冀求を表わす。　**伐**　ほこる。「誇」が、大言をはいて自慢するに用いるのに反して、「伐」は、自分のてがらを自慢するときに用いる。　**施労**　功労をいいひろめる。「施」は、広めること。一説に、苦労を他人に与えると解する。　**朋友**　友だち。「朋」は、師を同じくする学友、「友」は、志を同じくする者をいう。

通釈

弟子の顔淵と子路の二人が孔先生のおそばにいた。孔先生が言うことに、「どうだ、お前たちはそれぞれ常日ごろ志していることを言ってみないか」と。すると、弟子の子路が言うことに、「私は、できることなら車馬や軽くあたたかい皮ごろもを友だちといっしょに用い、それが古びてたとい破れようとも、惜しいことをしたとか、残念だなどと思わないようにしたい」と。これを聞いた顔淵が言うには、「私は、できることなら、自分の善いことを自慢することなく、功労をいい広めるようなことのないようにしたい」と。すると、子路が言うことに、「どうか私どもに先生の志をお聞かせください」と。そこで、孔先生が言うに、「わしは、老人は安心をするようにし、友だちは信頼し、少者はなつかしむような人間になりたい」と。

【参　考】

孔子と二人の弟子のことばから、仁者の生活を中心としていることがわかる。しかし、三人にはそれぞれ大小の差が認められる。まず子路・顔淵の人がらが短い文章の中にも、みごとに浮き彫りにされていることに注意を向けたい。子路は孔門随一の勇者として自他ともに許すものであるが、顔淵は謙虚にひたすらに積徳を常とし、静かな求道者であった。したがって子路は相手にこだわりすぎており、顔淵は自然さを欠いている。子路は激しい意気から、顔淵はむしろ静かなる意気から修徳をへて、成徳の域に達するように、個人的道徳行為から、道徳国家の発展段階になっており、これら二者の帰一するところにこそ、孔子の終局の目的があったのである。それは最後に述べる淡々とした孔子の、一見平凡にまで聞こえることばに明瞭に現われており、仁に安んじる心境であったのである。

子曰、已矣乎。吾未レ見下能見二其過一、而内自訟者上也。

【読み方】

子《し》曰《いは》く、已《やん》ぬるかな。吾《われ》未《いま》だ能《よ》く其《そ》の過《あやまち》を見《み》て、内《うち》に自《みずか》ら訟《せ》むる者《もの》を見《み》ざるなりと。

語釈・語法

子曰　前章参照。　**已矣乎**　「やんぬるかな」と読み、「もうこれまでだ」とか、「もうだめだ」などと訳される。もう見込みがないとして心に深く歎くことば。「矣」は、ここでは断定を表わす。「乎」は、詠嘆の意を表わす。　**未**　「いまだ……ず」と返って読む。再読文字。まだそうならないという未定を表わす助辞。　**能**　能力があって自分でなしとげること。ここでも「できる」という意を含む。　**過**　悪心がなくて、しでかしたあやまち。「誤」は、気づかないで、しそこなう意。　**而**　ここでは順接を表わす助辞。　**訟**　せめる。「責」に同じ。　**也**　ここでは断定を表わす終尾辞。

通釈

孔先生が言うことに、「ああ、もうこれまでだ。わしはまだ自分の過失を心から反省して、心の中で自分から責めることのできる人物を見たことがない」と。

子曰、十室之邑、必有二忠信如レ丘者一焉。不レ如二丘之好一レ学也。

【読み方】

子《し》曰《いは》く、十室《じうしつ》の邑《いふ》、必《かなら》ず忠信丘《ちゆうしんきう》の如《ごと》き者有《ものあ》らん。丘《きう》の学《がく》を好《この》むに如《し》かざるなりと。

語釈・語法

子　男子の美称。ここでは学徳すぐれた男子の尊称で、孔子をいう。古代では「師」を称して「子」といった。　**曰**　言うことに。言うには。「いはく」と読み、「いはく」の「く」は四段の動詞「いふ」の未然形「いは」についた接尾語で、その動詞を名詞化する。漢文訓読のさいは、「曰く……と」と結ぶのが常である。これに類するものに「……らく」がある。　**十室之邑**　戸数十軒ほどの小さな村。「村」は、人がむらがってあつまるところ。村落。「邑」は、多くの人があつまるところ。「村」よりも大きい。　**忠信**　「忠」は、心をこめてすること。まごころ。「信」は、人と言とからなり、人のことばが心と一致すること。まこと。**丘** 孔子のこと。孔子が自分自身をさすので、「丘」といった。前五五二年（一説に五五一年という）―前四七九年。名は丘、字《あざな》は仲尼《ちゅうじ》。魯《ろ》の陬邑《すうゆう》（山東省曲阜《ふ》県）に生まれた。魯に仕えて司空となり、のち大司寇《だいしこう》となって、不正の官吏、少《しょう》正卯《しょうぼう》を処刑して魯は大いに治まったが、のち官職を辞して天下の諸侯に仁の道を説いてまわること十数年、ふたたび魯の国に帰って、もっぱら弟子の教育にあたった。著書に『春秋』、その他『詩経』『書経』などを整理したという。後世儒教の始祖として、また、世界四聖のひとりとして仰がれている。その思想は、早くわが国に伝えられ、倫理思想学問の面に多大の影響を与えた。**焉** 語調を整えるために文末に添える助辞。漢文訓読のさいは読まない。**不如** 「……に及ばない」の意。「如」は、「しく（四段動詞）」で、及ぶ・追いつく・かなう。**好学** 学問をこのむ。ここの「好」は、相当に積極的なものと解してよい。**也** ここでは、断定を表わす終尾辞として用いられている。

通釈

孔先生が言うことに、「十軒ほどの小人数の村でも、まごころやまことがあるという点では、わしほどの者がきっといることだろう。しかし、わしが学問修養の道に積極的であるのには、とうていおよばないである」と。

【参　考】

忠信の徳は、生来天から賦与されたものであるが、その生来の誠実さも道理を学ばなければ、結局役に立たない。そのために孔子は特に学問の尊さを強調して、弟子たちを励ましたのである。恐らく弟子たちは、孔子の偉大さを畏敬し、生まれつきなのだと考え、とうてい及ぶべくもないと思っていたのであろう。そうした弟子たちの考えを否定し、それこそ学問の功だと弟子たちに教えたのである。食事を忘れて終日憂憤し、壁に坐してえたものは「人は学ぶに如かず」であり、これは孔子一生の信念であった。学者の常に心すべき名言といってよかろう。

哀公問、弟子孰為レ好レ学。孔子対曰、有ニ顔回者一。好レ学不レ遷レ怒。不レ弐レ過。不幸短命死矣。今也則亡。未レ聞ニ好レ学者一也。

【読み方】
哀公《あいこう》問《と》ふ、弟子《ていし》孰《たれ》か学《がく》を好《この》むと為《な》すと。孔子《こうし》対《こた》へて曰《いは》く、顔回《がんくわい》といふ者《もの》有《あ》り。学《がく》を好《この》んで怒《いかり》を遷《うつ》さず。過《あやまち》を弐《ふたたび》せず。不幸短命《ふこうたんめい》にして死《し》せり。今《いま》や則《すなは》ち亡《な》し。未《いま》だ学《がく》を好《この》む者《もの》を聞《き》かざるなりと。

語釈・語法
哀公　魯《ろ》の君主。名は蔣《しょう》。定公の子。「哀」は諡《おくりな》である。在位二十七年。　**弟子**　漢文訓読のさいは「でし」とは読まないで、「ていし」と読むことに注意。　**孰**　「たれ（誰）」と読む。「だれ」と読んだ場合より、意味が強い。　**為**　ここでは「以為《おもへらく》」の「以」の省略法と考えてよい。つまり、思うの意。　**好学**　「好」は、相当に積極性を持っている。「学」は実践の学をいう。　**孔子**　前章参照。　**対**　敬語で、「おこたえする」の意。孔子が魯の君主に対して敬意を表わしたのである。　**曰**　前章参照。　**顔回**　前五一三年—前四八二年。孔子の弟子の中で、もっともすぐれ、徳行第一にあげられている。淵《えん》は字《あざな》。魯《ろ》（山東省）の人。孔子より先に死んだ。没年三十二歳。亜聖と称せられる。　**不遷怒**　八つあたりしない。つまり、Aという人に対する怒りを、Bという人に移さない。**不弐過**　同じような過失を二度とくりかえさない。**死矣**　「矣」は、ここでは過去完了のような、しかも嘆息の意を含む終尾辞として使われている。**今也則亡**　ですから今（こそ）は此の世にはおりません。「也」は、ここでは「時」を表わす助辞として使われている。「則」は「……ればすなわち」の意ではなく、「……はすなわち……」の意として使われている。**未**　「いまだ……ず」と返って読む。再読文字。まだそうならないという未定を表わす助辞。**也**　ここでは、断定を表わす終尾辞。

通釈

魯国の君主である哀公が（孔子に）お尋ねした。「（あなたのたくさんの）弟子の中で、いったい誰が孔子実践の学を積極的に身につけようと努力していると思いますか」と。すると孔先生は（哀公に）お答えして言うには、「数多い弟子の中でもひときわ目立つ者に顔回という者がおりました。（かれは）実践の学を積極的に身に修めようとし、事にのぞんで八つあたりすることもなく、（また）一度おかした過失を二度とくりかえすようなこともありませんでした。（だが）残念なことに、不幸にも短命で亡くなりました。（ですから）今は此の世にはおりません。（顔回が死んでから後は）まだ学問を自分から好むという者の名を一回たりとも聞いたことがありません」と。

【参考】

魯の君主哀公の質問に答えたものではあるが、孔門でいう「好学」なるものが何であるかを、はっきりと示している。それは「怒を遷さず、過を弐びせず」にある。上文はまことに平凡であり、ささいなことのようだが、喜怒の感情は人生における矛盾の源泉でもあり、常に平静であることこそ大切である。また、下文には大いなる勇気と努力とを必要とする。三千の弟子中、ただ一人顔回のみこれにかなっていたという。よく徳行を修め、聖賢となることを主たる目標としていた孔子実学の根本がここにある。しかもこのことばは、哀公に対する反省を促す意味をも持っている。平凡な中にこそ見出す、孔子学の偉大さをよく味わうべきだろう。

子曰、賢哉回也、一箪食、一瓢飲、在㆓陋巷㆒。人不㆑堪㆓其憂㆒。回也不㆑改㆓其楽㆒。賢哉回也。

【読み方】

子《し》曰《いは》く、賢《けん》なるかな回《くわい》や、一箪《いったん》の食《し》、一瓢《いっぺう》の飲《いん》、陋巷《ろうかう》に在《あ》り。人《ひと》其《そ》の憂《うれひ》に堪《た》へず。回《くわい》や其《そ》の楽《たのしみ》を改《あらた》めず。賢《けん》なるかな回《くわい》やと。

語釈・語法

子　男子の美称。ここでは、学徳すぐれた男子の尊称で、孔子をいう。古代では「師」を称して「子」といった。**曰**　言うことに。言うには、「いはく」と読み、「いはく」の「く」は四段の動詞「いふ」の未然形「いは」についた接尾語で、その動詞を名詞化する。漢文訓読のさいは、「曰く……と」と結ぶのが常である。これに類するものに、「……らく」がある。**賢哉回也**　この文章は例置法であるから、これを平叙文にすれば、「回也賢哉」となる。「賢哉」を強調するために、こうした修辞法を用いたのである。しかも「賢哉回也。」を二度くりかえしている。孔子がいかに顔回に対して嘆賞したか、改めて言うこともあるまい。「賢」は「すぐれている」の意で、「聖賢」といったような場合の「賢」とはちがうようだ。**回**　顔回のこと。前五一三年―前四八二年。孔子の弟子の中で、もっともすぐれ、徳行第一にあげられている。淵《えん》は字《あざな》。魯《ろ》（山東省）の人。孔子より先に死んだ。没年三十二歳。亜聖（聖人につぐの意）と称せられる。「哉」は、ここでは慨嘆の意を表わす助辞。「也」は、ここでは提示語のような働きを表わしている。しかし、「人名十也」は、どちらかと言えば、親愛感を表わし、「呼びかけ」的な性質を表わすことが多い。わりご。「食」は、音「し」。めしの意。**一簞食**　わずかのめし、一椀のめし。「簞」は、竹であんだ飯をもる器をいう。**一瓢飲**　一椀の汁。「瓢」は、ひさごを半分に割った器。**陋巷**　狭くて、きたない裏町。狭い町。狭い小路などをいう。**其憂**　貧乏の苦労とか、心配。**其楽**「其」は、指示詞であるが、この文章では受けるものがない。しかし、『論語』にみえる顔回と孔子の問答などから考えれば、当然、この「其楽」は、「学問探求への楽しみ」であり、「人間として生き行く道の楽しみ」であったと考えねばなるまい。

通釈

孔先生が言うことに、「すぐれた人間だなあ、顔回という者は。僅かな飯と飲み物だけで、しかも狭苦しい裏町に住んでいる。普通の人では、とてもそのような辛い生活には堪えられるものではない。しかし、顔回は（その生活苦に堪え忍んでいるだけでなく、その苦しさの中にも、かれは）人として生きるべき（実践の）学問探求の楽しみを心から味わっている。実にすばらしい人物だなあ、顔回は」と。

【参　考】

顔回の好学と貧乏とは有名である。かれは貧苦のために志をかえず、泰然自若として、学問をし、道を楽しむという境地はまことに立派なものである。孔子が歎称したのももっともである。孔子とて富貴を喜ばないわけではない。「富にして求むべくんば、執鞭《しっべん》の士と雖ども、吾も亦之を為さん。如し求むべからずんば、吾が好む所に従はん」（述而）といっており、しかも「富貴天に在り」（顔淵）という。富貴貧賤の相対界に超越して、仁を行ない、道を修める喜びと楽しみとを改めなかった顔回を、「回や其れ庶《ちか》からんか」と、孔子はたたえている。

冉求曰、非レ不レ説二子之道一。力不レ足也。子曰、力不レ足者、中道而廢。今女画。

【読み方】

冉求《ぜんきう》曰《いは》く、子《し》の道《みち》を説《よろこ》ばざるに非《あら》ず。力足《ちからた》らざるなりと。子《し》曰《いは》く、力足《ちからた》らざる者《もの》は、中道《ちゅうだう》にして廢《はい》す。今《いま》女《なんじ》は画《かぎ》れりと。

語釈・語法

冉求　春秋時代の魯《ろ》（山東省）の人。孔門十哲のひとり。冉は姓、名は有。字《あざな》は子有。孔子より二十九歳年下であった。季氏の宰、家老職となった。　**曰**　前章参照。　**非不説子之道**　孔先生の道を決してよろこばないわけではない。この文章は、「否定のことば（非）十否定のことば（不）……」の形で、「二重否定」といい、解釈の場合は強い肯定となる。大学入試などには、必ずといってよい程出題されている。「子」は、前章参照のこと。「道」は、ここでは孔子の教え、または考えをいう。「説」は、悦に同じ。主観的なよろこび。　**不足也**　「也」は、ここでは断定を表わす助辞。　**中道而廃**　道の途中まできて倒れてしまう。道の途中まできてなげだしてしまう。「而」は、ここでは順接を表わす助辞。頁八七参照。　**女**　「汝」に同じ。ここでは、お前と訳してよかろう。冉求をさす。　**画**　宋の大儒朱熹が「地に画きて以て自ら限るが如きなり。」といっているように、自分から限界をつけること。自分の能力に自信を失って、自ら見限りをつけること。

通釈

弟子の冉求が言うことに、「自分は孔先生のお教えを心からよろこばないことは決してありません。（だが先生のお教えは深遠で実践できないのは私の力がたりないのです」と。（すると）孔先生が言うに、「生来力のたりないものは、（自分の努力の限りを尽した上で、どうにもいたし方なく）途中で倒れてしまうものである。しかし、お前は自分自身で能力の限界をきめてしまって、努力すれば当然えられるはずのものもえられなくしているのだ」と。

【参考】

能力があるのに、やろうとしないで、自分にはできないのだといいわけをするのはよくある例である。「可能か」「不可能か」ということと、「為すか」「為さぬか」ということとは別問題であるが、私どもは、往往にして為すべきことも、自分から不可能だと思いこんでしまうことが多い。そこに自分の後退、落伍のあることを銘記したいものである。冉求は徳行、政事能力など、孔子から高く評価される高弟でありながら、消極的な性格の故にわざわいすることが多かったようである。その点を激しくつかれた。ある時、子路が「聞くがままに行なってよろしいでしょうか」と孔子に問うたとき、「両親に相談せよ」と答え、冉求が同じ質問をすると、孔子は「自分の思う通りにせよ」と答えている。ここにも、冉求の消極的な性格を見ぬいた孔子の適切な指導がみられる。「中道にして廃す」のことばには、熱烈な求道者孔子の人柄が鋭利な刃物のように光っており、それはまた孟子がもっとも非難する自暴自棄に通じている。

また、孔子は「能く一日も其の力を仁に用ふる有らんか、我れ未だ力の足らざる者を見ず。蓋し之れ有らんも、我れ未だ之を見ざるなり」（里仁）ともいっているが、この章とともに味わうべきだろう。

樊遅問ㇾ知。子曰、務二民之義一、敬二鬼神一而遠ㇾ之。可ㇾ謂ㇾ知矣。問ㇾ仁。曰、仁者先ㇾ難而後ㇾ獲。可ㇾ謂ㇾ仁矣。

【読み方】
樊遅《はんち》知《ち》を問《と》ふ。子《し》曰《いは》く、民《たみ》の義《ぎ》を務《つと》め、鬼神《きしん》を敬《けい》して之《これ》を遠《とほ》ざく。知《ち》と謂《い》ふべしと。仁《じん》を問《と》ふ。曰《いは》く、仁《じん》者《しや》は難《かた》きを先《さき》にして獲《う》ることを後《あと》にす。仁《じん》と謂《い》ふべしと。

語釈・語法

樊遅　樊須のこと。名は須。字《あざな》は子遅。孔子の門人。魯《ろ》の人とも、斉の人ともいう。孔子より三十六歳の年少者といわれている。　**知**　単なる知識のことではない。知恵のこと。　**子**　人としての真の知恵。　**子**　男子の美称。ここでは学徳すぐれた男子の尊称で、孔子をいう。古代では「師」を称して「子」といった。　**曰**　言うことに。言うには。「いはく」と読み、「いはく」の「く」は四段の動詞「いふ」の未然形「いは」についた接尾語で、その動詞を名詞化する。漢文訓読のさいは、「曰く……と」結ぶのが常である。これに類するものに、「……らく」がある。　**民**　人間をいう。「天」や「鬼神」などに対して用いるときは「人間」の意。「君主」に対するときは「人民」の意。　**民之義**　人として守らねばならない道徳。『礼記』礼運に「父は慈に、子は孝に、兄は良に、弟は悌に、夫は義に、婦は聴に、長は恵に、幼は順に、君は仁に、臣は忠に、十者はこれを人の義という」とある。　**敬**　崇敬する。　**鬼神**　「鬼」は、人鬼で、人の死んだのをいう。人の霊。「神」は、天地の神がみ。ここでは「鬼神」で、神様のこと。　**而**　ここでは逆接を表わす助辞。下文の而も同じ用法である。　**遠之**　鬼神のような超自然的、超人間的な存在は、それはそれとして敬意を払うべきだが、さらに近寄って迷信してはいけない。神様に近づいて、なれ汚すようなことをしない。つまり、神になれ親しんで、福を求めたり、禍を免れようとしないことをいう。**可**　ここでは、可能、許容の意と解してよい。できる。してよい。**矣**　語句の終りに用いる助辞で、きっぱりと言いきる語気を表わす。漢文訓読のさいは、ほとんど読まれない。**仁**　社会集団において自然に生ずる心の働きで、親しみ、愛《いつく》しむところの徳である。孔子は、この「仁」をもって諸徳の根元と考え、この「仁」を自分の心にしっかりと自覚して、この働きを失わないことを学問修養の極地であるとした。「仁」の概念をもう少しわかり易く言うと、「わが身をつねって、人のいたさを知れ」の諺で示されると思う。**先難**　為しがたい、苦労の多い事柄に卒先して行なう。**獲**　「得」に同じ。自分で行なった行為に対しての効果や報酬として得るところ。

通釈

弟子の樊遅が人間の知恵について孔先生におたずねした。すると孔先生が言うことに、「人間として守らねばならない道徳をしっかりと実践し、神に対しては心から崇敬の念はいだくが、なれ親しんで福を求めたり、禍を免がれようなどと祈るようなことをしないのを知恵者ということができる」と。また、仁について孔先生が言うに、「仁者といわれるような人物は、何事につけても苦労の多い事柄を卒先して実践し、その効果や報酬については前もって考えることはない。こういうことこそ、仁の行為といってよかろう」と。

子曰、知者楽レ水、仁者楽レ山。知者動、仁者静。知者楽、仁者寿。

【読み方】

子《し》曰《いは》く、知者《ちしや》は水《みず》を楽《たの》しみ、仁者《じんしや》は山《やま》を楽《たの》しむ。知者《ちしや》は動《うご》き、仁者《じんしや》は静《しず》かなり。知者《ちしや》は楽《たの》しみ、仁者《じんしや》は寿《いのちなが》しと。

語釈・語法 **子曰** 前章参照。 **知者** 物事の道理に通達した人をいう。「知」は、智と同じ。 **楽水** 水が絶えず止むことなく流れる姿を好む。「楽」は、好の意。安井息軒は「性これと合ふなり」と説いている。一つに融合して心からとけ合った状態をいう。「水は方円の器にしたがふ」と諺にあるように、動いて極みなく、すべて宜しきにかなうものであるが、それは知者の動きに通じている。 **仁者** 「仁」とは、前章でも詳しく説いたように、心の働きで、親しみ愛《いつく》しむところの徳である。 **楽山** 山というものが、どっしりとした威容で、重厚静閑な姿であることを好む。「山」は、内に蔵して誇るところを知らず、草木を生じ、その働きに安んじて語り誇ることをしない。そうした山の姿は、あたかも仁者の姿に通ずるものがある。 **知者楽** 事物の道理に明るい知者というものは、つねに心が平穏で、他から煩わされるということがない。

通釈

孔先生が言うことに、「事物の道理に明るい知者というものは、水を好む傾向があり、それに対して、仁者というものは、その性質において、山を好む傾向がある。また、知者は動的な性格であり、仁者は静的な性格をもっている。また、知者は、物事を楽しみ、仁者は長命をたもつものである」と。

子貢曰、如有㆘博施㆓於民㆒而能済㆖衆、何如。可㆑謂㆑仁乎。子曰、何事㆓於仁㆒。必也聖乎。堯舜其猶病㆑諸。夫仁者、己欲㆑立而立㆑人、己欲㆑達而達㆑人。能近取譬、可㆑謂㆓仁之方㆒也已。

【読み方】

子《し》貢《こう》曰《いは》く、如《も》し博《ひろ》く民《たみ》に施《ほどこ》して、能《よ》く衆《しゅう》を済《すく》ふ有《あ》らば、何如《いかん》。仁《じん》と謂《い》ふべきかと。子《し》曰《いは》く、何《なん》ぞ仁《じん》を事《こと》とせん。必《かなら》ずや聖《せい》か。堯舜《げうしゅん》も其《そ》れ猶諸《なほこれ》を病《や》めり。夫《そ》れ仁者《じんしゃ》は、己《おのれ》立《た》たんと欲《ほっ》して人《ひと》を立《たっ》て、己《おのれ》達《たっ》せんと欲《ほっ》して人《ひと》を達《たっ》す。能《よ》く近《ちか》く取《と》り譬《たと》ふるを、仁《じん》の方《ほう》と謂《い》ふべきのみと。

語釈・語法

子貢　孔子の門人。姓は端木、名は賜。子貢は、その字《あざな》である。孔子より三十一歳の年少者。弁説がうまく、才子はだの人だったので、魯《ろ》（山東省）や衛《えい》（河北・河南両者にまたがる）の国に仕えて、しばしば外交談判などに成功した。また、理財の道に明るく、多くの富を得ていたという。孔門十哲のひとりである。**如**　ここでは、「もし……」と読み、仮定を表わす助辞。「如レA」のように返り点がつくと、比況を表わす助辞に変わる。そしてまた、「A」が場所を表わすことばの場合は「ゆく」と訓読され、動詞に変わるのである。**博施於民**　民衆に対して広く恩恵をほどこす。「博施」は、あまねく恩恵をほどこす。孔安国（漢の武帝のときの博士《はかせ》。孔子より十二代目の子孫。字《あざな》は子国。魯《ろ》の恭王から、孔氏壁中の『古文尚書』を賜わり、『孔安国伝古文尚書』を著わした。）は「能《よ》く広く恩恵を施すなり」と釈している。「於」は、「に」「を」「より」の意を表わす助辞。訓読のさいは、その場で読まないで、下の語に「ニ」「ヲ」「ヨリ」などと送りがなをつけて返って読む。ここでは「ニ」と送る。なお、「より」と読んだ場合、「於」の上の文字が形容詞のときは、この「於」は、比較を表わす。**済**　「救」に同じ。**而**　ここでは順接を表わす助辞。なお「而」が接続詞として用いられる場合、およそ次の三つを考えるようにしたい。①順接の意を表わす場合、「しこうして・しかして・して・て」などと読まれる。②逆接の意を表わす場合、「しかれども・しかも・しかるに・しかし」などと読まれる。③形容詞と動詞とを並べるさいに用いる場合、「て・して・にして」などと読まれる。ここでは「施して」の「て」、つまり、日本語の接続助詞に相当し、漢文訓読のさいは、その場で読まないで、送りがなで読ませる。だいたいにおいて、「活用語(日本語の用言)＋而＋活用語……」の関係にあった場合は、活用語にあたる語に「にして・として・して・て」などと送りがなを施して、「而」は、その場では読まない。しかも「活用語＋而＋……否定のことば」という関係にあった場合の「而」は、逆接を表わすことが多い。**何如**　「いかん」と読み、これは物事の性質や状態を問う場合に用いる。「何若」も同じ。同じく「いかん」と読むものに、「如何」がある。これは物事の手段、方法、処置などを問うときに用いる。「若何」「奈何」も同じ。また「如何・奈何・若何」などが、目的語をとる場合は、「如レA何」のような文型をとる。**謂**　報じ告げることで、人に対していう。ここでは論評するの意。**可……乎**　「……してよいか」の意で、「可」は、「許容」を表わし、「乎」は、疑問を表わす。**仁**　社会集団において自然に生ずる心の働きで、親しみ愛《いつく》しむところの徳である。孔子は、この仁をもって諸徳の根元と考え、この仁を自分の心にしっかりと自覚して、この働きを失わないことを学問修養の極地であるとした。徂徠は「仁は、安民の徳なりと解している。**子曰**　孔先生が言うことに。「子」は、男子の美称。ここでは学徳すぐれた男子の尊称で、孔子をいう。古代では「師」を称して「子」といった。「曰」は、言うことに。言うには。「いはく」と読み、「いはく」の「く」は四段の動詞「いふ」の未然形「いは」についた接尾語で、その動詞を名詞化する。漢文訓読のさいは、「曰く……と」と結ぶのが常である。これに類するものに「……らく」がある。**何事於仁**　「何ぞ……せん」の文型で、反語の句法である。どうして仁に止まろうか、仁どころではないの意。「何……哉」の「哉」(反語を表わす終尾辞)が省略された形と考えればよかろう。「事」が「止」に通ずるとは、伊藤仁斎(古義)・安井息軒(集説)の説くところである。**必也聖乎**　それこそきっと大徳あって最上の地位に至ったものであろうよ。「必也……乎」は、「きっと……であろうよ」の意で、「乎」は、物事を婉曲に述べて、断定をやわらげる軽い意味での疑問の終尾辞。**堯舜**　夏王朝以前にでたという儒家の理想とする聖天子。だが、今では単なる伝説上の人物とみられている。**其猶病諸**　「……でさえやはりこれをなやんだろうよ」の意で「其猶病諸乎。」と同じ。「諸」は、「之乎」の合字。「乎」は、婉曲用法である。**夫**　発語の辞。いったい。そもそも。**欲立**　「立」は、位に立つ。身を立てるの意。**達**　到達する。昇進する。成しとげるなどの意。**近取譬**　自分の身近に例を取ってひきくらべる。自分が心にしたいと思ったことを他人の身にくらべ、人がしたいと心に思うことも、自分と同じようなものであろうと理解する。宋の大儒朱熹は「取譬」について、「近くこれを身に取るなり。」という。**仁之方**　仁に到達する方法。「方」は、「方法・道・術」などの意。**也已**　二字で「のみ」と読み、強い断定を表わす終尾辞。

通釈

弟子の子貢が言うことに、「もしかりに民衆に対して広く恩恵を施してやり、かれらを苦境の中から救うことができるとしたならば、いかがなものでしょうか、仁といえましょうか」と。すると、孔先生が言うに、「そういうことができる人がいたならば、それこそ仁どころではない。そのような人は、きっと聖人だろうよ。あの堯舜のような聖天子でさえ、なおそのようなことができないと心から憂いていた。そもそも仁者というものは、自分が身を立てたいと思ったならば、まず人を立ててやり、また、自分が昇進したいと思ったときは、まず人を昇進させてやるような人をいうのである。つまり、仁とはこのように自他の区別なく、身近に他をひきくらべて理解することで、これこそ仁にいたる方法なのだ」と。

【参　考】

子貢は「博施済衆」といった高遠な博愛主義を口にしたので、孔子が「必ずや聖か」といってたしなめている。そんな大それたことよりも、人間性にそくした仁を行なえといっている。仁とは、社会集団におけるものであり、これがまず大切であることを説く。仁者は欲望を犠牲にしても他人の幸福をはかるものであり、「わが身をつねって人のいたさを知れ」という恕の心を持つものである。修己治人こそ儒教の根本である。それが「能く近く譬を取る」ことであり、忠恕をもとにして、身近な世の人びとにおよんでいく、これが孔子のもっとも尊ぶ実践の道であった。その精神をもって実際の政治にのぞみ、人民に限りない恩恵を与え、人を済うことができれば、それはもう仁ではなく、聖の域に達したといってよい。子貢が高遠な理想に飛びついたとき、孔子は手近な所から入って行かねばならないことを、やや詳しいまでの仁を説き、そして教導したのである。孔子は「己を修めて以て敬す」とか、「己を修めて以て人を安んず」などといっている。自己の修身を主として、それから外に展開することこそ、儒教の根本であったのである。

述而第七

子謂二顔淵一曰、用レ之則行、舎レ之則蔵。惟我与レ爾有レ是夫。子路曰、子行二三軍一、則誰与。子曰、暴虎馮河、死而無レ悔者、吾不レ与也。必也臨レ事而懼、好レ謀而成者也。

【読み方】

子《し》顔淵《がんえん》に謂《い》ひて曰《いは》く、之《これ》を用《もち》ふれば則《すなは》ち行《おこな》ひ、之《これ》を舎《す》つれば則《すなは》ち蔵《かく》る。惟我《ただわれ》と爾《なんぢ》と是《こ》れ有《あ》るかなと。子路《しろ》曰《いは》く、子《し》三軍《さんぐん》を行《や》らば、則《すなは》ち誰《たれ》と与《とも》にせんと。子《し》曰《いは》く、暴虎《ぼうこ》馮河《ひょうが》、死《し》して悔無《くいな》き者《もの》は、吾与《われとも》にせざるなり。必《かなら》ずや事《こと》に臨《のぞ》みて懼《おそ》れ、謀《はかりごと》を好《この》みて成《な》さん者《もの》なりと。

語釈・語法

子　前章参照。　**謂**　もと、報じ告げて、人に対していう。　**顔淵**　前五一三年—前四八二年。顔回のこと。孔子の弟子の中で、もっともすぐれ、徳行第一の人にあげられている。「淵」は字《あざな》。魯《ろ》（山東省）の人。三十二歳で、孔子より先に死んだ。亜（聖人につぐ人の意）聖と称せられる。　**曰**　前章参照。　**用之**　自分を認めて登用してくれるような人があれば。「之」は、動詞の下に添える助辞で、指すものはない。　**則**　「……らばすなはち……」「……ればすなはち……」のように、仮定や条件と帰結との密接な関連を表わす助辞。　**行**　正しい道を天下に実践する。　**舎**　ここでは、人君が自分たちをすてて用いないこと。「舎」は、捨に同じ。　**蔵**　身をかくすこと。正しい道を自分の胸中におさめて、常にその修養に心がけることを暗に示している。**惟**「ただ……（のみ）」と読み、限定を表わす助辞。**我与爾**「与」は「と」と読み、ここでは並列を表わす助辞。「与」字の用法は非常に多方面にわたっている。だからその文脈、文意などに十分の注意をはらって解読する必要がある。ここでは「A与《と》レB」の形だから並列。「A与《と》レB」の場合は、従属を表わす助辞に代わる。このときは、しばしば「A」に相当することばは、つまり、主語が省略される。次に「与」字が比較を表わす助辞として用いられる場合についてのべておこう。それは「与二其A一寧B」といった形で、「そのAであるよりは、いっそのことBの方がよい。」のような場合に用いられる。この場合は、原則として「与」字と「A」との中間に「其」字が置かれることに注意してほしい。さらに、この文字が文末「……与。」に置かれると疑問や詠嘆を表わす助辞に転化することも覚えていてほしい。動詞として用いられるのは、今さら述べるまでもなかろう。「爾」は、汝に同じ。お前。**夫**「かな」と読み、詠嘆を表わす。**子路**孔子の門人。姓は仲、名は由、字は子路、または季路。魯（山東省）の人で、孔子より九歳の年少者であった。勇を好み、信義を重んじた。魯や衛に仕えて、哀公の十五年に、六十四歳で他郷に非業の死を遂げた。孔門十哲のひとり。**行三軍**大軍隊を動かす。一万五千人を一軍という。「三軍」は、大国がだしうる大軍のこと。**薬与**「与」は、「ともにす」と読み、日本語においてはサ行変格活用の動詞である。普通ならば「与レ誰」と書くべきところを、疑問形にしたので、疑問詞「誰」を文頭にだした。**暴虎馮河**虎を素手《すで》で打ち、大きな川を歩いて渡るの意。無謀な冒険。命知らずの行動のたとえ。**死而**「而」は、逆接を表わす助辞。**必也臨事而懼……而成者也**「必也与二臨レ事而懼…而成者一也。」の省略法である。「事」は、ここでは軍事をいう。引伸義として「すべての事」をいう。「懼」は、おそれ慎しんで驕らないこと。「成」は、ここではその謀事を成し遂げること。完成する。成就するなどの意。

也ここでは断定を表わす助辞。

通釈

孔先生が顔淵に向かって言うことに、「自分を認めて登用してくれるような人物（人君）がいたならば、正しい道をこの世の中に自ら実践し、登用してくれるような人物（人君）がいなかったならば、自分の理想を胸中におさめて、わが身をかくし、自己の修養につとめる。こうした態度ができるのは、ただこの私とお前だけだろうよ」と。ところがこの話を側で聞いていた子路が言うに、「孔先生が、もし大軍を動かすといったような場合には、いったい誰と一緒にその行動をなさいますか」と。孔先生が言われるに、「虎を素手で打ったり、大河を徒歩で渡ろうとしたりして、なおかつ、死んでも後悔しないというような荒武者とは、私は行動をともにすることはない。すべての事にのぞんで心から恐れ慎しみ、心から思案して、積極的にその事柄をなしとげようとするような人物と行動をともにする」と。

【参　考】

「用舎行蔵」と「暴虎馮河」とは、それぞれ有名な成語として用いられる。孔子は顔淵が名利に拘わらず、ひたすら道を楽しむ人間であることを深く喜んでいる。「用舎行蔵」の自在さは、とくに封建制社会とか、乱世において必要な処世法ではあるが、今日の民主社会においても、やはり必要な心がけだろう。学問修養はけっして用いられんが為のものであってはいけないが、もし自分の才能を見出し登用する者があったら、その信任に応えて大いに働くだけの平素からの心がまえは必要であろう。だが、たとい信任されなくとも「自暴自棄」に落ち入ることなく、つねに自己の修養に努力する人間こそ、望ましい。この問答によって子路の表情がまことによく浮きぼりにされていて印象的である。勇をもって誇る子路の一面がうかがわれると同時に、先生からみごとにたしなめられている子路の姿が髣髴される。それにしても「必ずや事に臨みて懼れ、謀を好んで成さん者はなり」は、千金の重みを加えて余すところがない。孔子の弟子に対する適切な指導も汲みとるべきだろう。

子曰、富而可ㇾ求也、雖二執鞭之士一、吾亦為ㇾ之。如不ㇾ可ㇾ求、従二吾所一ㇾ好。

【読み方】

子《し》曰《いは》く、富《とみ》にして求《もと》むべくんば、執鞭《しっぺん》の士《し》と雖《いへ》ども、吾《われ》も亦之《またこれ》を為《な》さん。如《も》し求《もと》むべからずんば、吾《われ》が好《この》む所《ところ》に従《したが》はんと。

語釈・語法

子　男子の美称。ここでは学徳すぐれた男子の尊称で、孔子をいう。古代では「師」を称して「子」といった。　**曰**　言うことに。言うには。「いはく」と読み、「いはく」の「く」は四段の動詞「いふ」の未然形「いは」についた接尾語で、その動詞を名詞化する働きを表わす。漢文訓読のさいは、「曰く……と」と結ぶのが常である。これに類するものに、「……らく」がある。　**富而可求也**　「AにしてBすべくんば」と読む、漢文の重要な慣用的訓読法の一つである。「Aが、もしBできるならば」と訳し、仮定法である。「可」は、できるの意で、可能を表わす。なお「而」が「如」と通ずるところから、「富もし求むべくんば」と訓読してもよい。いまは古来の読み方にしたがっておく。　**執鞭之士**　御者《ぎょしゃ》。むちをとって貴人の先ぶれとなる者。転じて、卑しいことに従う者。　**雖**　「たとえ……でも（であっても）」と訳され、仮定を表わすが、推量の意を含んでいる。　**亦**　「……もまた」の意で、並列的な働きを表わす。ここでは強調の意を表わす。　**如**　「もし……」と読み、仮定を表わす。この文字の用法も三つほどのべておこう。まず返り点がついた場合で、「如ㇾA」、この形に二通りの読み方がある。「Aの如《ごと》し」と「Aに如《ゆ》く」がそれである。ここの場合のように「如」が文頭にでて、返り点がついてないときは、常に「もし」と訓読され、仮定を表わす助辞なのである。　**吾所好**　省略法と考えてよい。つまり「A所㆑B者（AがBする所の者）」の「者」が省かれた形。

通釈

孔先生が言うことに、「この世の富というものが、もし求めてえられるものならば、私だって、たとえむちを打って貴人の先ぶれとなるような卑しい役目だってしよう。だがしかし、もし富というものが求めてえられるものでないとするならば、私は自からの理想と学問とを楽しむ生活を積極的にやっていきたい」と。

【参　考】

孔子は「富貴は天に在り」（顔淵）と説いている。この章も富貴なるものが得がたいことを述べたのではなく、「富貴は天に在る」のであって、いかにあくせくしても求められるものではないということを、逆説的に表現したのである。これはいわば天命観でもあろう。孔子の志は、つねに内にあって、外にはなかった。だからこそ学問に生きる生活を理想とし、楽しんでいるのである。

子曰、飯㆓疏食㆒飲㆑水、曲㆑肱而枕㆑之。楽亦在㆓其中㆒矣。不義而富且貴、於㆑我如㆓浮雲㆒。

【読み方】

子《し》曰《いは》く、疏食《そし》を飯《くら》ひ水《みず》を飲《の》み、肱《ひぢ》を曲《ま》げて之《これ》を枕《まくら》とす。楽《たのしみ》亦《また》其《そ》の中《うち》に在《あ》り。不義《ふぎ》にして富《と》み且《か》つ貴《たふと》きは、我《われ》に於《おい》て浮雲《ふうん》の如《ごと》しと。

語釈・語法

子曰　前章参照。　**飯**　食するの意。　**疏食**　粗末な食べ物。「食」は音「しょく」の場合、食べるの意。音が「し」の場合は、めしの意。　**而**　ここでは、順接を表わす助辞。　**楽亦在其中矣**　楽しみというものは、こうした貧しい生活の中にもまた自然にあるものである。「亦」は、普通「……もまた」で、並列を表わすが、ここでは、仍然性反転辞で、「其中」にかかっている。したがって「其《ノ》中《ニモ》亦《タ》有《リ》レ楽矣。」とほぼ同じと見てよい。「楽」を並列しているのではなく、「其中」を他に並列しているのである。提起接続詞などといわれる。「矣」は、ここでは語勢を強める終尾辞で、訓読のさいは読まない。なお「在其中」は、何か好ましいもの、価値あるものが、ある条件によって自然に自分のものになるという場合に使用されることが多い。　**不義而富且貴**　人道（人として践み行なわなければならない正しい筋道）を踏みにじって得たような富裕と貴い地位。　**於我**　自分にとって。私にとって。　**如浮雲**　浮き雲のようである。「如」は、「……のごとし」と読み、「……のようである」と訳す。日本語の比況の助動詞と考えればよい。「浮雲」は、大空に浮かぶ雲。はかない価値のないもののたとえ。

通釈

孔先生が言うことに、「粗末なご飯を食べ水を飲み、うで枕をして寝るというような苦しい生活をしていても、楽しさというものは、そうした生活の中にもまた自然に生ずるものである。人道を踏みにじるような行為をして金持ちになり、身分が高くなったりするのは、私からみれば、あの大空に浮ぶ白雲のようにまことにはかない価値のないものである」と。

【参　考】

孔子は単純に富貴を否定しているのではない。「富と貴とは、是れ人の欲する所なり。其の道を以てせざれば、之を得とも処《お》らざるなり。」（里仁）といっているように、不義の富貴をいさぎよしとしなかった。求道者孔子にとっては、「其の不義の富貴を視ること、浮雲の有る無きが如く、漠然として其の中に動かさるる所無きなり。」（朱子）であった。まこと顔淵の一箪の食、一瓢の飲、陋巷にあって、道を探求する楽しみを改めないことを賞賛したのは、この章に通じている。抑揚・比喩に富んだこのことばは、千古の名言であり、聖者孔子の高潔な姿をあらわすにふさわしいものといわねばなるまい。

葉公問二孔子於子路一。子路不レ対。子曰、女奚不レ曰、其為レ人也、発レ憤忘レ食、楽以忘レ憂、不レ知二老之将一レ至云爾。

【読み方】

葉公孔子《せふこうこうし》を子路《しろ》に問《と》ふ。子路《しろ》対《こた》へず。子曰《しいは》く、女奚《なんじなん》ぞ曰《い》はざる、其《そ》の人《ひと》と為《な》りや、憤《いきどほり》を発《はつ》しては食《しよく》を忘《わす》れ、楽《たのし》みて以《もつ》て憂《うれひ》を忘《わす》れ、老《おい》の将《まさ》に至《いた》らんとするを知《し》らず云爾《しかいふ》と。

語釈・語法

葉公　春秋時代の楚の一地方長官。「葉」は、国名とか人名の場合は、「しよう」と読む。今の河南省葉県の地。葉公は姓を沈《しん》、名を諸梁《しよりよう》、字《あざな》を子高といった。楚の国に人望のある重臣であった。**孔子**　前五五二年（一説に五五一年）前四七九年、名は丘、字《あざな》は仲尼《ちゆうじ》、子は尊称。魯《ろ》の陬邑《すういう》（山東省曲阜《きよくふ》県）に生まれた。魯に仕えて司空となり、のち大司寇《だいしこう》となって、不正の官吏、少正卯《しようしようぼう》を処刑して魯は大いは治まったが、のち官職を辞して天下の諸侯に仁の道を説いてまわること十数年、ふたたび魯に帰って、もっぱら弟子の教育にあった。著書に『春秋』がある。その他『詩経』『書経』などを整理したという。後世儒教の始祖として、世界四聖のひとりとして仰がれている。その思想は早くわが国に伝えられて、倫理思想学問の面に多大の影響を与えた。 **於** 「に」「を」「より」の意を表わす助辞。訓読のさいは、その場で読まないで、下の語に「ニ」「ヲ」「ヨリ」などと送りがなをつけて返って読む。ここでは「ニ」と送る。なお、「より」と読んだ場合に、「於」の上の文字が形容詞（または日本語の場合の形容動詞）のときは、この「於」は、比較を表わす助辞に転化することを覚えてほしい。 **子路** 孔子の門人。姓は仲、名は由、字《あざな》は子路、または季路。魯《ろ》の人で、孔子より九歳の年少者。勇を好み、信義を重んじた。魯や衛《えい》に仕えて、哀公《あいこう》の十五年に、六十四歳で、他郷に非業の死を遂げた。孔門十哲のひとり。「孔子弟子一覧」参照。「問孔子於子路」は、孔子について、子路にたずねたの意。 **対** ここでは尊敬語。目下の者が、目上の者にこたえるとき、「対」を用いる。おこたえする。また、人の質問に対してこたえるときにも用いられる。 **子曰** 「子」は、男子の美称。ここでは学徳すぐれた男子の尊称で、孔子をいう。古代では「師」を称して「子」といった。「曰」は「いはく」と読み、「言うことに・言うには」などと訳す。「いはく」の「く」は四段の動詞「いふ」の未然形「いは」についた接尾語で、その動詞を名詞化する働きを表わす。漢文訓読のさいは、「曰く……と」と結ぶのが慣例である。これに類するものに、「……らく」がある。 **女奚不曰** お前はどうして言わなかったのかね（言うべきだったよ）。「女」は、汝に同じで、お前・君などと訳す。「奚不……」は「何不……」、「胡不……」、「盍……」などと同じで、「どうして……しないのか（……すべきである）」の意。 **其為人也** そのお人がらは。「為人」は、人がらの意から、心がら、性質の意となる。「也」は、冒頭の句を浮き出させ、下を起こす意を表わす助辞。 **発憤** 自分でしっかりと理解しようとして、しかもその理解をえられないで、心がいらだつこと。また、のちには志を立て、努力する意に熟語として用いられる。 **将** 「まさに……（せんと）す」と返って読む。再読文字。ここでは未来を表わす助辞として働いている。 **云爾** 「しかいふ」と読み、文章の最後につける慣用語である。「爾」は、然に同じ。

通釈

楚《そ》の国の一地方長官であった葉公が、孔子のお人がらについて弟子の子路に尋ねた。だが子路は何ともお答えしなかった。ところが、そのことを耳にした孔先生が言うことに、「お前は何で答えてやらなかったのか（答えてやるべきだったよ）。私という人物は、積極的に学問を実践し、心に理解することができないと、理解できるまで努力し、食事すら忘れるほどであり、いったん理解できたとなると、その理解できた道を楽しんで、心配事は一切忘れてしまい、このように勉学と道の会得に一日、一日を通しているので、自分に迫ってくる老いの歎きも忘れている、このようにおっしゃっている人間です」と。

【参　考】

孔子の述べた自画像は、一見平凡なようではあるが、好学の心を如実に伝えて余すところがない。葉公の質問に子路はなぜ答えなかったのだろう。無類の求道者孔子の偉大さの故にか、葉公の非礼に腹を立ててのことか、いろいろと考えられよう。ところが孔子は強い信念と自信にみちたことばを堂々と主張している。まこと求道の熱意に燃えている孔子の偉大な容姿がうかがえる。

子曰、我非ニ生而知レ之者一。好レ古、敏以求レ之者也。

【読み方】

子《し》曰《いは》く、我《われ》生《うま》れながらにして之《これ》を知《し》る者《もの》に非《あら》ず。古《いにしへ》を好《この》み、敏《びん》にして以《もっ》て之《これ》を求《もと》めたる者《もの》なりと。

語釈・語法

子曰　前章参照。　**非生而**　「生而……」は「うまれながらにして……」と読む慣用句である。　**知之**　「之」は、指示詞であるが、具体的にさすものがない。指示詞と考えれば、ここでは人として践み行なわなければならない道をさすものと考えてよい。しかし、ただ単に動詞につく接辞（語助）と考えてもよかろう。下文の「求之」もかように解してよい。　**古**　古代の聖人君子たちが残した尊い教え。　**敏以**　「以㆑敏」とすべきところであるが、「敏」の一語を特に強調するために、かような修辞法をとった。倒装法。「敏」は、物事にさといこと。敏捷。　**也**　ここでは断定を表わす終尾辞。仁斎は「道は窮り無し。故に学も亦た窮り無し。苟くも無窮の道を尽くさんと欲するときは、則ち学問の功に由らずんば、得べからざるなり。此れ夫子の聖と雖も、尚ほ此《ここ》に汲汲たる所以なり。」（論語古義）といい、学問は無限の追求であるとする。

通釈

孔先生が言うことに、「わたしは決して生まれながらにして、人としての践み行なう道とか物事の道理がわかったのではない。古代の聖人君子と仰がれるような人びとが残した立派な教えを自分から積極的に己に修めようと、敏捷に努力し、その探求につとめてきたのである」と。

子曰若㆓聖与㆒㆑仁、則吾豈敢。抑為㆑之不㆑厭、誨㆑人不㆑倦、則可㆑謂㆓云爾㆒已矣。公西華曰、正唯弟子不レ能レ学也。

【読み方】

子《し》曰《いは》く、聖《せい》と仁《じん》との若《ごと》きは、則《すなは》ち吾豈敢《われあにあへ》てせんや。抑之《そもそもこれ》を為《まな》びて厭《いと》はず、人《ひと》を誨《をし》へて倦《う》まざるは、則《すなは》ち云爾《しかいふ》と謂《い》ふべきのみと。公西華《こうせいくわ》曰《いは》く、正《まさ》に唯弟子《ただていし》学《まな》ぶ能《あた》はざるなりと。

語釈・語法

子　男子の美称。ここでは学徳すぐれた男子の尊称で、孔子をいう。古代では「師」を称して「子」といった。

曰　「いはく」と読み、「言うことに・言うには」などと訳す。「いはく」の「く」は、四段の動詞「いふ」の未然形「いは」についた接尾語で、その動詞を名詞化する働きを表わす。漢文訓読のさいは、「曰く……と」と結ぶのが慣例である。これに類するものに、「……らく」がある。　**若聖与仁**　聖人とか仁者とかいわれるような者は。「若」は「ごとし」と読み、「……のようだ。……のようである」の意で、比況を表わす助辞である。如と同じ。「与」は、ここでは並列を表わす助辞。「与」字の用法は、実に多様である。だからその文脈などに十分の注意をはらって解読する必要がある。ここでは「A（聖）とB（仁）と」の形だから並列なのである。「AはBと」の場合は、従属を表わす助辞に変わる。このときは、しばしば「A」に相当することばが、つまり主語が省略される。次に「与」字が比較を表わす助辞として用いられる場合についてのべておこう。それは「与二其A一寧B」といった形で、「そのAであるよりは、いっそのことBの方がよい。」のような場合である。このときは「与」字と「A」との中間に「其」字が置かれることに注意してほしい。さらに、この文字が文末「……与。」に置かれると、疑問や詠嘆を表わす助辞に転化する。動詞として用いられるのは、今さら述べるまでもなかろう。

則　普通「ればそく」といわれる。前後の節の間にあって、「……らばすなわち」「……ならばすなわち」などと訳し、仮定や条件と帰結との密接な関係を示す助辞。ここでは、「……はすなはち……」と読み、「A則B、C則D（AはすなわちB、CはすなわちD）」のように、二つの事を対比して、「AはBであり、CはDである」の意を表わし、比較していう場合に用いる。**豈敢**　どうして相当しようか、しない。「豈敢A」は、「いったいどうしてAであろうか、いや決してAではない」の意で、反語の句法。「敢」は、「しにくいことを押し切って……する・しにくいことを自分から進んで……する」などの意。副詞。「豈」は、疑問または、反語の意を表わすことば。なお、ここの文章は「豈敢当聖与仁。（豈敢て聖と仁とに当らんや）」の省略形だから、「敢」もサ行変格活用の動詞として「敢てす」と訓読するのである。**抑**　いったい。さはなくて。語を一転して反対の意を表わす。発語の辞。**為之**　自分から聖人と仁者に一歩でも近づこうとして努力し実践する。宋の朱熹（一一三〇～一二〇〇年。南宋《なんそう》の儒学者。朱子学の祖。字《あざな》は元晦《げんかい》、または仲晦、晦庵《かいあん》と号した。贈り名は文公。）は、「聖と仁とを行なうて」と解している。**誨人**　「誨」は、ことばで人をさとすこと。**可謂**　批評してよろしい。「謂」は、報じ告げて人に対していう意。ここでは「評す」の意。**云爾**　ただそれだけ。それだけで外になにもない。**已矣**　「のみ」と読む。普通「……だけ」と限定を表わすが、ここでは断定の意を表わす。**公西華**　公西赤《こうせいせき》のこと。春秋時代の魯《ろ》（山東省）の人。孔子の門人。字《あざな》は子華。諸儀式、諸礼式に通じていた。**正唯**　ここは読みかたに二通りある。①まさにただ。②まさにしかり。**不能学**　まねることができない。「不能A」は「なんとしてもAすることができない」と解釈する。「学」は、まねること。**也**　ここでは断定の助辞。

通釈

孔先生が言うことに、「聖人とか仁者といわれるような人には、私などどうして該当するはずがあろうか、（該当するはずがない）。わたしはそういう人から仰がれるような者ではなく、ただ聖人とか仁者とかいわれる人たちが残した尊い教えを自分から積極的に勉強して怠ることなく、人びとに教えさとしてあきない。そのような人間だと評してもよかろう（ただそれだけである）」と。すると弟子の公西華が言うことに、「まったく孔先生のおっしゃる通りでございますが、私どもはそういうことすらまねることができません」と。

【参　考】

晁以道《ちょういどう》が「当時、夫子（孔子）を聖かつ仁と称する者あり。故を以て夫子これを辞す。」といっているように、孔子はそうした世の評判をこころよしとしなかった。かれは聖人・仁者の道を理想として、大河の流れのやむことないように、日夜学問と修養に励み、聖者・仁者の境に一歩でも近づこうとして努力していたのである。そしてまた、教育者として恥じることのない偉大な孔子の姿を汲みとるべきだろう。孔子のことばは、まことに謙遜にみちたものではあるが、弟子公西華の「学ぶこと能はざるなり」と答えたのも自然である。

泰伯第八

曾子曰、士不ㇾ可㆔以不㆓弘毅㆒。任重而道遠。仁以為㆓己任㆒。不㆓亦重㆒乎、死而後已。不㆓亦遠㆒乎。

【読み方】

曾子《そうし》曰《いは》く、士《し》は以《もつ》て弘毅《こうき》ならざるべからず、任重《にんおも》くして道遠《みちとほ》し。仁以《じんもつ》て己《おのれ》が任《にん》と為《な》す。亦《また》重からずや。死《し》して後已《のちや》む。亦遠《またとほ》からずやと。

語釈・語法

曾子　曾参《そうしん》のこと。前五〇五年―没年不詳。孔子の門人。春秋時代の魯《ろ》（山東省）の人。姓は曾、名は参。字《あざな》は子輿《しよ》。敬って曾子といわれた。親孝行の人として知られ、『孝経』は、その著であるといわれている。**曰**　前章参照。**士**　ここでは、学問をして知識ある人物をいう。学問と修養に積極的であり、人としての道の実践に志している人物。**不可以不弘毅**　器量が広く包容力にとみ、しかも強い意志をもたなくてはいけない。「不可以不……A」は、「Aでなくてはならない」の意。否定のことばが重なっているから二重否定であり、意味は強い肯定を表わす。慣用形として記憶してほしい。「弘毅」の「弘」は、「広」に通じ、器量がゆったりとしていることであり、「毅」は、強いこと。強忍の意。**任**　「になう・おう」の意で、ここでは、自分がになうこと、つまり責任の意。**道**　道のり。士の士たる理想を目指し、その人生行路（は実に遠い）。**仁**　社会集団において自然に生ずる心の働きで、親しみ愛しむところの徳である。孔子は、この仁をもって諸徳の根元と考え、この仁を自分の心にしっかりと自覚して、この働きを失わないことを学問修養の極地であるとした。**仁以為己任**　「以レ仁為二己任一」と書くべき文章であるが、「仁」を強調するために、倒装法を用いたのである。**不亦重乎**　なんとまあ重いんだろう。「不亦A乎」は「なんとまあAなんだろうか、実にAである」と訳され、反語の句法。感動的な肯定の文章形式である。なお「A」のところに来ることばは、形容詞・形容動詞であることも十分記憶してほしい。**死而後已**　死んではじめてやめる。「而」は、ここでは順接を表わす助辞。なお、「而」が接続詞として用いられる場合、およそ次の三つを考えたい。①順接の意を表わす場合、「しこうして・しかして・して・て」などと読まれる。②逆接の意を表わす場合、「しかれども・しかも・しかるに・しかし」などと読まれる。③形容詞と動詞とを並べるさいに用いる場合、「て・して・にして」などと読まれる。ここでは「死して」の「て」、つまり日本語の接続助詞に相当し、漢文訓読のさいは、その場で読まないで、送りがなで読ませる。だいたいにおいて、「活用語（日本語の用言）＋而＋活用語……」の関係にあった場合は、活用語にあたる語に「にして・として・して・て」などと送りがなを施し、「而」はその場では読まない。しかも「活用語＋而＋……否定のことば」という関係にあった場合の「而」は、逆接を表わすことが多い。**不亦遠乎**　その道のりはなんとまあ遠いのだろう。反語の句法。上文の「不亦重乎」と同じ。

通釈

曽子が言うことに、「学問修養によって有徳者といわれるようになった人物は、器量にとみ、包容力と強い意志とを持たなくてはいけない。何故かといえば、自分に与えられた責任は重くかつ大なるものであり、その道のりは実に遠いからである。仁ということこそ自分の任務だとすれば、深遠な仁の実現は、それこそ容易でないから、その責任たるや、なんとまあ重いことではないか。死ぬまで努力してやめないとすれば、人間の一生は長いものだから、必然的にその道のりは、これまたなんと遠いではないか」と。

【参考】

この章はまず結論を提起して、つぎつぎとその理由を説明する形をとっている。これを図式化すれば、

士〈不㆑可㆔以不㆓弘毅㆒〉｛任重――仁以為㆓己任㆒――不㆓亦重㆒乎／…而…／道遠――死而後已――不㆓亦遠㆒乎｝不㆑可㆔以不㆓弘毅㆒

となる。こうした論法によって、仁こそは一生の任務として力行すべきであるとの強い信念をあらわしている。「任重而道遠」は、千古の名言であり、「死而後已」とは、これまた強い表現である。前章とともに孔子の学をのちに伝える重要な役割をはたした、曽子の毅然とした決意をうかがうことができる。孔子の説くところは、「仁」の一語につきるが、曽子は、これを一生の荷物と考えたのである。徳川家康の「東照遺訓」に「人の一生は、重き荷を負うて遠き道を行くが如し。急ぐべからず。」とあるのは、けだしこの章にヒントをえてのものであろう。

子曰、篤信好㆑学、守㆑死善㆑道。危邦不㆑入、乱邦不㆑居。天下有㆑道則見、無㆑道則隠。邦有㆑道、貧且賤焉恥也。邦無㆑道、富且貴焉恥也。

【読み方】

子《し》曰《いは》く、篤《あつ》く信《しん》じて学《がく》を好《この》み、死《し》を守《まも》りて道《みち》を善《よ》くす。危邦《きはう》には入《い》らず、乱邦《らんぱう》には居《を》らず。天下《てんか》道有《みちあ》れば則《すなは》ち見《あら》はれ、道無《みちな》ければ則《すなは》ち隠《かく》る。邦《くに》に道有《みちあ》るに、貧《まず》しく且《か》つ賤《いや》しきは恥《はぢ》なり。邦《くに》に道無《みちな》きに、富《と》み且《か》つ

貴《たっと》きは恥《はぢ》なりと。

語釈・語法

子　男子の美称。ここでは学徳すぐれた男子の尊称で、孔子をいう。古代では「師」を称して「子」といった。**曰**　「いはく」と読み、「言うことには・言うには」などと訳す。「いはく」の「く」は四段の動詞「いふ」の未然形「いは」についた接尾語で、その動詞を名詞化する働きを表わす。漢文訓読のさいは、「曰く……と」結ぶのが慣例である。**篤信好学**　人として践み行なうべき正しい道を固く信じて、積極的にまなぶ。「述而」篇の「信而好ㇾ古」に相応ずるものと考えてよかろう。**守死善道**　死にいたるまで、まこととするところを固く守る。「善道」は、自分自身の行ないをよくすること。この二句は対句であり、君子たる者の常道を明示したものと考えてよい。**邦危**　まさに内乱になろうとするようなきざしのある国。**乱邦**　もはやすでに内乱におちいっている国。上文二句も対句である。**有道**　人としての正しい道や社会秩序などが立派であり、道理がすなおに通る。下文とともに対句をなしている。**則**　前後の節の中間にあって、「……らばすなわち」、「……ならばすなわち」などと訳し、仮定や条件と帰結との密接な関連を示す助辞。ここでは仮定と帰結を示す。なお、もう一つの用法について、次に記しておこう。「……はすなわち」と読み、「A則B、C則D（AはすなわちB、CはすなわちD）」のように、二つの事を対比して、「AはBであり、CはDである」の意を表わし、比較していう場合に用いられる。**見**　あらわれ仕える。世にでて官吏となること。「見」は、現に同じ。**隠**　退いて仕えない。身をかくして仕官しない。**且**　「かつ」と読み、ここでは「さらにその上」の意で、添加を表わす。**焉**　語調をととのえる助辞で、訓読のさいは読まない。

通釈

孔先生が言うことに、「人として正しい道を固く信じて、誠をつくし、積極的に学問に励み、死ぬまで誠とする、学ぶところを固く守って、自分の行ないをよくする。危険な国へは足を踏み入れることなく、すでに乱れている国では生活しない。天下に人としての道や社会秩序があり、道理がすなおに通るような社会には現われて仕官し、社会秩序も道理もないような社会からは、身を隠して仕官するようなことはしない。国に社会秩序が立派に行なわれているのに、貧乏な生活で身分が低いのは恥である。しかし、国に社会秩序も人道もないのに、金持で身分が高いのも、これまた恥である」と。

子曰、不レ在二其位一、不レ謀二其政一。

【読み方】

子《し》曰《いは》く、其《そ》の位《くらい》に在《あ》らざれば、其《そ》の政《まつりごと》を謀《はか》らずと。

語釈・語法

子曰　前章参照。　**其位**　それぞれ自分自身の位置。現在おかれている自分の地位。　**謀**　ことをはかる。謀議する。口出しする。　**其政**　「政」は、政治の意。しかし、政治と限って解く必要はあるまい。一般的な事の処理に対する正しい筋道とでも考えたらよかろう。

通釈

孔先生が言うことに、「自分が現在その地位に置かれていないのならば、なにもその地位にともなう種々な事柄に口出ししたり、相談にあずかったりする必要はない」と。

子曰、学如﹅不﹅及、猶恐﹅失﹅之。

【読み方】
子《し》曰《いは》く、学《がく》は及《およ》ばざるが如《ごと》くするも、猶《な》ほ之《これ》を失《うしな》はんことを恐《おそ》ると。

語釈・語法
子　男子の美称。ここでは学徳すぐれた男子の尊称で、孔子をいう。古代では「師」を称して「子」といった。**曰**　「いはく」と読み、「言うことには・言うには」などと訳す。「いはく」の「く」は四段の動詞「いふ」の未然形「いは」についた接尾語で、その動詞を名詞化する働きを表わす。漢文訓読のさいは、「曰く……と」と結ぶのが慣例である。**如不及**　逃げるものを追う時に、それにどうしても追いつくことができない時と同じように、一生懸命に努力する。安井息軒は『集説』において「学は逃ぐる者を追って、及ぶ能はざるが如くすべし」という。**猶**　それでもなお。それでもやはり。**恐**　心配する。心配して恐れつつしむ。**失**　学問の目標なり、方法なりを失うこと。

通釈
孔先生が言うことに、「学問というものは、いくら追いかけても、追いつけないばかりか、それでもなお、目標を見失なったり、方法を見失なったりするのではいかと、心から恐れ心配しなければならないものだ」と。

子畏二於匡一。曰、文王既没、文不レ在レ茲乎。天之将レ喪二斯文一也、後死者、不レ得レ与二於斯文一也。天之未レ喪二斯文一也、匡人其如レ予何。

【読み方】
子《し》匡《きやう》に畏《ゐ》す。曰《いは》く、文王《ぶんわう》既《すで》に没《ぼつ》し、文《ぶん》茲《こ》に在《あ》らざらんや。天《てん》の将《まさ》に斯《こ》の文《ぶん》を喪《ほろぼ》さんとするや、後死《こうし》の者《もの》、斯《こ》の文《ぶん》に与《あづか》るを得《え》ざるなり。天《てん》の未《いま》だ斯《こ》の文《ぶん》を喪《ほろぼ》さざるや、匡人《きやうひと》其《そ》れ予《よ》を如何《いかん》せんと。

語釈・語法

子 孔子をいう。前章参照。 **畏** ここでは、恐しい事にあったこと。「畏」は、もと敬いおそれるの意。 **於** 「に」「を」「より」の意を表わす助辞。訓読のさいは、その場で読まないで、下の語に「ニ」「ヲ」「ヨリ」などと送りがなを施して返って読む。ここでは「ニ」と送り、起点を表わす。なお、「より」と読んだ場合、「於」の上の文字が形容詞・形容動詞のときは、比較。 **匡** 河北省にあった衛の邑。司馬遷の『史記』「孔子世家」によると、「魯の陽虎という人が以前に匡の地で乱暴を働いた。その時、この陽虎といっしょに乱暴を働いた者に、のちに孔子の弟子となった顔刻という者がいた。この顔刻が孔子の車の御者であった上に、孔子の姿が陽虎に似ていたので、匡の人たちは再び陽虎がやって来たと思い違いして、軍隊を出動させ、孔子の一行を包囲して五日間も拘置した。」という。上文に「畏」とあるのは、この一件をさしている。 **文王** 周の第一代の天子、武王の父。姫昌《きしょう》のこと。周王朝開国の祖とされている。孔子が最も尊敬した天子の一人である。周の道徳文化の創立者であり、保持者でもある。 **文不在茲乎** 文化の伝統は、この私の身にこそあるはずではあるまいか。「文」は、道をいう。道たるものが具体的に表面に現われた礼楽制度をいう。「茲」は、指示詞で、孔子自身をさす。この文は反語の句法。「不……乎」は「……ずや」と読む慣用句で、「……でなかろうか（……である）」と訳し、「乎」は、反語を表わす終尾辞。 **天** 万物を創造し、宇宙を主宰する力を持ったもの。天の神。造物主。 **将喪斯文也** 「将……也」は「まさに……せんとするや」と読み、仮定を表わす文章である。「将」は「まさに……（せんと）す」と返って読む。再読文字。これから事をしようとする・いまにも……しそうだという認定を表わす助辞。「也」は、下文の「未喪斯文也」の「也」と同じで、時とか場所を表わす後置詞として用いられるものである。 **後死者** 文王よりあとの時代の人。孔子自身をさす。 **不得与於斯文也** この文化の伝統に参与できないはずである。「与」は、あずかる。参与。あずかりきく。 **未** 「いまだ……ず」と返って読む。再読文字。まだそうならないという未定の意を表わす助辞。 **如予何** 私をどうすることができようか、（できない）。反語の句法。「如何」が補語をとるときは、補語を「如何」の中間に置くことに注意してほしい。次に「いかん」の同訓をあげておく。「如何」は「如……何」のように分けて用いることもあり、「奈何」と同じく、「どうしよう」「なんとせん」などと、事の処置・手段を問う場合に用いる。「何如」、「何若」は、ともに「どんなであるか」と事の内容、状態などを問う場合に用いる。

通釈

孔先生が匡で恐しいことに出合った。先生の危機にのぞんで弟子たちは皆恐怖におちたが、孔先生は落ち着いた様子で言うことに、「聖人の道を伝導した文王は、もはや亡くなってしまっている。しかし、その残された聖人の道は伝わっており、周文化の伝統は、この私の身にこそあるはずではないか。もし造物神がこの聖人の道を滅ぼそうとするならば、文王より後に生れた自分は、この文化の伝統に参与できないはずである。もし造物神がまだこの文王の残した聖人の道を滅ぼさないとするならば、匡の人たちはいったいどうしてこの私を害することができようか（決してできない）」と。

【参　考】　宋の司馬桓魋《かんたい》の危難にあったとき、孔子は「天、徳を予に生ず。魋其れ予を如何せん」（述而）と言い、世を救おうとする確乎たる自覚と、強烈なる使命観をもっていることをあらわしたものと同じである。この章にもそうした自信にみちたものがみえる。ともに道をもって任ずる者の毅然たる信念のあらわれで、難に際して、「私を害せるはずがない」と言い切った気魄にみちた語気、なお従容としている大人物のすばらしい態度をみるべきであろう。

大宰問㆓於子貢㆒曰、夫子聖者与。何其多能也。子貢曰、固天縦㆑之将㆑聖。又多能也。子聞㆑之曰、大宰知㆑我乎。吾少也賤。故多㆓能鄙事㆒。君子多乎哉。不㆑多也。牢曰、子云、吾不㆑試。故芸。

【読み方】
大宰子《たいさいし》貢《こう》に問《と》ひて曰《いは》く、夫子《ふうし》は聖者《せいしゃ》か。何《なん》ぞ其《そ》れ多《た》能《のう》なるやと。子貢曰《しこういは》く、固《もと》より天之《てんこれ》を縦《ゆる》して将《まさ》に聖《せい》ならんとす。又多《またた》能《のう》なりと。子之《しこれ》を聞《き》きて曰《いは》く、大宰我《たいさいわれ》を知《し》れるか。吾少《われわか》くして賤《いや》し。故《ゆゑ》に鄙事《ひじ》に多能《たのう》なり。君子《くんし》多《た》ならんや。多《た》ならざるなりと。牢曰《らういは》く、子云《しい》ふ、吾試《われもち》ひられず。故《ゆゑ》に芸《げい》ありと。

語釈・語法

大宰　官職の名。ここでは大宰という官職についている人をいう。異説が多く、鄭玄は呉《ご》の大宰嚭《ひ》といい、あるいは宋の大宰というが詳かでない。**於**　「に」「を」「より」などの意を表わす助辞。前章参照。**子貢**　孔子の門人。姓は端木、名は賜《し》、子貢はその字《あざな》（中国の元服のときに、本名以外につける名前をいう）。孔子より三十一歳の年少者。弁説がうまく、才子はだの人だったから魯《ろ》や衛《えい》に仕えて、しばしば外交談判に成功した。また理財に明るく金持ちであった。孔門十哲のひとり。「孔子弟子一覧」参照。**曰**　「いはく」と読み、「言うことに・言うには」などと訳す。「いはく」の「く」は四段の動詞「いふ」の未然形「いは」についた接尾語で、その動詞を名詞化する働きを表わす。漢文訓読のさいは、「曰く……と」と結ぶのが慣例である。これに類するものに「……らく」がある。**夫子**　先生。ここでは孔子をいう。**聖者**　聖人とは、人類の方法、先王の道の設定者を呼ぶ語である。**与**　「か」と読み、疑問を表わす終尾辞。「与」字の用法は非常に多方面にわたっている。だから文脈文意などに十分の注意をはらって解読する必要がある。つぎに二、三の用法について述べておく。①「A、与《と》レA（AはBと……）」の場合は、従属を表わし、この用法のときは、「A」に当たることばがしばしば省略される。つまり主語の省略である。②「Aト与《と》レB（AとBと……）」の場合は、並列を表わし、この用法のときは、前者と違って「A」が省略されることは絶対にない。③「与ニ其A一、寧B（其のAなる与《よ》りは、寧ろBなれ）」の場合で、「そのAであるよりは、いっそのことBの方がよい。」と訳し、「与」は、比較を表わす助辞として働いている。この場合は、原則として「与」字と「A」との中間に「其」字が置かれる。④文末に置かれて、疑問や詠嘆を表わす終尾辞としても用いられる。**何其多能也**　なんとまあ、多能であることよ。「何其……也」は、「なんとまあ……であることよ」の意を表わす感嘆文の形式。**固** まことに。ほんとうに。副詞。**天** 造物主。万物を創造し、宇宙を主宰する力を持ったもの。天の神。**縦之** 孔子を伸びるだけ仲ばして限度など全く考えられない。「縦」は「肆《し》」に同じ。ほしいまま。ここでは、これまでというような限度を設けないこと。「之」は、指示詞で、孔子をさす。**将** 「まさに……せんとす」と返って読む。再読文字。これから事をしようとする。いまにも……しそうだ、という認定を表わす助辞。ここでは、宋の大儒朱熹が「殆なり」といっているように、断定をさけて、将来に期待をかけた婉曲表現である。**聖** 聖人。**又** さらにその上。添加を表わす。上文の「多能」に対して異質なものであることは、この「又」で判断できよう。前者の「多能」が聖人の要素としての「多能」であるに反し、後者のそれはいまの芸能面における「多能」を示したものであろう。**子** 男子の美称。ここでは学徳すぐれた男子の尊称で、孔子をいう。古代では「師」を称して「子」といった。**知予乎** 「乎」は、上文の「与」と同じく、「か」と読み、疑問を表わす終尾辞。**賤** 貧乏なこと。**鄙事** つまらない事柄。**君子** 『論語』に現われる「君子」については、普通「三義」を考えればよかろう。つまり、①才徳の高い人。徳行ともにそなわった人。②学問修養に志す人。③在位の君主。人君など。なおこの他に④高い官職にある人。高級官吏。⑤妻が夫をさしていう称などがある。**牢** 孔子の門人。姓は琴、名は牢、字は子張（別に子開ともいう）。陳の人で、孔子より四十八歳の年少者。**試** 用に同じ（朱注）。**芸** 諸種の技能をいう。

通釈

大宰という官職にあった人が、子貢に尋ねていうことに、「孔先生は聖人であろうか。なんとまあ多能な方でございましょう」と。すると弟子の子貢が言うことに、「本当にその通りで、造物主が先生を伸ばせるだけのばして限度というものがまったくなく、正に聖人たらしめようとしています。そのうえまた多くの技能に通じておられます」と。ところが孔先生はこのことを聞いて言うことに、「その方（大宰）はどうも私のことを知っているようだね。私は若い頃は身分が低かった。だからいろいろなつまらない事柄にも通じているのです。立派な人物というのは多能であろうか、多能であるはずがない」と。その後琴牢が言うことに、「私ども孔先生は つぎのように話されたことがあった、『私は世に登用されたことがなかったからこそ、諸種の技能が身についたのである』」と。

顔淵喟然歎曰、仰ㇾ之彌高、鑽ㇾ之彌堅。瞻ㇾ之在ㇾ前、忽焉在ㇾ後。夫子循循然善誘ㇾ人。博ㇾ我以ㇾ文、約ㇾ我以ㇾ礼。欲ㇾ罷不ㇾ能、既竭二吾才一。如二有ㇾ所ㇾ立卓爾一。雖ㇾ欲ㇾ従ㇾ之、末ㇾ由也已。

【読み方】

顔淵《がんえん》喟然《きぜん》として歎《たん》じて曰《いは》く、之《これ》を仰《あふ》げば彌《いよいよ》高《たか》く、之《これ》を鑽《き》れば彌《いよいよ》堅《かた》し。之《これ》を瞻《み》れば前《まへ》に在《あ》り、忽焉《こつえん》として後《うしろ》に在《あ》り。夫子《ふうし》循循然《じゅんじゅんぜん》として善《よ》く人《ひと》を誘《いざな》ふ。我《われ》を博《ひろ》むるに文《ぶん》を以《もっ》てし、我《われ》を約《やく》するに礼《れい》を以《もっ》てす。罷《や》まんと欲《ほっ》すれども能《あた》はず、既《すで》に吾《わ》が才《さい》を竭《つく》せり。立《た》つ所《ところ》有《あ》りて卓爾《たくじ》たるが如《ごと》し。之《これ》は従《したが》はんと欲《ほっ》すと雖《いへど》も、由《よし》末《な》きのみと。

語釈・語法

顔淵　前五一三年―前四八二年。顔回のこと。孔子の弟子の中でもっともすぐれ、徳行第一の人にあげられている。「淵」は字《あざな》。魯《ろ》（山東省）の人。三十二歳で、孔子より先に死んだ。亜（聖人につぐ人の意）聖と称せられる。孔子の顔回に対する信頼と期待がいかに大きかったかは、「先進」篇に「顔淵死す。子之を哭して慟す。」とあり、また「顔淵死す　子曰く、噫《ああ》、天予を喪《ほろぼ》せり、天予を喪せり。」とあるによって知られる。　**喟然**　嘆息するさま。　**曰**　言うことに、言うことには。前章参照。　**仰之**　「之」は指示詞で、ここでは孔子をさす。下文の「之」も同じ。　**彌**　いよいよ。ますます。　**鑽**　錐で穴をあける。堅いものをたたき切る。ここでは、人格節操の堅さにたとえた。　**瞻之在前、忽焉在後**　その実体がいかにも捉えがたいことにいう。　**忽焉**　たちまち。一瞬のうちに。　**瞻**　「規」に同じで、じっと目をすえてみる。　**夫子**　先生。ここでは、孔子をいう。**循循然**　正しく順序を追って行くさま。秩序立てて。　**誘**　教え導くこと。　**博我以文**　自分の見識を広めるのに、学問でする。　**約我以礼**　自分の身の行ないをひきしめるのに、礼（国家社会の秩序）でする。　**竭**　尽に同じ。　**如有所立卓爾**　しっかりと高く聳え立っているようだ。この句は二通りの解釈説がある。主語を孔子とするか、顔淵とするかの両説。宋の朱熹は孔子とする。「如」を謙遜の意とすれば、主語は顔淵とするのがよかろう。筆者は孔子説をとる。「卓爾」は、しっかりと立っているさま。そびえ立つさま。　**雖**　たとい……とも。たとい……でも。仮定を表わすが、推量の意を含んでいる。　**末**　無に同じ。　**由**　方法。手段。　**也已**　「のみ」と読み、普通の限定を表わす終尾辞。ここでは、断定の意を表わす。

通釈

孔子の高弟顔淵ががっくりとため息をついて言うことに、「孔先生の学徳は真に高遠堅固そのもので、仰げば仰ぐほどますます高くみえるようであり、錐で切り込めば切り込むほどますますその堅さを増すようなものです。しかも、その本体を何とかとらえようとして努力しても、いまじっと見たとき前にあったかと思うと、たちまち自分の後にあるという風で、私のごとき人間には何とも見当がつきません。それにもかかわらず先生はそろそろと正しく順序を追って上手に私どもを教え導いていてくださっている。学問によって私の知識を広め、礼によって私の行ないの不十分さをひきしめてくださる。先生の教育がこのように巧妙なので、学問をやめようと思っても、心引かれてやめられないし、いつの間にか自分のあらん限りの才力を出し切ってしまいました。しかし、先生の姿は高遠堅固で、遥か遠くにしっかりと高くそびえ立っておられるようである。先生に一歩近寄ったと思うと、次の瞬間にまた大きく引き放され、何とかつき従っていこうとしても、その手がかりとなるものがないのです」と。

【参考】

孔子の教えは、深遠高大なもので、とうてい及ぶべくもないものではあるが、いわゆる「博文約礼」の方法によって、卑近なところから一歩一歩と地道に弟子を導いてあくことがない。ここに教育者としての孔子のすぐれた姿をみることができる。そうしたすぐれた師によって教導される弟子たちは、心に満足しきって喜んで学問を続けているのであるが、その道は無限に深いものなので、なかなか実現できないで苦しんでいる。顔淵のような高弟でさえ、こうした歎声を発せずにはいられなかったのであろう。顔淵のことばは、まことによく孔子の全貌を語り尽くして余すところがない。孔子は、本当に人類の師たるにふさわしい人物であったのである。そうした師の教導する道を、積極的に学ぼうとしている高弟顔淵のひたむきな姿をみるべきだろう。

子疾病。子路使二門人為レ臣。病閒曰、久矣哉、由之行レ詐也、無レ臣而為レ有レ臣。吾誰欺。欺レ天乎。且予与三其死二於臣之手一也、無寧死二於二三子之手一乎。且予縦不レ得二大葬一、予死二於道路一乎。

【読み方】

子疾病《しやまひへい》なり。子路《しろ》門人《もんじん》をして臣為《しんた》らしむ。病間《やまひかん》にして曰《いは》く、久《ひさ》しいかな、由《いう》の詐《いつはり》を行《おこ》なふや、臣無《しんな》くして臣有《しんあ》りと為《な》す。吾誰《われたれ》をか欺《あざむ》かん。天《てん》を欺《あざむ》かんや。且《か》つ予其《われそ》の臣《しん》の手《て》に死《し》せんよりは、無寧《むしろ》二《に》三子《さんし》の手《て》に死《し》せんか。且《か》つ予縦《われたと》ひ大葬《たいさう》を得《え》ざるも、予《われ》は道路《だうろ》に死《し》せんやと。

語釈・語法

子　男子の美称。ここでは学徳すぐれた男子の尊称で、孔子をいう。古代では「師」を称して「子」といった。**疾病**　「疾」は、病気のこと。「病」は、病気が重くなったこと。**子路**　孔子の門人。姓は仲、名は由、字《あざな》は子路または季路、魯の人で、孔子より九歳の年少者。勇を好み、信義を重んじた。魯《ろ》や衛《えい》に仕えて、哀公の十五年に、六十四歳で他郷に非業の死を遂げた。孔門十哲のひとり。「孔子弟子一覧」参照。**使……**　使役の句法。「使《しム》ニA……《ツシテ》B《セ》一」の形。**閒**　病気が少しく良くなった。**閒久**　孔安国は「少しく差（い）ゆるを間という」と解している。**久矣哉**　「矣哉」は、詠歎を表わす終尾辞。下文と倒置法。**詐**　ことば巧みに人をだますこと。**吾誰欺**　私はだれをあざむきだまそうとするのか。**欺天乎**　天をだまそうとしたって、決して欺くことはできない。「乎」は、ここでは反語を表わす終尾辞で、反語の句法。**且**　その上さらに。添加を表わす。**与其死……無寧死……二三子之手乎**　「与……無寧……」は、「……ならんよりは、むしろ……」と読む比較の文章で、「無寧」以下の事柄をえらびとる。一方選択。「於」は、「に」「を」「より」などの意を表わす助辞。訓読のさいは、その場で読まないで、下の語に「ニ」「ヲ」「ヨリ」などと送りがなを施して返って読む。ここでは「ニ」と送り、起点を表わす。なお、「より」と読んで、「於」の上に形容詞・形容動詞が置かれた場合は、比較を表わす。**二三子之手**　門人たちの手。「之」は、ここでは上下の修飾関係を結びつける接続詞。**縦**　たとえ・そうしてみたところでの意。仮定を表わす。　**予**　一人称発想を二回くり返しているのは、その強調の故である。

通釈

孔先生のご病気が重くなった。その弟子の子路は先生の葬式を立派にしようと門人たちを大夫の家臣に仕立てた。その後、病気が少しよくなった時に言うことに「随分長い間だったね。由がことば巧みにだまそうとしたのは。家臣がいないのに、家臣があるように見せかけている。しかし、私はいったい誰をだませようか。天をだませるはずがあるまい。その上私は家臣の手で死ぬよりも、いっそのこと門弟たちの手に抱かれて死んだほうがよい。それに私はたとい立派な葬式をやってもらわなくても、まさか道ばたでのたれ死にするようなことはないだろうよ」と。

子在㆓川上㆒曰、逝者如㆑斯夫。不㆑舎㆓昼夜㆒。

【読み方】

子《し》川上《せんじやう》に在《あ》りて曰《いは》く、逝《ゆ》く者《もの》は斯《かく》の如《ごと》きか。昼夜《ちうや》を舎《お》かずと。

語釈・語法

子　ここでは孔子をいう。前章参照。　**川上**　川のほとり。「上」は、あたり、付近、そばなどの意。　**曰**　言うことに。言うことには。「いはく」の「く」は四段の動詞「いふ」の未然形「いは」についた接尾語で、その動詞を名詞化する働きを表わす。漢文訓読のさいは、「曰く……と」結ぶのが慣例である。これに類するものに……らく」がある。逝 立ち去ってかえらないこと。日本語では、死ぬという意味に用いられる。ここでは、時間的に動くものの意。者 日本語では殆んど人を意味するが、漢文では人物・事場・所時などに通じて用いられる。如斯夫 まったくこのようであるなあ。「如斯」は「如此」と同じ。「夫」は、ここでは詠嘆の意を表わす助辞。舎 すててかえりみないこと。「捨」に同じ。ここでは休止するの意。なお、この章は「川上の嘆」といって有名である。この文章については、二つの解釈が示されている。一つは、過ぎ去っていくものは、この水のごとくである、と解し、一つは、進歩するものは、この水のごとくである、と解す。前者は、「詠嘆のことば」（悲観のことば）であり、後者は進歩するものは、この水のごとくであるとする、「希望のことば」である。伊藤仁斎が「論語古義」で「君子の徳が日に新にして息らわぬ」ことを川にたとえたとし、人間の生活力の旺盛さを説いたものとみている。そして、後者は、世界の成生発展のさまは、あの川の水が象徴するとし、いわゆる発展史観の上に立っている。

通釈

孔先生がある時、川のほとりで嘆息して言うことに、「過ぎ去って行くものは、間断なく流れてやまないこの川の水のようなものであろうか。昼夜の区別もなく、しかも一刻もやむことなく過ぎ去って行く」と。

【参考】

この章は、いわゆる「川上の嘆」として有名なものであるが、古来二通りの解をめぐって、また別説も生じている。一つは孫綽《そんしゃく》が「川流舎《や》まず。年逝《ゆ》きて停まらず。時已《すで》に晏《おそ》し、而して道なほ興《おこ》らず。以て憂嘆する所なり」と言っているように、流れ行く水の間断なきがごとく、自分は何ら事成ることもなく、空しく老いてゆくわが身を、孔子が慨嘆したものだろうとする説。もう一つは、いわゆる宋学の儒者たち、朱子や程子らの説く哲学的な解釈である。朱子は「天地の化、往く者は過ぎ、来る者は続き、一息の停まること無し。これ乃ち道体の本然なり。然れども其の指さして見るに易き者は、川流に如《し》くは莫《な》し。故に此に発して人に示し、学ぶ者の、時々に省察して、毫髪も間断すること無きを欲するなり。」と言って、教訓的なものが託されているとする。また、わが安井息軒は「春秋の末、天下大いに乱れ、人その生に聊《やす》んぜず。孔子明君を輔《たす》けて以て之を拯《すく》はんと欲す。然れども世の主、用ふること能はず。歳月流るるが如し。孔子もまた已《すで》に老いたり。川流の一たび去って反《かえ》らざるを見る。是《ここ》に於て喟《き》然として以て嘆じ、この言を発せるなり。」と言っている。いずれの説も通じないことはないが、『論語』に一貫している思想や孔子の人がらなどから考えると、第一の孫綽説に、より真意があるのではなかろうか。

子曰、譬如㆑為㆑山。未㆑成㆓一簣㆒、止吾止也。譬如㆑平㆑地。雖㆑覆㆓一簣㆒、進吾往也。

【読み方】

子《し》曰《いは》く、譬《たと》へば山を為《つく》るが如《ごと》し。未《いま》だ一簣《いっき》を成《な》さざるも、止《や》むは吾が止むなり。譬《たと》へば地を平《たひら》かにするが如し。一簣を覆《くつがえ》すと雖《いへど》も、進むは吾が往《ゆ》くなりと。

語釈・語法

子　男子の美称。ここでは学徳のすぐれた男子の尊称で、孔子をいう。古代では「師」を称して「子」といった。　**曰**　前章参照。　**譬如**　「たとえば……のようである」と訳し、比喩法である。　**未**　「いまだ……ず」

と返って読み、まだそうならないという未定の意を表わす助辞。再読文字。　**簣**　竹をあんでつくった土を運ぶ道具。もっこの類。　**平地**　地面のでこぼこをならして平らかにすること。　**往**　進んでやまない。文中の二つの「也」は、いずれも断定の意を表わす終尾辞。

通釈

孔先生が言うことに、「人の学問修養は、たとえて言えば山を築くようなものである。残り一もっこだけの土を運ばなければ築山が完成しないというときに、そこで止めてしまうのは、他のだれでもなく、自分自身がやめるのである。また、地ならしの場合を例にとっていうならば、一もっこだけの土を運んでくぼみにあけても、地面が埋まり平らになっていくのは、自分から進んでそれをやったからである。(かように学問修養が進歩するのもしないのも、皆自分の信念の強弱にあるのであって、決して他人に関係はない。不断の努力こそ何よりも貴いのだ)」と。

【参　考】

学問をするには途中でやめてはならぬということと、少しずつでも進めということとは、ともに学者の奮発努力をうながすことばである。学問が進むも、止まるも皆自分の一念の強弱にあるのであって、決して他人の関係したことではないことを戒め、不断の努力こそ何よりも貴いものであることを教えたものではあるが、これは単に学問だけでなく、何事にもあてはまることである。なお、『書経』の「旅獒《りょごう》」篇に「山を為《つく》ること九仞《じん》、功を一簣に虧《か》く」という有名なことばがあるが、六経といったすぐれた古典をこの上なく尊んだ孔子は、恐らくこの語に深い感銘を受けたのであろう。この孔子の言葉こそ、衆人の心すべき名言といえよう。

子曰、後生可レ畏。焉知ニ来者之不一レ如レ今也。四十五十而無レ聞焉、斯亦不レ足レ畏也已。

【読み方】

子《し》曰《いは》く、後生《こうせい》畏《おそ》るべし。焉《いづくん》ぞ来者《らいしや》の今《いま》に如《し》かざるを知《し》らんや。四十五十にして聞《きこ》ゆること無《な》くんば、斯《こ》れ亦《また》畏《おそ》るるに足《た》らざるのみと。

語釈・語法

子曰　前章参照。　**後生**　自分よりあとから生まれる者の意。後輩。年少の者。　**可畏**　「畏」は、敬いおそれること。「可」は、ここでは十分である。あたいするの意。この他に①「……できる」で、可能を表わし、②「……してもよろしい」で、許容を表わし、③「……だろう」で、推量を表わす。日本語で「……ねばならぬ」に用いる場合もあるが、漢文ではこの用法はない。　**焉知来者……不如今也**　「焉……也」は「いづくんぞ……ならんや」と読み、「いったいどうして……であろうか（……でない）」と訳し、反語の句法。「焉」の変わりに「安・悪・奚・烏」などを、「也」の変わりに「哉・耶・乎・邪」などを用いることもある。　**来者**　自分よりあとに生まれた人たちの未来をいう。これからの人。　**不如……**　「……にしかず」と読み、「におよばない」と訳す。比較の句法。　**今**　現在の人。孔子自身を含めていっている。　**而**　ここでは逆接を表わす助辞。なお「而」が接続詞として用いられる場合、およそ次の三つを考える。①順接を表わす場合、「しこうして・しかして・して・て」などと読まれる。②逆接を表わす場合、「しかれども・しかも・しかるに・しかし」などと読まれる。③形容詞と動詞とを並べるさいに用いる場合、「て・して・にして」などと読まれる。ここでは「五十にして」の「にして」、つまり日本語の接続助詞に相当し、漢文訓読のさいは、その場で読まないで、送りがなで読ませる。だいたいにおいて、「活用語（日本語の用言）＋而＋活用語……」の関係にあった場合は、活用語にあたる語に「にして・として・して・て」などと送りがなを施して、「而」はその場では読まない。しかも「活用語＋而＋否定のことば……」という関係にあった場合の「而」は、逆接を表わすことが多い。この文章はその一例である。**無聞**　立派な評判がたたない。**焉**　ここでは語調をととのえる助辞で、訓読のさいは読まない。**四十五十**　『礼記』に「四十を強という、五十にして爵す」とあり、徂徠は「故に四十五十は、徳立ち名彰わるるの時なり」と説いている。**斯**　則と同じように用いられる。「Aはこれ……」、「Aすれば これ……」などと、上文を提示する場合、あるいは条件形のときなどに用いる。**也已**　「……のみ」と読み、普通限定を表わすが、断定を表わすときもある。ここは強く断定することばで後者の例である。

通釈

孔先生が言うことに、「わたしより後に生まれた若者たちは、十分敬いおそれてよい。この若者たちが、いまのわたし以上にならないなどと、いったいどうしてわかるはずがあろうか（わからない）。努力が「偉い」という実を結ぶのであるが、その努力もしないで、四十五十才になっても、いっこうに立派な評判がたたなかったならば、これはもうおそれるに足りないものである」と。

子曰、三軍可ㇾ奪ㇾ帥也。匹夫不ㇾ可ㇾ奪ㇾ志也。

【読み方】

子《し》曰《いは》く、三軍《さんぐん》も帥《すゐ》を奪《うば》ふべきなり。匹夫《ひつぷ》も志《こころざし》を奪《うば》ふべからざるなりと。

語釈・語法

子　男子の美称。ここでは学徳すぐれた男子の尊称で孔子をいう。古代では「師」を称して「子」といった。

曰　「いはく」と読み、「言うことには」、「言うには」などと訳す。「いはく」の「く」は、四段の動詞「いふ」の未然形「いは」についた接尾語で、その動詞を名詞化する働きを表わす。漢文訓読のさいは、「曰く……と」結ぶのが慣例である。**三軍**　大軍のこと。天子は六軍、諸侯は三軍を保持することができた。その中軍の大将を「帥」といい、三軍を指揮する総大将である。なお、一軍とは、一万二千五百をいう。**帥**　総大将。元帥。「帥」は、率いるの意。**也**　断定を表わす終尾辞。**匹夫**　一人に同じ。身分のない男。**可**　①「……できる」で、可能を表わす。②「……してもよろしい」で、許容を表わす。③「……だろう」で、推量を表わす。④十分である。あたいするの意。ここでは①の用法。なお、日本語で「……ねばならぬ」に用いる場合もあるが、漢文では、この用法はない。

通釈

孔先生が言うことに、「三軍の大軍隊で守っても、その総大将を奪い取ることはできる。だがしかし、たった一人の人間でも、その志を奪い取ることはできないものである」と。

【参　考】

宋の侯仲良が「三軍の勇は人に在り、匹夫の志は己に在り、故に帥は奪ふべく、志は奪ふべからず。もし奪ふべくんば、則ちまたこれを志といふに足らず」と言っているように、大軍の将帥も他の力による限り、時として捕われもするが、自己の信念は、他人がどんなことをしても決して奪うことはできない。人は何ものにも動揺することのない主体性のある志の持ち主となるところにこそ、真の人間としての価値があるのであり、そうした人間の志は、堅固なるが故に、何ものも奪うことができない貴いものなのである。

子曰、衣二敝縕袍一、与下衣二狐貉一者上立、而不レ恥者、其由也与。不レ忮、不レ求。何用不レ臧。子路終身誦レ之。子曰、是道也、何足二以臧一。

【読み方】

子《し》曰《いは》く、敝《やぶ》れたる縕袍《をんぱう》を衣《き》て、狐貉《こかく》を衣《き》たる者《もの》と立《た》ちて、恥《は》ぢざる者《もの》は、其《そ》れ由《いう》なるか。忮《そこな》はず、求《もと》めず。何《なに》を用《もつ》てか臧《よ》からざらんと。子路《しろ》終身之《しゆうしんこれ》を誦《しよう》す。子《し》曰《いは》く、是《こ》の道《みち》や、何《なん》ぞ以《もつ》て臧《よ》しとするに足《た》らんと。

語釈・語法

子曰　孔先生が言うことには。前章参照。　**敝**　衣服がふるびてやぶれること。転じて、「疲弊」などと用いる。「完」の反。　**縕袍**　綿入れの服で、あまり上等でないもの。今の「どてら」。　**衣**　この文字に返り点がつくと、日本語の上一段の動詞「着る」に同じくなる。　**与……者**　「与」は、ここでは従属を表わす。「与」字の用法は多様である。したがって文脈文意などに十分の注意をはらって解読する必要がある。つぎに二三の用法について述べておこう。①「Aハ与《と》レB（AはBと）」の場合は、従属を表わし、この用法のときは「A」にあたることばがしばしば省略される。つまり主語の省略である。②「Aト与《と》B（AとBと）」の場合は並列を表わし、この用法のときは、前者と違って「A」にあたることばが省略されることは絶対にない。③「与二其A一、寧B（其の

Aなる与りは、寧ろBなれ)」の場合で、「そのAであるよりは、いっそのことBの方がよい。」と訳し、「与」字は比較を表す助辞として働いている。この場合は、原則として「与」字と「A」との中間に「其」字が置かれる。④文末に置かれて、疑問や詠嘆を表わす終尾辞としても用いられる。　**狐貉**　きつねやむじなの皮で作った衣服で、衣服の上等なもの。　**立**　ならんでたつ。　**不恥者而**　「而」は、ここでは逆接を表わす助辞。頁一五○参照。　**其由也与**　「其……也与」は「ほんとうに……であろうか」と訳す。「其」は、ここでは強調の意を表わす発語の辞。「まったく・それこそ・実に・まことに」などの意。「与」は、疑問の意を婉曲に表わし、断定の意をさけたものである。「由」は、子路のこと。孔子の門人。姓は仲、名は由、字《あざな》は子路、または季路。魯《ろ》(山東省)の人で、孔子より九歳の年少者。勇を好み、信義を重んじた。魯や衛《えい》に仕えて、哀公の十五年に、六十四歳で他郷に非業な死を遂げた。孔門十哲のひとり。「孔子弟子一覧」参照。　**忮**　害に同じ。ここでは人の所有をねたみ、害そうとすること。　**求**　貪に同じ。自分が所有しないことを恥じて取ろうとすること。「不レ忮不レ求、何用不レ臧」は『詩経』邶風《はいふう》の「雄雉《ゆうち》」篇第四章の詩句「百爾君子。不レ知二徳行一。不レ忮不レ求。何用不レ臧。」によるもの。人の所有するものをねたんで害そうとすることもなく、自分にないのを恥じてむさぼろうともしないのは、なんと結構ではないかの意。　**何用不……**　「いったいどうして……でないことがあろうか。いやまったく……である」と訳す。「何用」は「何以」と同じ。反語の句法。　**誦之**　『詩経』の詩を暗誦しようとした。　**何足以……**　「どうして……とするねうちがあろうぞ(いやまったくない)」と訳し、反語の句法。
臧　善に同じ。

通釈

孔先生が言うことに、「ふるびたぼろぼろの綿入れを着て、きつねやむじなの立派な毛皮の衣服を着た人と並んでいても、恥かしいと思わないのは、まったく由ぐらいのものだろうなあ。『詩経』の詩にも『人の所有するものをねたんで害そうとすることもなく、自分にないのを恥じてむさぼろうともしないのは、なんと結構なことではないか』と歌われている」と。すると子路は、この詩句を一生涯口ずさもうとした。ふたたび孔先生が言うことに、「それ（そこなわず、むさぼらず）ぐらいのことでは、どうして善いことなどというねうちがあろうよ（とてもねうちがあるなどとはいえないよ）」と。（愛弟子子路に対して、さらに一層努力せよと勧めた）

子曰、歳寒、然後知ニ松柏之後レ凋也。

【読み方】

子《し》曰《いは》く、歳寒《としさむ》くして、然《しか》る後《のち》に松柏《しょうはく》の凋《しぼ》むに後《おく》るるを知《し》ると。

語釈・語法

子　男子の美称。ここでは学徳すぐれた男子の尊称で、孔子をいう。古代では「師」を称して「子」といった。

曰　「いはく」と読み、「言うことには・言うには」などと訳す。「いはく」の「く」は、四段の動詞「いふ」の未然形「いは」についた接尾語で、その動詞を名詞化する働きを表わす。漢文訓読のさいは、「曰く……と」と結ぶのが慣例である。　**歳寒**　気候が寒くなると。世の中の乱れに喩えている。　**松柏**　「柏」は「このてがしわ」という、ひのきのような常盤木《ときわぎ》で、わが国の「かしわ」ではない。「松柏」は、君子にたとえた。　**後凋**　冬になって他の木が落葉してのちに、針葉樹の変わらない緑を見るとの意。一説に、他の草木より遅れてしぼむと解する。なお、陸徳明は「彫」を「凋」に作るべきだと主張している。

通釈
孔先生が言うことに、「冬になって、はじめて松やこのてかしわが落葉することなく、緑を保っていることがわかるものだ（ちようどこのように大事に遭遇して、はじめて人の節操がわかる）」と。

【参　考】
『史記』に「家貧しければ、則ち良妻を思ひ、国乱るれば、則ち良相を思ふ」（魏世家）とあるように、秩序正しく平和に治まっているときには、君子も小人もほとんど区別がつかないものである。しかし、一変して世が乱れると、小人はたちまち節操を変えてしまうものだと説いている。なお、「歳《とし》寒からざれば、以て松柏を知る無し」（『荀子』大略）とか、「疾風に勁草を知り、厳霜に貞木を識る」（『後漢書』）とあるのも、これとほぼ同じことをいったものである。人間であるからには、いついかなることに出合っても、自己の節操を正しく全うし、自分の力を正しく発揮できる精神は持ちつづけたいものである。

子曰、知者不ㇾ惑。仁者不ㇾ憂。勇者不ㇾ懼。

【読み方】
子《し》曰《いは》く、知者《ちしや》は惑《まど》はず。仁者《じんしや》は憂《うれ》へず。勇者《ゆうしや》は懼《おそ》れずと。

語釈・語法
子曰　孔先生が言うことには。前章参照。　**仁者**　仁徳を備えた人。あわれみ深い人。なさけ深い人。　**不惑**

道理に迷うことはない。　**不憂**　心配するところがない。　**不懼**　心を動かして疑いおそれることをしない。なお、「知・仁・勇」を『中庸』では三達徳としている。なお、この文章のように、対句を三つ以上ならべて文章を構成する修辞法を「累句法」という。

【通釈】

孔先生が言うことに、「知者といわれる人間は、道理に明らかに通じているから迷うことはない。仁者といわれる人間は、物事の道理に従い、私利私欲がなく、道理の存する処に安んずるから心配することがない。勇者といわれる人間は、志気が盛んで果敢であるから、疑いおそれるところがない」と。

【参　考】

『中庸』の第二十章に「知・仁・勇は天下の達道なり」といっている。この文章は対句を三つ以上ならべた累《るい》句法によって、いわゆる三達徳を説いている。孔子は「君子の道なる者は三、我は能《よ》くする無し。仁者は憂へず、知者は惑はず、勇者は懼《おそ》れず」(憲問)といって、自ら実行しているところを述べている。孔子は常に人としての正しい筋道にあった仁愛を説き、これを実践するには、勇を以てせよと強調している。三達徳の兼ね備えたものは、今の世にも通ずる「君子」といえよう。

子曰、可二与共学一、未レ可二与適一レ道。可二与適一レ道、未レ可二与立一。可二与立一、未レ可二与権一。

【読み方】

子曰《しいは》く、与《とも》に共《とも》に学《まな》ぶべきも、未《いま》だ与《とも》に道《みち》に適《ゆ》くべからず。与《とも》に道《みち》に適《ゆ》くべきも、未《いま》だ与《とも》に立《た》つべからず。与《とも》に立《た》つべきも、未《いま》だ与《とも》に権《はか》るべからずと。

語釈・語法

子　男子の美称。ここでは学徳すぐれた男子の尊称で、孔子をいう。古代では「師」を称して「子」といった。　**曰**　「いはく」と読み、「言うことには・言うには」などと訳す。「いはく」の「く」は、四段の動詞「いふ」の未然形「いは」についた接尾語で、その動詞を名詞化する働きを表わす。漢文訓読のさいは、「曰く……と」と結ぶのが慣例である。これに類するものに「……らく」がある。　**可**　①「……できる」で、可能を表わす。②「……してもよい」で、許容を表わす。③「……だろう」で、推量を表わす。④十分である。あたいするなどの意。ここでは①の用法である。　**与**　ここでは副詞的用法で、いっしょにの意。「与」字の用法は、まことに多様である。つぎに二・三の用法についてのべておこう。①「A、与《と》レB（AはBと）」の場合は従属を表わし、この用法のときは、「A」にあたることばがしばしば省略される。つまり主語の省略である。②「Aト与《と》レB（AとBと）」の場合は、並列を表わし、この用法のときは、前者と違って「A」が省略されることは絶対にない。③「与二其A一、寧B（其のAなる与《よ》りは、寧《むし》ろBなれ）の場合で、「そのAであるよりは、いっそのことBの方がよい。」と訳し、「与」は、比較を表わす助辞として働いている。この場合は、原則として「与」字と「A」との中間に「其」字が置かれるのである。④文末に置かれて、疑問や詠嘆を表わす終尾辞としても用いられる。⑤この場合のように副詞的用法としても用いられ、このときは返り点がつかない。　**与適道**　自分から進んで道徳に志すこと。広い学問の中でも、道に志す学問をすること。　**未**　「いまだ……ず」と返って読む。再読文字。まだそうならないという未定を表わす助辞。　**立**　樹立すること。しっかり立って動かないこと。　**権**　「はかる」と読む。この文字は、秤《はかり》の分銅のこと。分銅は物の軽重に応じて移動し、バランスをとるところから、物に即応して適当にかね合いをし、道に合い、宜しきを得ることに「権」を用いるようになった。

通釈

孔先生が言うことに、「わしと一緒に勉強することはできても、まだ自分と一緒に進んで道徳に志すことのできる人はいない。一緒にそうした道に進むことができたとしても、まだ自分と一緒にその道にしっかりと樹立することのできる人はいない。たとい、その道に立つことができたとしても、まだ自分と一緒に物事に即応して適当にかね合いをし、道に合致し、宜しきを得られるというような人はいないものだ」と。

郷党第十

郷人飲酒、杖者出、斯出矣。郷人儺、朝服而立ニ於阼階一。

【読み方】

郷人《きやうじん》の飲酒《いんしゆ》に、杖者《じやうしや》出《い》づれば、斯《ここ》に出《い》づ。郷人《きやうじん》の儺《だ》には、朝服《てうふく》して阼階《そかい》に立つ。

語釈・語法

郷人飲酒　村里の人たちが、敬老と懇親とをかねて行なう宴会をいう。　**杖者**　老人。杖《つえ》をつく者。『礼記』王制に「五十は家で杖つき、六十は郷で杖つき、七十は国で杖つき、八十は朝廷で杖つく。」とあるから、恐らくは六十歳以上の老人たちであったろう。　**斯出矣**　「則出矣」と同じ。杖つく老人たちが退出してから、自分も辞去した。「矣」は、ものごとをきっぱりといい切る語気を表わす。　**儺**　悪鬼を追いだすついなの行事。十二月の末ごろに行なう年中行事で、人びとがいろいろな風俗として悪鬼を追いだす一つの戯事。　**朝服**　朝廷に参上するときに着る礼服を着る。　**而**　ここでは順接を表わす。なお、「而」が接続詞として用いられる場合、おおよそ次の三つを考えるようにしたい。①順接を表わす場合、「しこうして・しかして・して・て」などと読まれる。②逆接を表わす場合、「しかれども・しかも・しかるに・しかし」などと読まれる。ここでは「朝服して」の「て」、つまり日本語の接続助詞に相当し、漢文訓読のさいは、その場で読まないで、送りがなで読ませる。だいたいにおいて、「活用語（日本語の用言）＋而＋活用語……」の関係にあった場合は、活用語にあたる語に

「にして・として・して・て」などと送りがなを施して「而」はその場では読まない。しかも「活用語（日本語の用言）＋而＋否定のことば……」という関係にあった場合の「而」は、逆接を表わすことが多い。　**立於阼階**　堂へあがる東側の階段にたった。普通、客は西側の階段からあがり、主人は東側の階段からあがる。ついなをする人びとがやって来ると、孔子はなぜ礼服を着て東側の階段に立ったのか、その解に二つある。①先祖の霊がおどろくのを恐れて(古注)、②誠敬をつくして隣り組の行事に参加したのだという(朱子)。

通釈

村里の人びとが敬老と懇親をかねて行なう宴会には、長老の者が席を立つのを待って、その後から自分が退出し、敬意を失うことがなかった。村里の人たちが悪鬼を追いだすついなの行事をしに来るときには、朝廷に参上するときに着る礼服をつけて、東側の階段に立ち、このついなの行事に参加して、通俗の礼にしたがった。

廐焚。子退レ朝。曰、傷レ人乎。不レ問レ馬。

【読み方】

廐《うまや》焚けたり。子《し》朝《てう》より退《しりぞ》く。曰《いは》く、人《ひと》を傷《そこな》へるかと。馬《うま》を問《と》はず。

語釈・語法

廐　馬舎。うまや。牛馬のあつまるところ。　**子**　男子の美称。ここでは学徳すぐれた男子の尊称で、孔子をいう。古代では「師」を称して「子」といった。**朝**　朝廷の意。**曰**　「いはく」と読み、「言うことには・言うことに」などと訳す。「いはく」の「く」は、四段の動詞「いふ」の未然形「いは」についた接尾語で、その動詞を名詞化する働きを表わす。漢文訓読のさいは、「曰く……と」と結ぶのが慣例である。これに類するものに「……らく」がある。**乎**　ここでは疑問を表わす終尾辞。なお、この章について、五代将軍綱吉は、自から『論語』を講釈するに当たって、「廐《うまや》焚《や》けたり。子朝より退きて曰く、人を傷《そこな》へりや不《いな》やと。馬をも問ふ。」と読んだ。つまり「馬を問はず」の「不」を、上句につけて読んだのである。「馬をも問ふ」とは、歴代将軍の中でも、もっとも学問を愛好し、生類憐みの令の本山たるをしのばせるものがある。しかし、この解読は、すでに『経典釈文』に見えるもので、けっして綱吉個人の恣意によるものではなかったのである。

通釈　孔子の家の馬舎が焼けてしまった。孔先生は朝廷から退出して家に帰ってきた。そしてすぐに言うことに、「だれも怪我はなかったかね」と。そのあと、馬のことについては何一つ尋ねなかった。

【参　考】

この章は、孔子が、動物よりも人の命を大切に考えていたことを示すものである。しかし、けっして馬を愛さなかったわけではない。朱子は「馬を愛さざるにあらず。然れども人を傷《そこな》ふことを恐るるの意多し。故に未だ問ふに暇あらざるなり。」といっている。また、孔子が馬の安否を問わなかったことから、「人を傷けたりや不《いな》やと。馬を問ふ。」と読み、まず人の安否を問い、つぎに馬について問うたと解する説もあるが、少しく無理があろう。

本居宣長は『玉勝間』において「これ甚だいかがなり。すべて人の家の焚《や》けんにも、人はさしもやかるる物にあらず。馬はよくやかるるものなり。まして馬屋のやけんには、人はあやふきことなし、馬こそいとあやふけれ。されば馬をこそ問ふべけれ。これ人情なり。しかるにまづ人をとふすらいかがなるに、馬をとはざるはいと心なき人なり。但し人をとへるはさることなれば記しもすべきを、馬をとはぬが何のよきことかある。これ学びの子どもの、孔丘が常人にことなることを、人にしらさむとするあまりに、かへりて孔丘が不情をあらはせり。不問馬の三字を削りてよろし。」と論評しているが、これまた極端な議論というほかない。

先進第十一

季康子問、弟子孰為レ好レ学。孔子対曰、有二顔回者一、好レ学。不幸短命死矣。今也則亡。

【読み方】

季《き》康子《かうし》問《と》ふ、弟子《ていし》孰《たれ》か学《がく》を好《この》むと為《な》すと。孔子《こうし》対《こた》へて曰《いは》く、顔回《がんくわい》といふ者有《ものあ》り、学《がく》を好《この》めり。不幸短命《ふかうたんめい》にして死《し》せり。今《いま》や則《すなは》ち亡《な》しと。

語釈・語法

季康子　春秋時人の魯《ろ》の大夫《たいふ》。季孫氏の第七代目。名は肥、康は諡《おくりな》。孔子と同時代の人。　**弟子**　漢文では「ていし」と読む。幼いもの。年少者。教えを受ける人。教え子、などの意。　**孰**　「たれか」「いづれか」などと読まれる。ここでは「誰」と同じ。　**好学**　『論語』に見える「好学」の「好」は、そうとうの積極性を含んでいる。　**孔子**　前五五二年（一説に五五一年）―前四七九年。名は丘、字《あざな》は仲尼《ちゆうじ》。子は尊称。魯《ろ》の陬邑《すういう》（山東省曲阜《きよくふ》県）に生まれた。魯に仕えて司空となり、のち大司寇《だいしこう》となって、不正の官吏、少正卯《しようしようぼう》を処刑して魯は大いに治まったが、のち官職を辞して天下の諸侯に仁の道を説いてまわること十数年、ふたたび魯に帰って、もっぱら弟子の教育にあたった。著書に『春秋』がある。その他『詩経』『書経』などを整理したという。後世儒教の始祖として世界四聖のひとりとして仰がれている。その思想は早くわが国に伝えられて、倫理、思想学問の面に多大の影響を与えた。　**対**　おこたえする。目下の者が目上の者にこたえるとき「対」を用いる。また、人の質問に対してこたえるときにも用いられる。　**曰**　「いはく」と読み、「言うことに・言うには」などと訳す。「いはく」の「く」は四段の動詞「いふ」の未然形「いは」についた接尾語で、その動詞を名詞化する働きを表わす。漢文訓読のさいは、「いはく……と」と結ぶのが慣例である。これに類するものに「……らく」がある。

顔回　前五一三年―前四八二年、孔子の弟子の中でもっともすぐれ、徳行第一の人にあげられている。字《あざな》は淵。魯《ろ》（山東省）の人。四十一歳で、孔子より先に死んだ。亜聖（聖人につぐ人の意）と称せられる。孔門十哲のひとり。「孔子弟子一覧」参照。　**矣**　漢文訓読のさいは読まない。ここでは「おしいことに……してしまったよ」の意で、語気詞的働きを持つ終尾辞。　**今也則**　「今や則ち……」と読み、今こそは、今ではの意。　**亡**
無に同じ。

通釈

季康子が（孔先生に）尋ねた。「多くの弟子の中で、いったい誰が学問に対して積極的だとお思いになりますか」と。すると孔先生が大夫季康子にお答えして言うことに「顔回という弟子がいて、この男は学問が好きで、その道には特に積極的でした。がしかし不幸なことに若死にしてしまいましたよ。ですから今ではもう学問好きというに値する者はおりませんね」と。

季路問㆑事㆓鬼神㆒。子曰、未㆑能㆑事㆑人、焉能事㆑鬼。曰、敢問㆑死。曰、未㆑知㆑生、焉知㆑死。

【読み方】

季路《きろ》鬼神《きしん》に事《つか》へんことを問《と》ふ。子《し》曰《いは》く、未《いま》だ人《ひと》に事《つか》ふる能《あた》はず、焉《いづくん》ぞ能《よ》く鬼《き》に事《つか》へんと。曰《いは》く、敢《あへ》て死《し》を問《と》ふと。曰《いは》く、未《いま》だ生《せい》を知《し》らず、焉《いづくん》ぞ死《し》を知《し》らんと。

語釈・語法

季路　子路のこと。孔子の門人。姓は仲、名は由、字《あざな》は子路または季路。魯《ろ》（山東省）の人で、孔子より九歳の年少者であった。勇を好み、信義を重んじた。魯や衛《えい》に仕えて、哀公の十五年に六十四歳で他郷に非業の死を遂げた。孔門十哲のひとり。「孔子弟子一覧」参照。　**鬼神**　目に見えない恐ろしい神霊。祖先や山川の神。死者の霊魂。「神」は、天の神であり、「鬼」は、人の霊魂である。人は天地から魂魄《こんぱく》を受けて生まれ、魂は、天に升り、「魄」は、地に帰って死すと信じられていた。しかもその帰った魂魄が神と呼ばれたのであった。だから許慎の『説文解字』に「鬼は帰なり。」と説明されている。「問うた」のは、その天地山川の神がみの祭祀について尋ねたのである。　**子**　男子の美称。ここでは学徳すぐれた男子の尊称で、孔子をいう。古代では「師」を称して「子」といった。　**曰**　前章参照。　**未**　「いまだ……ず」と返って読む。再読文字で、「まだそうならない」という未定を表わす助辞。　**能**　「十分……できる」の意。　**焉**　「いづくんぞ……ん」と読む。反語を表わすことば。　**敢**　「自分から進んで……する」、「しにくいことを押し切って……する」の意。　**焉知**　どうして分かるはずがあろうか、（ない）。反語の句法。

通釈

子路が（孔先生に）お祭りのさいに鬼神に仕える道を質問した。すると孔先生が言うことに「人に仕えることがまだできないのに、いったいどうして鬼神にお仕えすることができようぞ」と。また子路が尋ねて言うことに、「大変失礼ですが、死というものはいったいどういうものなのでしょうか」と。孔先生が言うことに、「生ということがまだわからないのに、いったいどうして死がわかるはずがあろうよ」と。

【参　考】

子路は孔門随一の勇者であった。そうした性格から、かれはつっ走った質問をして、常に孔子からたしなめられているが、この章もその一つとみてよかろう。孔子の教学は、日常の実際事を重んじ、いたずらに哲学とか、宗教とかいうようなことに走ることを極力避けていることは、「鬼神を敬して之《これ》を遠ざく」（雍也）とか、「怪力乱神を語らず」（述而）などとあることによってもわかる。孔子は形而上的なものについての解決よりは、人生は如何にあるべきか、人として生きるには如何にあるべきかといった解決をこそやるべきだとしている。だからして弟子の子路に対しても、学問の順序として、人事をこそ当然理解せねばならぬと説いているのである。一説に、「事㆑人」「事㆑鬼」を、人につかえる方法、神につかえる方法とし、「知㆑生」「知㆑死」を、生に処する方法、死に処する方法と解するが、これでも通ずる。

子貢問、師与㆑商也孰賢。子曰、師也過。商也不㆑及。曰、然則師愈与。子曰、過猶㆑不㆑及。

【読み方】

子《し》貢《こう》問《と》ふ、師《し》と商《しやう》とは孰《いず》れか賢《まさ》れると。子《し》曰《いは》く、師《し》や過《す》ぎたり。商《しやう》や及《およ》ばずと。曰《いは》く、然《しか》らば則《すなは》ち師《し》は愈《まさ》れるかと。子《し》曰《いは》く、過《す》ぎたるは猶《な》ほ及《およ》ばざるがごとしと。

語釈・語法

子貢　孔子の門人。姓は端木、名は賜《し》。子貢はその字《あざな》である。孔子より三十一歳の年少者。弁説がうまく、才子はだの人だったので、魯《ろ》（山東省）や衛《えい》（河北・河南両省にまたがる）の国に仕えて、しばしば外交談判などに成功した。また、理財の道に明るく、多くの富を得ていたという。孔門十哲のひとり。「孔子弟子一覧」参照。

師　子張のこと。孔子の門人。姓は顓孫《せんそん》、名は師、子張は、その字《あざな》である。陳《ちん》の人で、孔子より四十八歳の年少者。　**与商**　「商」は、子夏のこと。孔子の門人、卜商《ぼくしょう》の字《あざな》。孔子より四十四歳の年少者。孔子の詩学を伝えた。自己の主張を通す強さをもっていたという。「与」は、ここでは並列を表わす助辞。「与」字の用法は非常に多方面にわたっている。したがって、その文脈文意などに十分の注意をはらって解読する必要がある。ここでは「Aト与《と》レB（AとBと）」の形だから並列。「Aハ与《と》レB」の場合は従属を表わす助辞に代わる。この時は、しばしば「A」に相当することば、つまり主語が省略される。次に「与」字が比較を表わす助辞として用いられる場合についてのべておこう。それは「与二其A一寧B」といった形で、「そのAであるよりは、いっそのことBの方がよい。」のような場合に用いられる。この場合は原則として「与」字と「A」との中間に「其」字が置かれることに注意してほしい。さらに、この文字が文末「……与。」に置かれると疑問や詠嘆を表わす助辞に転化することも覚えていてほしい。　**也**　ここでは語調を整える助辞であるが、主格提示の働きも表わしている。以下二つの「也」も同じ。　**孰**　「たれか」「いずれか」などと読まれる。ここでは「いずれか」と読み、「どちらが」の意。疑問詞。　**賢**　すぐれている。「聖人」の対。賢人の意ではない。　**然則**　そうであるからには。そういうわけで。「則」は「……らばすなはち……」、「……ればすなはち……」のように、仮定や条件と帰結との密接な関連を表わす助辞。なお「A則……、B則……」のように二つのことを対比し、「Aは……であり、Bは……である。」のように用いられる場合もあり、単独で用いられる時も「（それはそうだが）これはこうだ。」と彼と此とを区別する意がある。　**愈**　「勝」に同じ。まさっている。　**与**　疑問を表わす終尾辞。　**猶**　「なほ……のごし」と返って読む。再読文字。「ちょうど(あたかも)……のようだ、……と同じだ。」の意。比況を表わす。

過　中庸にすぎている。ゆきすぎのところがある。でしゃばりすぎたところがある。　過猶不及　「不及」は、中庸にいたらない。足りない点がある。つまりこの一句の意は、「過ぎたのも、足りないのも、ともに中庸ではないのであって同じようなものである」の意。老人的な思想だといわれている。

通釈　弟子の子貢が（孔子に）尋ねた。「子張と子夏とはどちらがすぐれた人物ですか」と。すると孔先生が言うことに、「子張は積極的な人物だから何事にもやり過ぎがあるし、子夏は慎重すぎて何事にも十分ではない」と。子貢はそこでまたお尋ねして言うことに、「そういうわけでは子張の方がまさっているのですか」と。すると孔先生が言うことに、「度を過ぎたということは、やり足らないのと同じで、やはりよろしくない」と。

【参　考】　有名な「過猶レ不レ及」の出典である。『中庸』に「知者は之《これ》に過ぎ、愚者は及ばず」とか、「賢者は之に過ぎ、不肖者は及ばず」などとあり、また孔子は「中庸の徳たるや、それ至れるか。民鮮《すくな》きこと久し」（雍也）といい、「過」「不及」は、中庸を外れている点で同等であり、よくないとする。孔子の理想は中庸にあったのである。だからこそ才高き子張に対しては抑えるようにし、消極的な子夏に対しては引きあげようとつねづね孔子は心配していたようである。

顔淵第十二

顔淵問レ仁。子曰、克レ己復レ礼為レ仁。一日克レ己復レ礼、天下帰レ仁焉。為レ仁由レ己。而由レ人乎哉。顔淵曰、請二問其目一。子曰、非礼勿レ視、非礼勿レ聴、非礼勿レ言、非礼勿レ動。顔淵曰、回雖二不敏一、請事二斯語一矣。

【読み方】

顔淵《がんえん》仁《じん》を問《と》ふ。子曰《しいは》く、己《おのれ》に克《か》ちて礼《れい》を復《ふ》むを仁《じん》と為《な》す。一日《いちじつ》己《おのれ》に克《か》ちて礼《れい》を復《ふ》めば、天下《てんか》仁《じん》に帰《き》す。仁《じん》を為《な》すは己《おのれ》に由《よ》る。人《ひと》に由《よ》らんやと。顔淵曰《がんえんいは》く、其《そ》の目《もく》を請《こ》ひ問《と》ふと。子曰《しいは》く、非礼《ひれい》視《み》ること勿《なか》れ、非礼《ひれい》聴《き》くこと勿《なか》れ、非礼言《ひれいい》ふこと勿《なか》れ、非礼動《ひれいうご》くこと勿《なか》れと。顔淵曰《がんえんいは》く、回《くわい》、不敏《ふびん》と雖《いへど》も、請《こ》ふ斯《こ》の語《ご》を事《こと》とせんと。

語釈・語法

顔淵　前五一三年—前四八二年。顔回のこと。孔子の弟子の中で、最もすぐれており、徳行第一の人にあげられている。「淵」は、その字《あざな》。魯《ろ》（山東省）の人。三十二歳で、孔子より先に死んだ。亜聖（聖人につぐ人の意）と称せられる。孔門十哲のひとり。「孔子弟子一覧」参照。　**仁**　社会集団において自然に生ずる心の働きで、親しみ愛《いつく》しむところの徳である。孔子は、この仁をもって諸徳の根元と考え、この仁を自分の心にしっかりと自覚して、この働きを失わないことを学問修養の極地であるとした。　**子**　男子の美称。ここでは学徳すぐれた男子の尊称で、孔子をいう。古代では「師」を称して「子」といった。　**曰**　「いはく」と読み、「言うことに・言うことには」などと訳す。「いはく」の「く」は、四段の動詞「いふ」の未然形「いは」ついた接尾語で、その動詞を名詞化する働きを表わす。漢文訓読のさいは、「曰く……と」と結ぶのが慣例である。これに類するものに「……らく」がある。　**克己**　朱子は、私欲にうちかつこと。「克」は、勝つ。馬融は「克は身を約す。」とし、自分をひきしめ慎しむと解している。「己」は、私欲。私邪。　**復礼**　礼をふみ行なうこと。礼を離れがちな自分を責めて、つねに礼にかえらしめる意。「復」は、履と同じ。徂徠は「践」と釈し、東涯は「復は、反覆実践」の意とし、「礼を復す」と読んでいる。『左伝』の昭公十二年に「仲尼曰く、古に志有り、『己に克ちて礼に復るは仁なり。』と」とみえるから、この言葉はおそらく古諺であったのだろう。　**天下**　天下の人びと。　**帰仁焉**　その人の仁の徳に帰服する。「帰」は、帰服の意。「焉」は、強調断定を表わす終尾辞。　**為仁由己**　仁を行なうということは、自分自身の考えによる。　**而由人乎哉**　他人の力でできるはずがあろうか、できるはずがない「而（豈）……哉」は、反語の句法。　**請問**　どうか、お尋ねしたい。　**目**　条目。条項。眼目。克己の条目。　**勿**　「なかれ」と読み、禁止を表わす。　**非礼勿視**　これ以下の四句を類句法という。　**動**　行動する。　**不敏**　すぐれた人間ではない。自分を謙遜していう。　**雖**　「たとい……とも」「たとい……でも」。ここでは「……であるが」「……というけれども」の意。仮定条件や確定条件を表わす場合があるので十分注意する要がある。ただし、ここでは「雖不敏……斯語矣。」まで慣用句的表現で、「本当に至らない者ですが、孔先生のお言葉を一生懸命守りたいです。」の意。　**請**　「どうぞ……させて下さい」の意。ここでは「……したい」の意。願望を表わす。　**事**　仕事とする。つとめ行なう。　**斯語**　「克己復礼」の四字をさしている。　**矣**　きっぱりとものごとを言い切る語気を表わす終尾辞。

通釈

弟子の顔淵が（孔先生に）仁について質問した。すると孔先生が言うことに「自分自身の私慾にうち勝って、礼の道を立派にふみ行なうこと、これこそ仁である。もし（人君が）一日でも自分の私慾にうち勝って礼を十分行なったとしたら、天下の人民たちはこぞってその仁の徳に帰服するだろう。その仁を実現するということはあくまで自分自身の力によるのであって、他人さまの力によるものでは決してない」と。顔淵が言うことに「それでは、その克己復礼の眼目について是非おうかがいしたいものです」と。孔先生が言うことに「まず礼にはずれたものは見てはいけないし、礼にはずれたことに耳傾けてもいけないし、礼にはずれたことは口に出してもいけない、しかも礼にはずれたことは決して行なうな」と。顔淵が言うことに「私なぞは生来愚か者ですが、この先生のお言葉を常に実現しようと勉め励みたいものです」と。

【参　考】

孔子の道は帰するところ、仁である。この章は孔子教学の眼目たる「仁」について、高弟顔淵が学んだものだから、儒教の本質に触れたものとして重視されている。顔淵の質問に対して、孔子は仁を「克己復礼」と定義しているが、これが仁道の根本であろう。「礼」によって行動することは、個人であっても、その感化は天下にまで及ぶものである。それは私欲を去り、良心の道理を発見し、その道理のあるがままを践み行なって、はじめて仁を実現しうるのである。しかも「為レ仁由レ己」ということばによってわかるように、「仁」は、自分自身の発意、努力によってのみ行なわれることを解さねばならない。

仲弓問レ仁。子曰、出レ門、如レ見二大賓一、使レ民、如レ承二大祭一。己所レ不レ欲、勿レ施二於人一。在レ邦無レ怨、在レ家無レ怨。仲弓曰、雍雖二不敏一、請事二斯語一矣。

【読み方】

仲弓《ちゅうきゅう》仁《じん》を問《と》ふ。子《し》曰《いは》く、門《もん》を出《い》でては、大賓《たいひん》を見《み》るが如《ごと》くし、民《たみ》を使《つか》ふには、大祭《たいさい》を承《う》くるが如《ごと》くす。己《おの》の欲《れほっ》せざる所《ところ》は、人《ひと》に施《ほどこ》すこと勿《なか》れ。邦《くに》に在《あ》りても怨無《うらみな》く、家《いへ》に在《あ》りても怨無《うらみな》しと。仲弓《ちゅうきゅう》曰《いは》く、雍不《ようふ》敏《びん》なりと雖《いへど》も、請《こ》ふ斯《こ》の語《ご》を事《こと》とせんと。

語釈・語法

仲弓　孔子の門人。姓は冉《ぜん》、名は雍《よう》、字《あざな》は仲弓。孔門十哲のひとりで、徳行にすぐれ、孔子より二十九歳年下であった。顔回と並び称され、孔子は彼を評して「雍や南面せしむべし。」といっている。　**子曰**　前章参照。　**出門**　家の門を出て君に仕えたり、世間の人びとと交わったりすること。　**大賓**　公侯貴人といったような賓客をいう。　**如**　日本語のサ変動詞として訓読することに注意する。「あたかも……のようにする」と訳す。「如」は、もと比況を表わす。　**見**　会う。お目にかかる。　**使民**　人民たちを力役に使うこと。上代では租税の代わりに力役を課したのである。　**承大祭**　「承」は、奉仕して祭儀をとり行なう。「大祭」は、天神を祀ったり、祖先を祀ったりする祖廟での祭祀のことで、一番大切な祭祀をいう。　**勿**　「なかれ」と読み、禁止を表わす。　**在邦**　「仕えていたとしても」の意。一説に「諸侯の国に仕えて大夫となること」という。　**無怨**　他人からうらまれることがない。一説に「自分の心にうらんだり、悔んだりすること」という。　**在家**　仕えないで家にいること。一説に「卿大夫の家に仕えて、その家老となること」という。　**雍**　仲弓の名。　**雖不敏、請事斯語矣**　前章参照。

通釈　弟子の仲弓が（孔先生に）仁について質問した。すると孔先生が言うことに、「外に出て人君に仕えたり、世間の人びとと交際したりするときは、あたかも貴い賓客とお会いするように慎み敬わなければならないし、人民を使役するときは、大切なお祭りをとり行なうように慎む。しかも自分でも望まないようなことは、他人にも押しつけないようにしなければならない。（慎しみの気持ちと思いやりの気持ちがあれば）国に仕えてもうらまれることがなく、家にいてもうらまれることがない（これこそ仁を行なう道である）。」と。（孔先生のこのような言葉を聞いて）仲弓が言うことに、「私なぞは生来愚か者ですが、この先生のお言葉を常に実現しようと勉め励みたいものです。」と。

司馬牛問㆓君子㆒。子曰、君子不㆑憂不㆑懼。曰、不㆑憂不㆑懼、斯謂㆓之君子㆒矣乎。子曰、内省不㆑疚、夫何憂何懼。

【読み方】
司馬《しば》牛君子《ぎうくんし》を問《と》ふ、子《し》曰《いは》く、君子《くんし》は憂《うれ》へず懼《おそ》れずと。曰《いは》く、憂《うれ》へず懼《おそ》れず、斯《ここ》に之《これ》を君子《くんし》と謂《い》ふかと。子《し》曰《いは》く、内《うち》に省《かへり》みて疚《やま》しからざれば、夫《れ》れ何《なに》をか憂《うれ》へ何《なに》をか懼《おそ》れんと。

語釈・語法
司馬牛　名は耕、字は子牛。多言、軽卒な人物であったとされている。　君子　『論語』に見える「君子」については、普通「三義」を考えればよかろう。つまり①才徳の高い人。徳行ともにそなわった人。②学問修養に志す人。③在位の君主。人君など。なおこの他に④高い官職にある人。高級官吏。⑤妻が夫をさしていう称などがある。**子** 男子の美称。ここでは学徳すぐれた男子の尊称で孔子をいう。古代では「師」を称して「子」といった。**曰** 「いはく」と読み、「言うことに・言うには」などと訳す。「いはく」の「く」は、四段の動詞「いふ」の未然形「いは」についた接尾語で、その動詞を名詞化する働きを表わす。漢文訓読のさいは「曰く……と」と結ぶのが慣例である。これに類するものに「……らく」がある。**不憂** 心に心配事がない。**不懼** 疑いおそれることがない。驚いてびくびくすることがない。**斯** 「則」に同じ。条件を示すことば。**矣乎** 疑問強調を表わす。**内省** 自分自身で己の心に反省する。**不疚** 心に恥ずるところが何ひとつない。**其** 発語の辞としての働きを示す。いったい（こういうふうであれば）。**何憂何懼** いったい何を心配し、何をびくびく驚くことがあろうよ。反語の句法で、「何……（也・哉・耶）」の終尾辞が省略された形。

通釈

司馬牛が（孔先生に）君子とはどういう人物をいうのかと質問した。すると孔先生が言うことに「君子というものは心に心配事はないし、びくびく恐れることもない」と。そこで司馬牛が言うことに「心に心配したり、物事を恐れびくびくすることがなければ、もうそれで君子といえるものですか」と。孔先生が言うことに、「自分の常日ごろの行ないを十分心に反省して、何ひとつ恥ずることがなかったならば、いったい何を心配し、何をびくびく恐れることがあろうよ。」と。

【参考】

朱子はこの「憂懼」について、司馬牛は、兄の向魋《たい》が乱を起こすので、つねに恐れ心配していたのだという。

孔子は直接司馬牛について訓戒したようであるが、その言うことは、決してその場限りのものではなく、普遍的な真理にもとづいていることがわかろう。『孟子』に「自ら反《かえり》みて縮《なお》くんば、千万人と雖も吾往かん」（公孫丑上）とあるのも、この章と応じている。孟子のいう「大勇」も、自己の心の問題であり、この章にいう「不レ憂不レ懼」の「君子」も、同じく自己の心の問題であることを理解しておきたい。

司馬牛憂曰、人皆有二兄弟一。我独亡。子夏曰、商聞レ之矣。死生有レ命、富貴在レ天。君子敬而無レ失、与レ人恭而有レ礼、四海之内、皆兄弟也。君子何患三乎無二兄弟一也。

【読み方】

司馬牛《しばぎゅう》憂《うれ》へて曰《いは》く、人皆兄弟有《ひとみなけいていあ》り。我独《われひと》り亡《な》しと。子夏曰《しかいは》く、商之《しょうこれ》を聞《き》けり。死生命有《しせいめいあ》り、富貴天《ふうきてん》に在《あ》りと。君子《くんし》敬《けい》して失《うしな》ふこと無《な》く、人《ひと》と恭《うやうや》しくして礼有《れいあ》らば、四海《しかい》の内《うち》、皆兄弟《みなけいてい》なり。君子何《くんしなん》ぞ兄弟無《けいていな》きを患《うれ》へんやと。

語釈・語法

司馬牛　前章参照。　**曰**　前章参照。　**有**　「持つ」の意。　**独**　限定を表わすことば。　**亡**　「無」に同じ。
子夏　孔子の門人。卜商《ぼくしょう》のこと。孔子より四十四歳の年少者。孔子の詩学を伝えた人。自己の主張を通す強さをもっていたという。　**聞之**　こういうことを聞いたことがある。「之」は指示詞で、下の二句をさしている。
矣　過去を表わす助辞として使われている。　**死生有命、富貴在天**　人の死や生というものは、この世に生を享けた時から天命として定められているものであり、人間の力ではどうすることもできないものだし、富貴というものも、めぐり合わせによってそうなるもので、これまた自分ではどうすることもできないものである。**君子** 前章参照。 **敬** つつしむこと。うやまいつつしむこと。 **而** ここでは添加の意を含む接続詞。次に「而」についての二、三の用法を述べておく。①順接を表わす場合、「しこうして・しかして・して・て」などと読まれる。②逆接を表わす場合、「しかれども・しかも・しかるに・しかし」などと読まれる。③形容詞と動詞とを並べるさいに用いる場合、「て・して・にして」などと読まれる。④代名詞として使われる時もある。このときは「汝・女（なんじ）」と読まれる。なお「活用語（日本語の用言）＋而＋活用語……」のような関係にあった場合は、活用語に「あたる語に「にして・として・して・て」などと送りがなを施して「而」はその場で読まないことが多い。しかも「活用語＋而＋否定のことば……」というような関係にあった場合の「而」は、逆接を表わすことが多い。 **無失** 敬を失い、過失をおかすというようなことがない。下文の「有礼」の対である。**与人** 他人と交際するのに。「与」は、ここでは「と」読む。「与」字の用法は多様である。次に二、三の用法について述べておこう。①「Aゝ与《と》レB」の場合は従属を表わし、この用法のときは「A」にあたることばがしばしば省略される。つまり、主語の省略である。ここの場合がその用法で、主語「君子」が省略されているのである。②「Aト与《と》レB」の場合は、並列を表わし、この用法のときは前者と違って「A」が省略されることは絶対にない。③「与二其A一、寧B（其のAなる与《よ》りは、寧《むし》ろBなれ）」の場合で、「そのAであるよりは、いっそのことBの方がよい。」と訳し、「与」字は比較を表わす助辞として働いている。この場合は原則として「与」字と「A」との中間に「其」字が置かれることに注意してほしい。④文末に置かれて、疑問や詠嘆を表わす終尾辞としても用いられる。⑤さらに「与」字が副詞的用法として用いられる場合がある、このときは返り点がつかない。 **有礼** 儀礼を失わない。 **四海之内** 四方の海の中。天下・世界の意。 **何患三乎無二兄弟一也** 「いったいどうして兄弟の無いことを心配し、気にかける必要がありましょうか（ない）」の意。「何……A也。」は「いったいどうしてAしようか（しない）」の意で、「何ぞAせんや。」と読む。反語の句法。「患」は、気にする。心配すること。

通釈

司馬牛が心から心配して言うことに、「世間の人びとは皆兄弟がいるけれども、私だけは兄弟がいない」と。すると子夏が言うことに、「私は前に次のようなことを聞いたことがある。この世の死や生というものは、生を享けた時から天命として決定されており、また富や貴というものも天命によるものであって、われわれ人間の力ではどうすることもできないものだということを。（したがって、あなたに兄弟のいないこともその天命によるものだろう）しかし学問修養に志す者が、事を慎しんで過失をおかすことなく、世間の人と交際するさい、ていねいに礼を守るならば、世の人びとはだれもかれも兄弟と同じようです。世の君子たる者は、いったどうして兄弟のないことなど心配し気にかけることがありましょうか。（決して気にすることはありません）」と。

子貢問㆑政。子曰、足㆑食、足㆑兵、民信㆑之矣。子貢曰、必不㆑得㆑已而去、於㆓斯三者㆒何先。曰、去㆑兵。子貢曰、必不㆑得㆑已而去、於㆓斯二者㆒何先。曰、去㆑食。自㆑古皆有㆑死。民無㆑信不㆑立。

【読み方】

子貢《しこう》政《まつりごと》を問《と》ふ。子曰《しいは》く、食《しょく》を足《た》し、兵《へい》を足《た》し、民之《たみこれ》を信《しん》ずと。子貢曰《しこういは》く、必《かなな》ず已《や》むを得《え》ずして去《さ》らば、斯《こ》の三者《さんしゃ》に於《おい》て何《なに》をか先《さき》にせんと。曰《いは》く、兵《へい》を去《さ》らんと。子貢曰《しこういは》く、必《かなら》ず已《や》むを得《え》ずして去《さ》らば、斯《こ》の二者《しゃ》に於《おい》て何《なに》をか先《さき》にせんと。曰《いは》く、食《しょく》を去《さ》らん。古《いにしえ》自《よ》り皆死《みなし》有《あ》り。民信《たみしん》無《な》くんば立《た》たずと。

語釈・語法

子貢　孔子の門人。姓は端木、名は賜《し》、子貢はその字《あざな》（中国で元服のときに、本名以外につける名前をいう）。孔子より三十一歳の年少者。弁説がうまく、才子はだの人だったので、魯《ろ》や衛《えい》に仕えてしばしば外交談判に成功した。また理財の方面に長じ、金持ちであったという。孔門十哲のひとり。「孔子弟子一覧」参照。　**政**　「まつりごと」と読む。政治のこと。古代では祭祀が政治に直結していた。祭政一致。　**子**　男子の美称。ここでは学徳すぐれた男子の尊称で、孔子をいう。古代では「師」を称して「子」といった。　**曰**　「いはく」と読み、「言うことに・言うには」などと訳す。「いはく」の「く」は四段の動詞「いふ」の未然形「いは」についた接尾語で、その動詞を名詞化する働きを表わす。漢文訓読のさいは「曰く……と」と結ぶのが慣例である。これに類するものに「……らく」がある。　**足**　十分に備える。満足させる。　**民信之矣**　訓読に二説あり。①民之を信にす。」②「民之を信ず。」①に従えば「之（指示詞）」は「民」を受けて、「民に信義あらしめる」の意。②に従えば、「之」は、上の為政者を受けて「人民が為政者を信用する」の意。いま後者に従っておく。「矣」は、きっぱりと言い切る語気を表わす終尾辞。　**已**　「止」に同じ。　**去**　すててかえりみない。取り去る。　**何先**　疑問の句法。疑問代名詞が補語であるときは、原則として動詞の前にある。　**自古**　昔から。「自」に返り点がついた場合は「……より」と読み、日本語の格助詞「……より」「……から」に相当する。　**民無信不立**　人民が為政者を信頼していなければ、一国は立って行けない。「無レA、不レB（AしなければBしない）」で、否定のことばが、ここの場合のように重なって用いられている時は、上句を条件法で訓読する。

通釈

子貢が（孔先生に）政治のあり方について質問した。すると孔先生が言うことに、「食糧を十分にみたし、軍備を十分に充実し、しかも人民たちは為政者を信頼するということである」と。子貢が言うことに、「もしやむを得ない場合が起って、どうしても棄てなければならないとしたら、いまおっしゃられた三つの中のどれを先ず棄てたらよいでしょうか」と。孔先生が言うことに、「そうした場合には、先ず軍備を棄てよ」と。子貢が言うことに、「もしやむを得ない場合が起って、どうしても棄てなければならないとしたら、残りの二つの中、どれを先に棄てたものでしょうか」と。孔先生が言うことに、「先ず食糧を棄てよ。死というものは昔からどんな人間にだってあった。しかし、もし人民が時の為政者に対して信頼を寄せなくなれば、社会秩序はみだれ、国家の安全樹立はありえないものである」と。

【参　考】

国家の独立保全を、食・兵・信におき、とくに人民の為政者に対する信頼を根本としていることをまず解したい。民生安定に兵をすて去ることはうなずけるが、食をすて去ることには問題が残ろう。しかし、信こそ民生安定の基であり、国家社会の秩序の基であることを忘れてはなるまい。孔子は「千乗の国を道《おさ》むるには、事を敬して信あり。用を節して人を愛し、民を使ふに時を以てす」（学而）といい、しばしばこの「信」を強調し、根本の施策としている。だが、これは為政に関してだけいえるものではない。人間生活すべてに通ずる普遍性をもったもので、孔子の教えの根拠をなすものであった。よく玩味すべきことばといわねばなるまい。

棘子成曰、君子質而已矣。何以レ文為。子貢曰、惜乎、夫子之説二君子一也、駟不レ及レ舌。文猶レ質也。質猶レ文也。虎豹之鞟、猶二犬羊之鞟一。

【読み方】

棘子成《きよくしせい》曰《いは》く、君子《くんし》は質《しつ》のみ。何《なん》ぞ文《ぶん》を以《もつ》て為《な》さんと。子貢《しこう》曰《いは》く、惜《を》しいかな、夫子《ふうし》の君子《くんし》を説《と》けるや、駟《し》も舌《した》に及《およ》ばず。文《ぶん》は猶《な》ほ質《しつ》のごときなり。質《しつ》は猶《な》ほ文《ぶん》のごときなり。虎豹《こへう》の鞟《かは》は、猶《な》ほ犬羊《けんよう》の鞟《かは》のごときなりと。

語釈・語法

棘子成　春秋時代の衛《えい》の大夫《たいふ》といわれているが、確かでない。孔子と同時代の人か、あるいは多少後輩であろう。　**曰**　前章参照。　**君子**　『論語』に見える「君子」については普通「三義」を考えればよいだろう。つまり、①才徳の高い人。徳行ともにそなわった人。②学問修養に志す人。③在位の君主。人君など。なお、この他に④高い官職にある人。高級官吏。⑤妻が夫をさしていう称などがある。　**質**　かざりがなく、ありのままなこと。実質。本質。　**而已矣**　「のみ」と読み、「……だけである」の意。限定を表わすことば。　**何以文為**　いったいどうして文が必要だろうか（必要じゃない）。「何ぞ……せん」の形で、反語を表わす。「以」は、「用」と同じ。「為」は、ここでは助辞的な働きを示す。「文」は、「質」の対語で、かざり・形式などの意。学問や礼で容貌や動作をかざること。　**子貢**　孔子の門人。前章参照。　**惜乎、夫子之説君子也**　倒装法。「夫子之説君子也、惜乎。」を強調した文章。「夫子」は、ここでは「大夫」のことで、「棘子成」をいう。『論語』では「先生」のことを「夫子」といい、「孔子」をいう場合もあるから注意してほしい。　**駟不及舌**　四頭立ての馬車で追いかけても、一たび舌の先からでたことばには追いつくことができない。失言とか過言といったものは、取り返しがつかないということ。恐らくは当時の諺であったのだろう。　**猶**　「なほ……ごとし」と読む。再読文字。「ちょうど……と同じである」。「ちょうど……のようである」の意。　**鞟**　毛を取り去ったつくり皮。なめし皮。

通釈

棘子成が言うことに「君子というものは、実質だけでよい。いったいどうしてかざりなど必要でありましょうや」と。すると子貢が言うことに、「なんと惜しいんだろう、失言ですね、あなたの君子に関する質問は、四頭立ての馬車で追いかけても、一度口からでたことばには追いつけない。文は質のようなものであり、質は文のようなもので、表裏一体をなすものである。虎や豹のなめし皮も、犬や羊のなめし皮のようなもので、見分けがつかなくなる。(これと同じようで、君子と小人の区別もできないでしょう)」と。

季康子問ニ政於孔子一曰、如殺ニ無道一、以就ニ有道一何如。孔子対曰、子為レ政、焉用レ殺。子欲レ善而民善矣。君子之徳風。小人之徳草。草上ニ之風一必偃。

【読み方】

季康子《きかうし》政《まつりごと》を孔子《こうし》に問《と》ひて曰《いは》く、如《も》し無道《むだう》を殺《ころ》して、以《もつ》て有道《いうだう》に就《つ》かば何如《いかん》と。孔子《こうし》対《こた》へて曰《いは》く、子政《しまつりごと》を為《な》すに、焉《いづくん》ぞ殺《さつ》を用《もち》ひん。子《し》善《ぜん》を欲《ほつ》すれば民善《たみぜん》なり。君子《くんし》の徳《とく》は風《かぜ》なり。小人《せうじん》の徳《とく》は草《くさ》なり。草之《くさこれ》に風《かぜ》を上《くは》ふれば、必《かなら》ず偃《ふ》すと。

語釈・語法

季康子　春秋時代の魯《ろ》の大夫《たいふ》。季孫氏の第七代目。名は肥、康は諡《おくりな》。孔子と同時代の人。魯で当時もっとも権力のあった人である。**政**　「まつりごと」と読む。政治のこと。古代では祭祀が政治に直結していた。祭政一致。　**問政於孔子**　「動詞二＋Aヲ＋助辞(於)＋Bニ一（AをBに……する）」の基本形。「於」は、「に」「を」「より」の意を表わす助辞。訓読のさいは、その場で読まないで、下の語に「ニ」「ヲ」「ヨリ」などと送りがなを施して返って読む。ここでは「ニ」と送り、起点を表わす助辞。なお「ヨリ」と読んだ場合、「於」の上に形容詞が置かれたときは、この「於」は比較を表わすことに注意してほしい。　**曰**　「いはく」と読み、「言うことには・言うには」などと訳す。「いはく」の「く」は四段の動詞「いふ」の未然形「いは」についた接尾語で、その動詞を名詞化する働きを表わす。漢文訓読のさいは「曰く……と」と結ぶのが慣例である。これに類するものに「……らく」がある。　**如**　「もし」と読み、仮定を表わすことばである。「如……A、……B（如しAして、Bしたならば）」と訳す。　**無道**　道にはずれた者。人としての道を踏み行なわない者。悪人。　**以**　「而」に近い。そして。　**就**　つき親しむ。一説に「なす」と訳読する。　**有道**　道にかなった者。人としての道を守り、立派な行ないをするような者。善人。上文の「無道」の対語。　**何如**　「どうであるか」「どんなであるか」などと事の内容、状態などを問う場合に用いる。「何若」も同じ。「いかん」と読むことばにもう一つ「如何」がある。これが補語をとるときは「如二A何一（Aが補語）」のように、補語を「如何」の中間に置くことに注意してほしい。「如何」は「奈何」と同じく、「どうしよう」「なんとせん」などと事の処置、手段を問う場合に用いる。　**対**　おこたえする。目下の者が、目上の者にこたえるとき「対」を用いる。また、人の質問に対してこたえるときに用いる。ここでは、季康子の質問に対して、孔子がこたえたのである。　**子**　ここでは「あなた」の意。　**焉用殺**　いったいどうして殺すというようなことを必要としようか（必要としない）。「焉……」は「いづくんぞ……せんや」で、反語の句法。　**欲**　「……しようとする」の意。　**而**　ここでは「A而B（AであればB、Bである）」の用法で、「則」と同じ。仮定を表わす。　**矣**　物ごとをきっぱりと言い切る語気を表わす終尾辞。　**君子**　前章参照。ここでは、在位の君主。為政者をいう。　**小人**　ここでは人民をいう。上文の「君子」の対。　**草上之風**　草に風を吹き込ませる。草に風が吹きつける。「上」は、「加」に同じ。「之」は、指示詞で、草をさす。　**偃**　伏す。なびき伏すこと。

通釈

季康子が政治のあり方について孔先生に尋ねて言うことに、「もし道にはずれた悪人を殺し、道にかなった善人につき親しむというようにしたならば、いかがなものでしょうか」と。すると孔先生がお答えになって言うことに「あなた自身が政治をするのに、いったいどうして人を殺すというようなことを必要と致しましょうか（そんな必要はありますまい）。あなた自身が善をしようとお望みになっているなら、人民たちも善くなるにちがいありません。たとえていいますと、上に立つ為政者の徳というものは、ちょうど風のようなもので、人民たちの徳は草のようなもの、草に風が吹きつけると、必ずなびき伏すものでございます」と。

樊遅問ㇾ仁。子曰、愛ㇾ人。問ㇾ知。子曰、知ㇾ人。樊遅未ㇾ達。子曰。挙ㇾ直錯二諸枉一、能使二枉者直一。樊遅退。見二子夏一曰、郷也吾見二於夫子一而問ㇾ知。子曰、挙ㇾ直錯二諸枉一、能使二枉者直一。何謂也。子夏曰、富哉言乎。舜有二天下一、選二於衆一、挙二皐陶一、不仁者遠矣。湯有二天下一、選二於衆一、挙二伊尹一、不仁者遠矣。

【読み方】

樊遅《はんち》仁《じん》を問《と》ふ。子《し》曰《いは》く、人《ひと》を愛《あい》すと。知《ち》を問《と》ふ。子《し》曰《いは》く、人《ひと》を知《し》ると。樊遅《はんち》未《いま》だ達《たつ》せず。子《し》曰《いは》く、直《なほ》きを挙《あ》げて諸《これ》を枉《まが》れるに錯《お》けば、能《よ》く枉《まが》れる者《もの》をして直《なほ》からしむと。樊遅《はんち》退《しりぞ》く。子夏《しか》を見《み》て曰《いは》く、郷《さき》に吾《われ》夫子《ふうし》に見《まみ》えて知《ち》を問《と》へり。子曰《しいは》く、直《なほ》きを挙《あ》げて諸《これ》を枉《まが》れるに錯《お》けば、能《よ》く枉《まが》れる者《もの》をして直《なほ》からしむと。何《なん》の謂《いひ》ぞやと。子夏曰《しかいは》く、富《と》めるかな言《げん》や。舜天下《しゅんてんか》を有《たも》ちて、衆《しゅう》に選《えら》びて、皐陶《かうえう》を挙《あ》げ、不仁者《ふじんしゃ》遠《とほ》ざかれり。湯天下《たうてんか》を有《たも》ちて、衆《しゅう》に選《えら》びて、伊尹《いゐん》を挙《あ》げ、不仁者《ふじんしゃ》遠《とほ》ざかれりと。

語釈・語法

樊遅　孔子の門人。魯《ろ》の人（一説に斉《せい》の人）。名は須、字《あざな》は子遅。孔子より三十六歳（一説に四十六歳）の年少者という。**仁**　社会集団において自然に生ずる心の働きで、親しみ愛《いつく》しむところの徳である。孔子は、この仁をもって諸徳の根元と考え、この仁を自分の心にしっかりと自覚して、この働きを失わないことを学問修養の極地であるとした。**子**　男子の美称。ここでは学徳すぐれた男子の尊称で、孔子をいう。古代では「師」を称して「子」といった。**曰**　「いはく」と読み、「言うことに・言うには」などと訳す。「いはく」の「く」は四段の動詞「いふ」の未然形「いは」についた接尾語で、その動詞を名詞化する働きを表わす。漢文訓読のさいは「曰く……と」と結ぶのが慣例であり、これに類するものに「……らく」がある。**愛人**　仁の第一義的なものが「愛」である。**未**　「いまだ……ず」と返って読む。再読文字。まだそうならないという未定の意を表わす助辞。**達**　わかる。通ずる。**挙**　あげ用いる。**直**　ここでは正直な君子をいう。**錯**　置く。**諸**　「これ（を）」と読み、指示詞である。「之於」の合字である。**枉**　曲がったもの。邪悪なもの。**能**　「十分……できる」の意。可能を表わす。**使枉者直**　使役の句法。「使《ム》ニA《ヲシテ》……B《セ》一」（AをしてBせしむ）」の形。「AにBさせる」と訳す。**子夏**　孔子の門人、卜商《ぼくしょう》の字《あざな》。孔子より四十四歳の年少者。孔子の詩学を伝えた。自分の主張を通す強さを持っていたという。孔門十哲のひとり。「孔子弟子一覧」参照。**郷也**　「さきに」と読む。「郷」は「嚮」に同じ。「也」は時を表わす助辞。**見於夫子**　孔先生にはお目通りして。「見」はここでは「まみゆ」

と読み、尊敬を表わす。「於」は前章参照。　**夫子**　先生。ここでは孔子をいう。　**而**　ここでは順接を表わす助辞。　**何謂也**　「なんのいひぞや」と読み、「どういう意味か」の意。疑問の句法。　**富哉言乎**　「言乎富哉」の倒装法。なんとすばらしいんだろう、孔先生のおことばは。「乎」「哉」ともに感嘆を表わすことば。　**舜**　中国古代の聖天子として仰がれている。　**有天下**　中国全土を領有して治める。　**挙皐陶**　皐陶を登用した。「皐陶」は、有虞氏。字《あざな》を堅庭といった。舜帝に仕えて士師（今の法務大臣のような役）となり刑法を明かにし、裁判を正した。　**湯**　殷《いん》の始祖。名は履。舜帝に仕えた契《せつ》の子孫だという。夏の桀王を鳴条に破り、帝位について仁政を施した。　**伊尹**　中国古代の賢人。殷の湯王に用いられて阿衡《あこう》（今の総理大臣のような役）となり、湯王を輔けて善政を施した。　**矣**　終尾辞。ここでは完了の意を含んでいる。

通釈

樊遅が仁について（孔先生）に尋ねた。すると孔先生が言うことに、「人を愛することが仁である」と。さらに知というものについて質問した。孔先生が言うことに「人を知ることこそ知である」。しかし樊遅はまだ孔先生の言われた意味がはっきりと理解できなかった。それで孔先生が言うことに「正しいものを登用して、これを邪悪な人たちの上に置くというと、邪悪な人たちを正しくさせることができるものである」と。樊遅は退出した。その後、子夏に会っていうことに、「先ほど私は孔先生にお目通りして知ということについてお尋ねした。すると孔先生が言うことに、「正しい人を登用し、これを邪悪な人たちの上に置くというと、邪悪な人たちを正しくさせることができるものである」と。これは「どういう意味なのでしょうか」と。子夏が言うことに、「なんとすばらしいんだろう、孔先生のおことばは。舜帝が天下を治めていたとき、民衆の中から選んで皐陶を登用したので、（世の邪悪な人たちも皐陶に感化されて仁者となり）不仁者というものはいなくなった。殷の湯王が天下を治めていたときも、民衆の中から選んで伊尹を登用したので、不仁者は全くいなくなった」と。

【参　考】

『中庸』では知・仁・勇を三達徳としている。孔子は仁と知とを併称することが多い。ところがその仁、知を説くにあたって、仁とか知とは何かという論法をとらないで、われわれ人間がいかに生き、いかに努力すれば、知者や仁者になれるかと説いていく。ここに孔子の実践学としての教学なるものをみなければならない。宋の尹焞は、この章を真に学問する道を説いたものとみている。孔子は樊遅の質問に言葉を尽くして説いたけれども、樊遅はまだ解しえなかった。再び質問したが、やはり分らなかったので、子夏に尋ねた。そこではじめて孔子の説かれる真意を解することができた。この止まざる求道の姿をとらえて、尹焞はそう解したのであろう。

子貢問㆑友。子曰、忠告而善㆓道之㆒、不可則止。毋㆓自辱㆒焉。

【読み方】

子《し》貢友《こういう》を問《と》ふ。子《し》曰《いは》く、忠告《ちゅうこく》して之《これ》を善道《ぜんどう》し、不可《ふか》なれば則《すなは》ち止《や》む。自《みずか》ら辱《はずかし》めらるる毋《なか》れと。

語釈・語法

子貢　孔子の門人。姓は端木、名は賜《し》。子貢はその字《あざな》（中国で元服のときに、本名以外につける名前をいう）。孔子より三十一歳の年少者。弁説がうまく、才子はだの人だったので、魯《ろ》や衛《えい》に仕えてしばしば外交談判に成功した。また理財の面に長じ、金持ちであったという。孔門十哲のひとり。「孔子弟子一覧」参照。　**友**　ここでは、朋友交際の道をいう。　**子曰**　前章参照。　**忠告**　まごころを尽して告げる。「忠」は、音を表わす「中」と

「心」とよりなる形声文字。音「ちゅう」は、充からきており、心をこめてすることをいう。**而**　ここでは順接を表わす助辞。**善道**　うまく親切に導いてやる。「善」は、うまく、親切にの意。「道」は、「導」に同じ。
不可　忠告して聞き入れてくれない。「可」は、承知する、承諾するの意。**則**　前後の節の中間にあって、「……らばすなはち」、「……ればすなはち」など、仮定や条件と帰結との密接な関連を表わす助辞。ここでは仮定を表わす。なお、「はすなはち」と読み、「A則B、C則D（AすなわちB、CすなわちD）」のように、二つの事を対比して「AはBであり、CはDである」の意を表わすこともある。**自**　「みずから」と読む。自分自身の意。**毋**　否定のことば。ここでは禁止を表わす。**焉**　語調を整える終尾辞。

通釈

子貢が朋友交際の道について（孔先生に）お尋ねした。すると孔先生が言うことに、「（自分の友人に悪い点があれば）真心を尽くして告げ、親切に導いてやる。もし聞き入れられなかった時には、忠告をやめる。そして自分から恥をかかないようにすることである」と。

子路第十三

子路曰、衛君待レ子而為レ政、子将二奚先一。子曰、必也正レ名乎。子路曰、有レ是哉、子之迂也、奚其正。子曰、野哉由也。君子於二其所レ不レ知、蓋闕如也。名不レ正、則言不レ順。言不レ順、則事不レ成。事不レ成、則礼楽不レ興。礼楽不レ興、則刑罰不レ中。刑罰不レ中、則民無レ所レ措二手足一。故君子名レ之、必可レ言也。言レ之必可レ行也。君子於二其言一、無レ所レ苟而已矣。

【読み方】

子路《しろ》曰《いは》く、衛君子《えいくんし》を待《ま》ちて政《まつりごと》を為《な》さば、子《し》将《まさ》に奚《なに》をか先《さき》にせんとすると。子《し》曰《いは》く、必《かなら》ずや名《な》を正《ただ》さんかと。子路《しろ》曰《いは》く、是《こ》れ有《あ》るかな、子《し》の迂《う》なるや、奚《なん》ぞ其《そ》れ正《ただ》さんと。子《し》曰《いは》く、野《や》なるかな由《いう》や。君子《くんし》は其《そ》の知《し》らざる所《ところ》に於《おい》て、蓋《けだ》し闕如《けつじょ》す。名《な》正《ただ》しからざれば、則《すなは》ち言順《げんじゅん》ならず。言順《げんじゅん》ならざれば、則《すなは》ち事成《ことな》らず。事成《ことな》らざれば、則《すなは》ち礼楽興《れいがくおこ》らず。礼楽興《れいがくおこ》らざれば、則《すなは》ち刑罰中《けいばつあた》らず。刑罰中《けいばつあた》らざれば、則《すなは》ち民手足《たみしゅそく》を措《お》く所無《ところな》し。故《ゆゑ》に君子《くんし》之《これ》を名《な》づくれば、必《かなら》ず言《い》ふべきなり。之《これ》を言《い》へば必《かなら》ず行《おこ》ふべ きなり。君子《くんし》其《そ》の言《げん》に於《おい》て、苟《いやしく》もする所無《ところな》きのみと。

語釈・語法

子路　孔子の門人。姓は仲、名は由、字《あざな》は子路。魯《ろ》（山東省）の人で、孔子より九歳の年少者。勇を好み、信義を重んじた。魯《ろ》や衛《えい》に仕えて、哀公の十五年に六十四歳で他郷に非業の死を遂げた。孔門十哲のひとり。「孔子弟子一覧」参照。　**曰**　「いはく」と読み、「言うことに・言うには」などと訳す。「いはく」の「く」は四段の動詞「いふ」の未然形「いは」についた接尾語で、その動詞を名詞化する働きを表わす。漢文訓読のさいは「曰く……と」と結ぶのが慣例であり、これに類するものに「……らく」がある。　**衛君**　出公輒《しゅっこうちょう》のこと。霊公の太子蒯聵《くわいかい》の子。哀公の十年、孔子は楚の国から衛に行った。その時弟子の子路が衛に仕えており、衛国の父子が相争って政治がうまく行なわれない様子を見、このような質問をしたのであろう。　**子**　男子の美称。ここでは学徳すぐれた男子の尊称で、孔子をいう。古代では「師」を称して「子」といった。　**而**　ここでは順接を表わす。　**政**　「まつりごと」と読む。政治のこと。古代では祭祀が政治に直結していた。祭政一致。　**将**　「まさに……(せんと)す」と返って読む。再読文字。これから事をしようとする。いまにも……しそうだという認定を表わす。　**奚**　「いづれをか」「なんぞ」「なにをか」などと読んで、疑問や反語を表わす。ここでは疑問。「将奚先」は、何を先にするつもりですかの意。　**必也……乎**　「きっと……だろうね」と訳す。婉曲な表現法。「必也……」は、きっとそれを除けばなすべきことがない意を表わす。「乎」は、念をおす気持ちを表わす終尾辞。　**正名**　名分を正す。「名分」とは、「親は親、子は子」といったような身分関係。つまり、人倫の関係を正しくすること。　**有是哉子迂也**　なるほどこれだったのだなあ、孔先生が世情にうとくいらっしゃるのは。「子之迂也、有是哉」とあるべきところ。例装法。「哉」は、嘆辞。「也」は、語調を整える助辞。「迂」は、まわりどおい、適切でない、実際的でない、まがる、さける、などの意。　**奚其正**　反語の句法。いったいどうして正す必要があろうか(そういう必要はない)。「其」は、語調を強める働きを示す。　**野哉由也**　「由也野哉」とあるべきところ。倒装法。「やぼだなあ、由という人間は」の意。「野」は、鄙俗なこと。やぼなこと。　**君子**　『論語』に見える「君子」については、普通「三義」を考えればよいだろう。つまり、①才徳の高い人。学問徳行ともにそなわった人。②学問修養に志す人。③在位の君子。人君など。なお、この他に④高い官職にある人。高級官吏。⑤妻が夫をさしていう称などがある。**蓋**「けだし」と読む。思うに。考えてみると。**闕如**　欠けている。だまっているの意。「闕」は、欠に同じ。「如」は、そういう状態であることを示すことば。「突如」の「如」も同じ。**則**　前後の節の中間にあって、「……らばすなはち」「……ればすなはち」など、仮定や条件と帰結との密接な関連を表わす助辞。なお、「……はすなはち」と読み、「A則B、C則D（AはすなわちB、CはすなはちD）」のように、二つの事を対比して「AはBであり、CはDである」の意を表わすこともある。**不順**　順当でない。道理にかなっていない。**礼楽**　礼節と音楽。中国古代では、礼は、世の中の秩序を定め、楽は、人の心を和らげるものとして、社会教育、国家統治上とくに重視されていた。『孝経』などにも「風を移し、俗を易ふるは、楽より善きは莫く、上を安んじ、民を治むるは、礼より善きは莫し」とある。**中**　矢があたること。さらに、広く的中する意。また、あてられる意に用いる。**措手足**　手足をゆっくりと投げだして休む。安心して休む。安心して過ごすこと。慣用句。恐らく当時の諺であったのだろう。**苟**　いいかげんにする。かりそめにする。その場限りに間に合わせにする。**而已矣**「のみ」と読み、限定を表わす終尾辞。ここでは断定を表わす。

通釈

子路が言うことに「もし衛の君主が孔先生のおいでを待って政治を行なうということになりましたときには、先生は先ず何から始められますか」と。すると孔先生が言うことに「私はきっと名分を正すということを第一にするだろうね」と。子路が言うことに「これだなあ、孔先生が世の中のことにうといというのは。どうしてそんなものを正す必要がありましょうか（正す必要はあるまい）」と。孔先生が言うことに「なるほど、由という人間は、やぼだなあ。君子というものは自分が知らないことは、まあ黙っているものだ。名分が正しくないと、その言葉が道理からはずれることになり、言葉が道理にかなっていないというと、事の成就はありえない。事が成就しなければ、礼楽も盛んにならない。礼楽が世に行なわれなければ、刑罰も的はずれになる。刑罰が的はずれになれば、人民たちは安心して暮すこともできなくなる。だから君子は（親は親、子は子というように）名分をつけるならば、（その名分の通りに）言うことができる。言うことができれば、きっと実行も可能となる。君子は自分の言葉において（言行一致であるように努力し）決していいかげんに間に合わせのようなことはしない」と。

樊遅請レ学レ稼。子曰、吾不レ如二老農一。請レ学レ為レ圃。曰、吾不レ如二老圃一。樊遅出。子曰、小人哉樊須也。上好レ礼、則民莫二敢不一レ敬。上好レ義、則民莫二敢不一レ服。上好レ信、則民莫二敢不一レ用レ情。夫如レ是、則四方之民、襁二負其子一而至矣。焉用レ稼。

【読み方】

樊遅《はんち》稼《か》を学《まな》ばんと請《こ》ふ。子曰《しいは》く、吾《われ》は老農《らうのう》に如《し》かずと。圃《ほ》を為《つく》るを学《まな》ばんと請《こ》ふ。曰《いは》く、吾《われ》は老圃《らうほ》に如《し》かずと。樊遅《はんち》出《い》づ。子曰《しいは》く、小人《せうじん》なるかな樊須《はんす》や。上《かみ》礼《れい》を好《この》めば、則《すなは》ち民《たみ》敢《あ》へて敬《けい》せざる莫《な》し。上義《かみぎ》を好《この》めば、則《すなは》ち民《たみ》敢《あ》へて服《ふく》せざる莫《な》し。上信《かみしん》を好《この》めば、則《すなは》ち民《たみ》敢《あ》へて情《じやう》を用《もち》ひざる莫《な》し。夫《そ》れ是《かく》の如《ごと》くなれば、則《すなは》ち四方《しはう》の民《たみ》、其《そ》の子《こ》を襁負《さようふ》して至《いた》らん。焉《いづくん》ぞ稼《か》を用《もち》ひんと。

語釈・語法

樊遅　孔子の門人。魯《ろ》の人（一説に斉《せい》の人）。名は須、字《あざな》は子遅。孔子より三十六歳（一説に四十六歳）の年少者という。　**請**　「どうぞ……させてください」の意。　**稼**　五穀をうえること。「五穀」とは、稲・黍《きび》・稷《しょく》（きび）・麦・菽《しゅく》（まめ）をいう。一説に「黍・稷・麻・麦・豆」という。　**子曰**　前章参照。　**不如老農**　年老いた農夫に及ばない。「不ㇾ如(若)ㇾA」は「Aに如かず」と読み、「Aにおよばない」。比較の句法。　**圃**　野菜や果樹をうえる畑。　**老圃**　年老いた畑作り人。　**小人哉樊須也**　なんと小人なんだろう、樊須という人間は。「樊須也小人哉」とあるべきところ。「小人哉」を強調するために、倒装法を用いたのである。「哉」は、嘆辞。「也」は、語調を整える助辞。「小人」は、自分から農耕するような者。　**上**　上に立つ者。為政者。　**礼**　古代においては人の道はいうまでもなく、広く国家社会の法制、秩序をも含めて「礼」といった。人間社会における文化的法則である。　**義**　人としてあらねばならない道。正しい筋道。　**則**　前章参照。　**莫敢不敬**　必ず尊敬の念をいだくにちがいない。二重否定の句法。「莫敢不……A」は、進んでAしないことはない。必ずAするにちがいない、などの意。否定のことばが二つ重っているから二重否定であり、強い肯定の意味になる。「敢」は、「進んで……しようとする」、「しにくいことを押し切って……する」などの意を表わす。　**信**　まこと。言行一致をいう。人と言とからなる会意文字。人のことばが心と一致すること。　**用情**　まことを用いる。「情」は、実の意。古代において「人情」の意味に用いることは稀であった。　**夫**　発語のことば。そもそも。いったい。　**四方之民**　全土の人民たち。　**襁負**　子供を背う。「襁」は、「むつぎ」のこと。幼児を背負うもの。　**而至矣**　「而」は、ここでは順接を表わす。「矣」は、はっきりと物事を言い切る気持ちを表わす終尾辞。　**焉用稼**　いったいどうして穀物を作ることが必要であろうか（必要じゃない）。「焉……哉(乎)」などの形で、終尾辞の省略形である。反語の句法。

通釈

樊遅が穀物を作ることを勉強したいと（孔先生に）願いでた。すると孔先生が言うことに「わたしは年老いた百姓にはとても及ばない」と。樊遅は畑作について学びたいと願いでた。孔先生が言うことに「わたしは年老いた畑作りの農夫にはとても及ばないよ」と。樊遅は退出した。その後、孔先生が言うことに「なんと小人なんだろう。樊須という人間は。上に立つ者が世の中の法制秩序といったものを積極的に好むならば、人民たちは必ず尊敬するものである。上に立つ者が義（人としての道・正しい筋道）を好めば、人民たちは必ず服従してくれるにちがいない。また上に立つ者が「まこと」を好めば、人民たちは必ず誠実さを示してくれるにちがいない。いったいこのようであったならば、全土の人民たちは、子供を背負ってその国にやってくるにちがいない。（耕作者もふえ、穀物もたくさんとれる）どうして（お前が）穀物を作る必要があろうぞ、そんな必要はあるまい）」と。

子曰、其身正、不レ令而行。其身不レ正、雖レ令不レ従。

【読み方】
子《し》曰《いは》く、其《そ》の身《み》正《ただ》しければ、令《れい》せずして行《おこな》はる。其《そ》の身《み》正《ただ》しからざれば、令《れい》すと雖《いへど》も従《したが》はずと。

語釈・語法
子　男子の美称。ここでは学徳すぐれた男子の尊称で、孔子をいう。古代では「師」を称して「子」といった。
曰　「いはく」と読み、「言うことに・言うには」などと訳す。「いはく」の「く」は四段の動詞「いふ」の未然形「いは」についた接尾語で、その動詞を名詞化する働きを表わす。漢文訓読のさいは「曰く……と」と結ぶのが慣例である。これに類するものに「……らく」がある。　**其身**　上に立つ人の身。ここでは主としてその行為をいう。　**不令而行**　人民に強いて命令をしなくても政治はうまくゆくものである。「而」は、ここでは逆接を表わす。**不正雖令不従**　「不レA、雖レB不レC」の形で、「Aしなかったならば、たといBしたとしても、Cしない」の意。「雖」は、仮定を表わすことば。推量の意を含んでいる。

通釈

孔先生が言うことに、「上に立つ為政者の行為が正しければ、なにも命令などしなくとも政治は立派に治まってゆくのである。これと反対に、為政者の身が正しくなかったとしたならば、たとい命令をしても、人民たちはこの命令に従うはずがあるまい」と。

【参　考】

この章も政治について述べたものではあるが、政治にかぎらず、すべて人の上に立つ者にあてはまる普遍性をもったことばである。儒家の教学は『修身』をもって第一とする。したがってこの考え方は、儒教に一貫する考え方であって、『大学』ではさらに「其の身を修めんと欲する者は、先づ其の心を正す。其の心を正さんと欲する者は、先づ其の意を誠にす。其の意を誠にせんと欲する者は、先づ其の知を致す。其の知を致すは、物に格《いた》るに在り。」と説いている。

子曰、苟正二其身一矣、於レ従レ政乎何有。不レ能レ正二其身一、如レ正レ人何。

【読み方】

子《し》曰《いは》く、苟《いやしく》も其《そ》の身《み》を正《ただ》さば、政《まつりごと》に従《したが》ふに於《おい》て何《なに》か有《あ》らん。其《そ》の身《み》を正《ただ》す能《あた》はずんば、人《ひと》を正《ただ》すを如何《いかん》せんと。

語釈・語法

子曰　前章参照。　**苟……矣**　かりにも……であるならば。「矣」は、「則」に同じで、仮定を表わす。　**其身**　自分自身の身。　**従政**　政治を行なう。政治をすること。「政」は、「まつりごと」と読む。政治のこと。古代では祭祀が政治に直結していた。祭政一致。　**何有**　「何難之有（何の難きことか之れ有らん）」の省略形。何の困難があろうか（ない）。反語の句法。　**於従政乎何有**　「何有二於従一レ政乎（何か政に従ふに有らん）」の倒装法。　**不能正**　正しくすることができない。「不レ能二……A一」は「Aすることができない」と訳す。　**如正人何**　「正人」は、政の一字を分離した上で、さらに旁の攵が人に誤ったもの「如政何」とすべきだという（宮崎市定『論語の新研究』）。第一句と第三句、第二句と第四句とが意味の上で、見事に対をなすことにもなる。「如何」は、「いかん」と読む。これが補語をとるときは「如二A何一（Aが補語）」のように、補語を「如何」の中間に置くことに注意してほしい。「奈何」も同じ。「どうしょう」「なんとせん」などと事の処置、手段を問う場合に用いる。「いかん」ということばに「何如」があり、これは「どうであるか」「どんなであるか」などと事の内容、状態などを問う場合に用いる。「何若」も同じ。いずれも疑問や反語を表わす。

通釈

孔先生が言うことに「かりにも自分の身を正しくしたならば、政治を行なうくらいは何でもないことである。だがしかし、自分の身を正しくすることができないなら、人民たちを正しくするなど、いったいどうしてできようか、できるはずがあるまい」と。

【参　考】 前章と趣旨を一つにする。孔子は「政は正なり」（顔淵《えん》）といっている。為政者の地位にあるものが、自ら正しいことをして、人民をひきいるならば、人民は自然に正しくなるものである。人民が正しくなれば、政治は立派に行なわれる。これは儒教政治の根本法則であり、孔子がしばしば説いているところである。

葉公語ニ孔子一曰、吾党有ニ直躬者一。其父攘レ羊、而子証レ之。孔子曰、吾党之直者、異ニ於是一。父為レ子隠、子為レ父隠。直在ニ其中一矣。

【読み方】
葉公孔子《せふこうこうし》に語《つ》げて曰《いは》く、吾《わ》が党《たう》に直躬《ちよくきゆう》といふ者有《ものあ》り。其《そ》の父羊《ちちひつじ》を攘《ぬす》みて、子之《ここれ》を証《しよう》せりと。孔子《こうし》曰《いは》く、吾《わ》が党《たう》の直《なほ》き者《もの》は、是《これ》に異《こと》なれり。父《ちち》は子《こ》の為《ため》に隠《かく》し、子《こ》は父《ちち》の為《ため》に隠《かく》す。直《なほ》きこと其《そ》の中《うち》に在《あ》りと。

語釈・語法
葉公　楚《そ》の大夫。葉県を領有し、自分から「公」と称していた。その本名は沈諸梁《しんしよりよう》、字《あざな》を子高という。　**曰**　「いはく」と読み、「言うことに・言うには」などと訳す。「いはく」の「く」は四段の動詞「いふ」の未然形「いは」についた接尾語で、その動詞を名詞化する働きを表わす。漢文訓読のさいは、「曰く……と」と結ぶのが慣例である。これに類するものに「……らく」がある。　**吾党**　私の村。「党」は、郷党、仲間などの意。
直躬　正直者の躬の意。正直者で、名は躬という人。　**攘**　「盗」に同じ。原因があって盗むこと。朱子は

「困ること有りて盗むを攘という。」と注している。迷い込んだものをそのまま隠しとること。**而**　ここでは順接を表わす。**証之**　自分の父が羊を盗んだことを証言する。「証」は、法廷で証言する。「之」は指示詞で、「其父攘羊」をさす。**異於是**　「於」は、ここでは起点を表わす助辞。次に「於」の用法について、述べておく。「於」は「に」「を」「より」の意を表わす助辞。訓読のさいは、その場で読まないで、下の語に「ニ」「ヲ」「ヨリ」などと送りがなを施して返って読む。ここでは「ニ」と送る。なお、ヨリと読んだ場合「於」の上に形容詞が置かれたときは、この「於」は、比較を表わすことに注意してほしい。**矣**　語句の終りに用いる助辞で、きっぱりと言い切る語気を表わす。

通釈

楚の大夫葉公が孔子に話かけて言うことに「私の村に正直者の躬という人がいる。その人の父親が迷い込んだ羊を盗んだので、その息子は父が羊を盗んだと証言した」と。すると孔先生が言うことに「私の村の正直者というのは、今のあなたの話の人とは違っている。父親は自分の子供のためにその罪を隠し、息子は父親のためにその罪を隠す。（これは一見不正直のようだが、こういうことこそ人情の常であって）正直ということは、自然とそうした中にそなわってくるものである」と。

【参　考】

葉公がいった正直者は、偽善者でないにしても、人情の自然にそむいた不純な一面をのぞかせている。孔子は「訐《あば》きて以て直を為す者を悪《にく》む」（陽貨）と言っているように、みせかけの、人情に反した偽善をば売名者としてことの外憎んだのである。孔子はけっして悪事をよしとしているのではない。人情と道理とがほどよく調和したところに妙味があり、人としての真の姿がそこにあるとしているのである。「直」は、たしかによいことではあるが、人間の情愛より発する真心の調和を破ってまで、「直」を立てようとすることに、やはり無理があろう。

子曰、不下得二中行一而与上レ之、必也狂狷乎。狂者進取、狷者有レ所レ不レ為也。

【読み方】

子《し》曰《いは》く、中行《ちゆうかう》を得《え》て之《これ》に与《くみ》せずんば、必《かなら》ずや狂狷《きやうけん》か。狂者《きやうしや》は進《すす》みて取《と》り、狷者《けんしや》は為《な》さざる所有《ところあ》りと。

語釈・語法

子曰　孔先生が言うことに。「子」は、男子の美称。ここでは学徳のすぐれた男子の尊称で、孔子をいう。古代では「師」を称して「子」といった。「曰」は前章参照。　**中行**　行ないのよく中正を得たことをいう。中庸の徳にかなった行ない。過ぎることなく、及ばないこともない、中道にして正しい理想的な行ないをいう。　**而**　ここでは順接を表わす。　**与レ之**　中行の人といっしょにやる。中行の人といっしょに道を伝える。　**必也狂狷乎**　「必也与狂狷乎（必ずや狂狷に与せんか）」の省略形。「必也……乎」は「きっと……だろうよ」の意。「也」は、強調を表わす助辞。「乎」は、疑問を表わす終尾辞であるが、ここでは、念を押す意を含んでいる。　**狂**　志が非常に大きく、積極的に進出していく性質をいう。志は高いが、行為がそれに伴わないこと。　**狷**　知識は不十分であるが、節操の堅いものをいう。　**進取**　ここでは進んで志したことや、理想通りに善を追求すること。
有所不為　堅く節操を守って容易に動かないところがある。悪いと思ったら絶対にしないという節操がある。慣用句。

通釈
孔先生が言うことに「行ないのよく中正を得た人を探し求めて、その人といっしょに事をやっていくことができないとしたならば、きっと狂者か狷者といったような人であろうよ。狂者は自分から進んで理想の道を探求していくものであり、狷者は悪いと思ったら堅く節操を守って容易に動かないところがある」と。

子曰、君子和而不㆑同。小人同而不㆑和。

【読み方】
子《し》曰《いは》く、君子《くんし》は和《わ》して同《どう》ぜず。小人《せうじん》は同《どう》じて和《わ》せずと。

語釈・語法
子　男子の美称。前章参照。　**曰**　「いはく」と読み、「言うことに・言うには」などと訳す。「いはく」の「く」は四段の動詞「いふ」の未然形「いは」についた接尾語で、その動詞を名詞化する働きを表わす。漢文訓読のさいは「曰く……と」結ぶのが慣例である。これに類するものに「……らく」がある。　**君子**　『論語』に見える「君子」については、普通「三義」を考えればよかろう。つまり、①才徳の高い人。徳行ともにそなわった人。②学問修業に志す人。③在位の君主。人君など。なお、この他に④高い官職にある人。高級官吏。⑤妻が夫をさしていう称などがある。　**和而不同**　「和」は、和合する。そむき逆らうことがない。「而」は、ここでは逆接を表わす助辞。下文の「而」も同じ。「同」は、雷同する。外面だけ他と合わせて同じように見せかける。自分を見失って他人にひきずられる。

通釈

孔先生が言うことに「学徳のそなわった人というものは、他人とよく心を合わせて事にあたるが、自分を見失って他人にひきずりまわされたり、へつらったりすることはない。それに反して小人というものは、人にひきずられたり、へつらったりするが、本当に自分自身の立場を守りながら、他人と調和して事にあたるということはない」と。

【参　考】

『中庸』に「君子は和して流れず。強なるかな矯《きょう》たり。中立して倚《よ》らず。強なるかな矯たり。」と、君子は人と和するけれども、自己を失うことはないし、中庸の道を践《ふ》み行なって一方にかたよることはない。まことに強忍なものであると言っている。孔子はまた「君子は周して比せず、小人は比して周せず」(為政)ともいっている。君子は道義によって行動するから雷同することはない。ところが小人は利益にとらわれて行動するから、どうしても雷同してしまう。このように「和」と「同」は、節操の有無によって分かれるものである。この章はまことに簡単ではあるが、人の弱点をみごとについた名句であるといってよい。

子貢問曰、郷人皆好レ之、何如。子曰、未レ可也。郷人皆悪レ之、何如。子曰、未レ可也。不レ如二郷人之善者好レ之、其不善者悪レ之。

【読み方】

子《し》貢《こう》問《と》ひて曰《いは》く、郷人皆之《きやうじんみなこれ》を好《よみ》せば、何如《いかん》と。子《し》曰《いは》く、未《いま》だ可《か》ならざるなりと。郷人皆之《きやうじんみなこれ》を悪《にく》まば、何如《いかん》と。子《し》曰《いは》く、未《いま》だ可《か》ならざるなり。郷人《きやうじん》の善者《ぜんしや》は之《これ》を好《よみ》し、其《そ》の不善者《ふぜんしや》は之《これ》を悪《にく》むに如《し》かずと。

語釈・語法

子貢　孔子の門人。姓は端木、名は賜《し》、子貢はその字（「字《あざな》」とは、中国で元服のときに本名以外につける名前）。孔子より三十一歳の年少者。弁説がうまく、才子はだの人だったので、魯《ろ》や衛《えい》の国に仕えてしばしば外交談判に成功した。また理財の面に長じ、金持ちであったという。孔門十哲のひとり。「孔子弟子一覧」参照。　**曰**　前章参照。　**郷人**　村中の人。村人。　**好**　賞讃する。ほめる。よいとする。下文の「悪」の対語。　**何如**　ここでは、いかがでしょうか。賢人といえましょうかの意。「どうであるか」「どんなであるか」などと事の内容、状態などを問う場合に用いる。「何若」も同じ。「いかん」と読むことばにもう一つ「如何」がある。これが補語をとるときは「如レA何（Aが補語）」のように補語を「如何」の中間に置くことに注意してほしい。「如何」は「奈何」と同じく、「どうしよう」「なんとせん」などと事の処置、手段を問う場合に用いる。　**未**　「いまだ……ず」と返って読む。ある事がらがまだそうならないという未定を表わすことば。再読文字。　**未可**　ここでは「まだそうだとはいいきれない」の意。十分ではない。まだまだよくないの意で、「不可（だめだと断定の意を表わす）」と同じではない。　**不如…**　「……に及ばない」「それより……の方がましである」などの意。比較の句法。

通釈

子貢が（孔先生に）尋ねて言うことに「村中の人たちが皆ほめているとしたならば、その人はいかがなものでしょうか（このような者をすぐれた人と言えましょうか）」と。すると孔先生が言うことに「いやまだ賢人だとはいいきれない」と。(子貢はさらに質問して)村中の人たちが皆憎んでいるとしたら、いかがなものでしょう(このような者を悪人と言っていいでしょうか)」と。孔先生が言うことに「いやまだそう判断してはいけない。そういうことよりも、村中の人たちのうちで良い人たちがほめたたえ、悪い人たちが憎み嫌うというような人ならば、その人の方がまだよく、すぐれた人といえる」と。

子曰、剛毅木訥近レ仁。

【読み方】
子《し》曰《いは》く、剛毅《がうき》木訥《ぼくとつ》は仁《じん》に近《ちか》しと。

語釈・語法
子　男子の美称。ここでは学徳すぐれた男子の尊称で、孔子をいう。古代では「師」を称して「子」といった。　**曰**　「いはく」と読み、「言うことに」「言うには」などと訳す。「いはく」の「く」は四段の動詞「いふ」の未然形「いは」についた接尾語で、その動詞を名詞化する働きを表わす。漢文訓読のさいは「曰く……と」と結ぶのが慣例である。これに類するものに「……らく」がある。　**剛毅木訥**　気性が強く、飾りけがないこと。「剛」は、意志がつよいこと。物欲に屈従しないこと。孔子は「公冶長」篇で「慾があっては剛といえない。」といっている。「毅」は、気性が強くて、果断の性質のあること。「木」は、質樸で飾りのないこと。「朴」と同じ。「訥」は、言葉がへたなこと。口数の少ないこと。　**仁**　「仁」字は、忍心を持った人、じっと堪えておれない心を表わすことば。ここでは仁者の意。「仁」とは、社会集団において自然に生ずる心の働きで、親しみ愛《いつく》しむところの徳である。孔子は、この仁をもって諸徳の根元と考え、この仁を自分の心にしっかりと自覚して、この働きを失なわないことを学問修養の極地であるとした。

通釈

孔先生が言うことに、「意志が強く、気性の強い、しかも質朴で口数の少ないような人は仁者に近い」と。

【参考】

この章は孔子の教学における最高の徳目たる仁の本質を究明したものとして注目すべきである。「剛毅朴訥」は「巧言令色」の反対である。孔子が「巧言徳を乱る」（衛霊公）といっているように、「巧言令色」は、不仁である。剛毅朴訥な人は、いかにも洗練されていないようにみえるが、仁徳がきわめて多く、仁者に近い。「近仁」とは、もう一歩で仁者になれるの意である。孔子は司馬牛が仁を問うたとき「仁者は其の言ふや訒《じん》す。」（顔淵）といっているが、さきの「巧言令色」と照応して、この章を読むと一層味わいが深まろう。

憲問第十四

子曰、有レ徳者必有レ言。有レ言者不ニ必有一レ徳。仁者必有レ勇。勇者不ニ必有一レ仁。

【読み方】
子《し》曰《いは》く、徳《とく》有《あ》る者《もの》は必《かなら》ず言《げん》有《あ》り。言《げん》有《あ》る者《もの》は必《かなら》ずしも徳《とく》有《あ》らず。仁者《じんしゃ》は必《かなら》ず勇《ゆう》有《あ》り。勇者《ゆうしゃ》は必《かなら》ずしも仁《じん》有《あ》らずと。

語釈・語法
子曰　前章参照。　**徳**　ここでは人格の意とみてよい。「得」に通じ、自分の身に得たものをいう。生れつき得た品性、能力なども「徳」といい、学問修養などによって得た人格、またはその結果生ずる徳望（人望）、恩恵などにも「徳」という。古代においては「徳」は、神を知る能力であり、ついで「力」の意となった。さらに人にそなわった、また人としておさめるべき人間的な価値がある「力」の意へと発展したのである。　**有言**　よいことばを言う。よいことを言う。「有ニ美言一」の意で、「言」は、立派なことばをいう。　**不必有徳**　きっと徳があるとは限らない。「不ニ必A一」は「必ずしもAせず」と読み、「きっとAするとは限らない」と訳す。部分否定（一部否定ともいう）の句法。これと反対に「必不レA」となると「必ずAしない」の意で、全部否定の句法となることに注意してほしい。　**仁**　前章参照。

通釈 孔先生が言うことに「立派に徳のそなわった人は、必ずよいことを言うものである。だがしかし、よいことを言う人は、きっと立派な徳を身にそなえているとは限らない。また、仁徳のそなわった人は、(仁の実現にあたって) 必ず勇気があるものだが、勇気ある者が、きっと仁徳を身にそなえているとは限らない」と。

【参　考】

内に仁徳をそなえている人は、当然、外にあらわれた言動も立派であるが、表面よいことをいう人は、「巧言令色」の不仁であることが多い。つまり、この章では、仁徳ある人は善言をいい、勇気があるものだが、逆は必ずしも真でないことを説いている。同じ勇気でも、仁者の勇は、慈母の勇といわれるように、必ず仁の道にかなったものであり、これは「暴虎馮河」の血気の勇とは大いに異なっていることを知らねばなるまい。

子曰、貧而無レ怨難、富而無レ驕易。

【読み方】

子《し》曰《いは》く、貧《ひん》にして怨《うら》むこと無《な》きは難《かた》く、富《と》みて驕《おご》ること無《な》きは易《やす》しと。

語釈・語法

子　男子の美称。ここでは学徳すぐれた男子の尊称で、孔子をいう。古代では「師」を称して「子」といった。

曰　「いはく」と読み、「言うことに」「言うには」などと訳す。「いはく」の「く」は四段の動詞「いふ」の未然形「いは」についた接尾語で、その動詞を名詞化する働きを表わす。漢文訓読のさいは「曰く……と」と結ぶのが慣例である。これに類するものに「……らく」がある。　**貧而無**　「而」は、ここでは逆接を表わす助辞。下文の「而」も逆接。なお「而」の用法について次に述べておこう。①順接を表わす場合「しこうして・しかして・して・て」などと読まれる。②逆接を表わす場合「しかれども・しかも・しかるに・しかし」などと読まれる。③形容詞と動詞とを並べるさいに用いる場合「て・して・にして」などと読まれる。①②③の場合は、だいたいにおいて「而」をその場で読まないで、上の活用語に送りがなを施して読ませることが多い。そして「活用語（日本語の用言）＋而＋活用語……」の関係にあった場合は、活用語にあたる語に「にして・として・して・て」などと送りがなを施して「而」は、その場では読まない。しかも「活用語＋而＋否定のことば……」「否定のことば＋而＋活用語……」などという関係にあった場合の「而」は、逆接を表わすことが多い。④「なんじ」と読み、代名詞として用いられるときもある。「汝・女」に同じ。⑤「……と」読み、並列を表わす場合もある。

怨　人や天をうらみ、自分の置かれている地位などに安んじない。　**驕**　おごり高ぶって、自分勝手な言動をすること。

通釈

孔先生が言うことに「貧乏であっても、（天命に安んじて他人や社会、運命などを）怨む心を持たないということはむずかしい。がしかし、それに比べれば、金持ちになっても、おごり高ぶる心を持たないことはむずかしいことではあるが、前に言ったことよりはやさしいことである」と。

子曰、古之学者為レ己、今之学者為レ人。

【読み方】

子《し》曰《いは》く、古《いにしへ》の学者《がくしや》は己《おのれ》の為《ため》にし、今の学者《がくしや》は人《ひと》の為《ため》にすと。

語釈・語法

子曰　前章参照。**学者**　学ぶ人。学生などの意。「古之学者」とは、古の理想的な学者。**為己**　自分自身を立派にするために学ぶ。自己の修養のためにする。「為」は「ためにす」と読む。「今之学者」とは、現今よく見かける学者。**為人**　世の人びとに評判されようとして学ぶ。人に知られようとして学ぶ。

通釈

孔先生が言うことに「昔学問をした人びとは、自分自身を立派にしようとするために学問をしたのであるが、現今の学問をする人びとは、世の人びとに知られようと学問をしている」と。

【参　考】

宋の大学者朱子が、この章について「学問についてこれほど手近かで、重要な意見はない」と評している。昔の学者が「為レ己」、現今の学者は「為レ人」、つまり自己の完成を目的とすることと、世の人びとに認められようとすることは、全く相反する方向である。学問に対する前者の態度、思想こそは、後世の儒者にも強い影響をあたえ、この説をみな祖述している。売名学者の多い世の中にあって、無名ではあるが、真の学問を追求する学者こそ本当に貴ぶべきであろう。

蘧伯玉使㆓人於孔子㆒。孔子与㆓之座㆒而問焉。曰、夫子何為。対曰、夫子欲㆑寡㆓其過㆒、而未㆑能也。使者出。子曰、使乎、使乎。

【読み方】

蘧伯玉《きよはくぎよく》人《ひと》を孔子《こうし》に使《つか》はす。孔子《こうし》之《これ》に坐《ざ》を与《あた》へて問《と》ふ。曰《いは》く、夫子《ふうし》何《なに》をか為《な》すと。対《こた》へて曰《いは》く、夫子《ふうし》其《そ》の過《あやまち》を寡《すくな》くせんことを欲《ほっ》するも、未《いま》だ能《あた》はざるなりと。使者出《ししやい》づ。子曰《しいは》く、使《つかひ》なるかな、使《つかひ》なるかなと。

語釈・語法

蘧伯玉　衛の大夫。名は瑗《えん》。伯玉はその字《あざな》である。魯《ろ》の哀公の二年に孔子はふたたび衛に行って、かれの家に泊った。この時伯玉は年九十であったという。孔子はかれを「君子なるかな」（衛霊公）とほめているから、立派な人物であったのだろう。**使人於孔子**　「動詞㆓A（人）ヲ於B（孔子）ニ㆒」の基本的な句法。「於」は「に」「を」「より」の意を表わす助辞。訓読のさいはその場で読まないで、下の語に「ニ」「ヲ」「ヨリ」などと送りがなを施して返って読む。ここでは「ニ」と送り、起点を表わす助辞。なお「ヨリ」と読んだ場合、「於」の上に形容詞が置かれたときは、この「於」は、比較を表わすことに注意してほしい。**与之坐**　蘧伯玉がつかわした使者に敷物を与える。「之」は指示詞で、つかわされた使者をさす。「坐」は、座と同じで、敷物、座ぶとんなどの類。**曰**　「いはく」と読み、「言うことに」「言うには」などと訳す。「いはく」の「く」は四段の動詞「いふ」の未然形「いは」についた接尾語で、その動詞を名詞化する働きを表わす。漢文訓読のさいは「曰く……と」と結ぶのが慣例である。これに類するものに「……らく」がある。**而問焉**　「而」は、ここでは順接を表わす。頁二〇七参照。「焉」は、語調を整える終尾辞。この他に①いずくんぞ・なんぞなどと読まれ、疑問や反語を表わすことがあり、②また「然・如」のように状態を表わす形容詞に添える接尾辞としての用法、③「これ・ここ」など指示詞としての用法などがある。**夫子**　先生、ここでは蘧伯玉をいう。もと大夫の位にある者、また官位にある者の敬称。この他に①知識や徳行のある年長者に対する敬称。②孔子の弟子たちの、孔子に対する尊称。③広く先生の意味で、対称に用いる。④妻が夫に対する敬称。**何為**　疑問の句法。**対**　目下の者が目上の者に答える。敬語。なお、人の質問に対して答える場合にも同じく「対」を用いることが多い。**寡**　少ない。「多」の対語。**而未能也**　がしかし、まだ過失を少なくすることができない。「而」は、ここでは逆接を表わす。頁二〇七参照。「未」は、「いまだ……ず」と返って読む。再読文字。ある事がらがまだそうならないという未定を表わすことば。「能」は、できるの意。「也」は、ここでは断定を表わす終尾辞。**子**　男子の美称。ここでは学徳すぐれた男子の尊称で、孔子をいう。古代では「師」を称して「子」といった。**使乎**　「乎」は、「か」「かな」「や」などと読まれる。ここでは感歎を表わすことば。同一語をくり返しているのは、感歎の意を一層深めるがためである。

通釈

衛の大夫蘧伯玉が使者を孔子のところにつかわした。孔子はその使者に敷物を与えて尋ねられた。言うことに「蘧先生は常日ごろ何をしていますか」と。使者が孔子にお答えして言うには「蘧先生は毎日の行為の過失を少なくしようと心がけていられますが、まだ過失を少なくすることができないでいます」と。使者が退出した。（その態度、ことばがいかにも謙遜にみちており、蘧伯玉の人がらもしのばれて）孔先生が感嘆して言うことに

「なんと立派な使者であることよ。」とくり返した。

子曰、君子道者三、我無レ能焉。仁者不レ憂、知者不レ惑、勇者不レ懼。子貢曰、夫子自道也。

【読み方】

子《し》曰《いは》く、君子《くんし》の道《みち》なる者《もの》三《さん》、我《われ》は能《よ》くする無《な》し。仁者《じんしゃ》は憂《うれ》へず、知者《ちしゃ》は惑《まど》はず、勇者《ゆうしゃ》は懼《おそ》れずと。子《し》貢《こう》曰《いは》く、夫子《ふうし》自《みずか》ら道《い》ふと。

語釈・語法

子　男子の美称。ここでは学徳すぐれた男子の尊称で、孔子をいう。古代では「師」を称して「子」といった。

曰　「いはく」と読み、「言うことに」「言うには」などと訳す。「いはく」の「く」は四段の動詞「いふ」の未然形「いは」についた接尾語で、その動詞を名詞化する働きを表わす。漢文訓読のさいは「曰く……と」と結ぶのが慣例である。これに類するものに「……らく」がある。

君子道　君子としてふみ行なわなければならない道。「君子」については普通「三義」を考えればよいだろう。①徳行ともにそなわった人。才徳の高い人。②学問修養に志す人。③在位の君主。人君など。なおこの他に④高い官職にある人。高級官吏。⑤妻が夫をさしていう称などがある。

無能焉　十分行なうことができない。孔子の謙遜のことば。「焉」は、語調を整える終尾辞。前章参照。

仁者　仁徳を備えた人。あわれみ深い人。なさけ深い人。「仁」とは、社会集団において自然に生ずる心の働きで、親しみ愛しむところの徳である。孔子は、この仁をもって諸徳の根元と考え、この仁を自分の心にしっかりと自覚して、この働きを失わないことを学問修養の極地であるとした。**子貢**　孔子の門人。姓は端木、名は賜《し》、子貢はその字《あざな》（中国で元服のときに本名以外につける名前をいう）。孔子より三十一歳の年少者。弁説がうまく、才子はだの人だったから魯《ろ》や衛《えい》に仕えて、しばしば外交談判に成功した。また理財の面に明るく金持ちであった。孔門十哲のひとり。「孔子弟子一覧」参照。**夫子**　先生。ここでは孔子をさす。「夫子」は、もと大夫《たいふ》の位にある者、また官位にある者の敬称。この他に①知識や徳行のある年長者に対する敬称。②孔子の弟子たちの、孔子に対する尊称。③広く先生の意味で、対称に用いる。④妻が夫に対する敬称。**自道**　自分でその実行しているところを述べたものであるの意。「道」は、言に同じ。

通釈

孔先生が言うことに「君子としてふみ行なわなければならない道に三つある。私はその道を十分行なうことができないでいる。仁者という者は反省しても何一つとしてやましいところがないから憂えることがない、知者は物事の道理に通じているから、一つとして惑いがない、勇者は人としての道、義に忠実であるから、何一つとして恐れることがない（だがどれを取り挙げてみても、みんな自分にとっては十分でない）」と。（これを聞いていた弟子の）子貢が言うことに「今おっしゃられた三つの道こそ先生ご自身のことをいったものです」と。

或曰、以レ徳報レ怨、何如。子曰、何以報レ徳。以レ直報レ怨、以レ徳報レ徳。

【読み方】

或《ある》ひと曰《いは》く、徳《とく》を以《もつ》て怨《うらみ》に報《むく》いば、何如《いかん》と。子《し》曰《いは》く、何《なに》を以《もつ》て徳《とく》に報《むく》いん。直《ちよく》を以《もつ》て怨《うらみ》に報《むく》い、徳《とく》を以《もつ》て徳《とく》に報《むく》いんと。

語釈・語法

或　ある人。**以徳**　徳でもって。徳を用いて。「徳」は、ここでは恩恵の意。「得」に通じ、自分の身に得たものをいう。生れつき得た品性、能力なども「徳」といい。学問修養などによって得た人格、またはその結果生ずる徳望（人望）、恩恵などにも「徳」という。古代においては「徳」は神を知る能力であり、ついで「力」の意となった。さらに人にそなわった、また人としておさめるべき人間的な価値がある「力」の意へと発展していったのである。**怨**　自分に怨恨をもっている者。**何如**　「どうであるか」「どんなであるか」などと事の内容状態などを問う場合に用いる。「何若」も同じ。「いかん」と読むことばにもう一つ「如何」がある。これが補語をとるときは「如レA何（Aが、補語）」のように補語を「如何」の中間に置くことに注意してほしい。「如何」は、「奈何」と同じく「どうしょう」「なんとせん」などと事の処置、手段などを問う場合に用いる。**子曰**　前章参照。**何以報徳**　どのようにして恩恵に報いるのか。疑問の句法。「何以……」は、「どうして……」「どういうことで……」の意で、疑問を表わすことば。**直**　ここでは、まっすぐで私のないこと。朱子は「憎愛取舎、専ら至公で私無きを直という」と注している。

通釈

ある人が言うことに「自分に怨みを抱いている人に対して恩恵で報いるとしたならば、いかがなものでしょう」と。孔先生が言うことに「では、自分に恩恵を与えてくれた人には、どのようにして報いるか。怨恨の情を抱いている人には公平無私でまっすぐな態度で報い、恩恵を受けた人に対しては、こちらでも恩恵をもって報いるようにしたい」と。

子曰、莫㆓我知㆒也夫。子貢曰、何為其莫㆑知㆑子也。子曰、不㆑怨㆑天、不㆑尤㆑人。下学而上達。知㆑我者其天乎。

【読み方】

子《し》曰《いは》く、我《われ》を知《し》る莫《な》きかなと。子《し》貢《こう》曰《いは》く、何為《なんす》れぞ其《そ》れ子《し》を知《し》る莫《な》きやと。子《し》曰《いは》く、天《てん》を怨《うら》まず、人《ひと》を尤《とが》めず。下《か》学《がく》して上達《じやうたつ》す。我《われ》を知《し》る者《もの》は其《そ》れ天《てん》かと。

語釈・語法

子　男子の美称。ここでは学徳すぐれた男子の尊称で、孔子をいう。古代では「師」を称して「子」といった。

曰　「いはく」と読み、「言うことに」「言うには」などと訳す。「いはく」の「く」は四段の動詞「いふ」の未然形「いは」についた接尾語で、その動詞を名詞化する働きを表わす。漢文訓読のさいは「曰く……と」と結ぶのが慣例である。これに類するものに「……らく」がある。　**也夫**　「……だなあ」の意。感嘆を表わすことば。　**子貢**　孔子の門人。姓は端木、名は賜《し》、子貢はその字《あざな》（字とは、中国で元服のときに本名以外につける名前をいう）。孔子より三十一歳の年少者。弁説がうまく、才子はだの人だったので、魯《ろ》や衛《えい》の国に仕えてしばしば外交談判に成功した。また理財の面に長じ、金持ちであったという。孔門十哲のひとり。「孔子弟子一覧」参照。　**何為其莫知子也**　いったいどうして孔先生を知るものがないでありましょか（だれもかれも知っています)。「何為……也」は反語の句法で、「いったいどうして……であろうか(……なはずがない)」の意。なお「何為」は「なにすれぞ」の音便形「なんすれぞ」と読む。 **怨** そむいてうらむ。恩の反。人をうらみ、あだとすること。 **尤** とがめる。とがめ。 **下学而上達** 低級な事がらを学ぶことから始めて、次第に高級なことを学び理解するようになる。つまり、順序を正しく追って学び上達する。孔安国は「下は人事を学び、上は天命を知る」と言っている。「而」は、ここでは順接を表わす。頁二〇七参照。 **其天乎** 全く天でありましょうよ。「乎」は疑問を表わす終尾辞であるが、ここは軽い意味で、念を押す気持ちを表わしている。

通釈

孔先生が言うことに「私を知ってくれるようなものはいないのだなあ」と。(師の嘆息めいたことばを聞いた)子貢が言うことに「いったいどうして先生を知らないものがありましょうか(世の人びとはみんな知っている)」と。孔先生が言うことに「(わしは世の人に知られないからといって)天を怨んだり、他人をとがめたりはしない。下級のことを学ぶことから始めて、次第に高級な(天理の)ことまでどうやら理解できるようになった。今の私の心中を本当に理解してくれるのは、ほんとうに天だけだろうよ」と。

【参 考】

高弟顔淵《えん》も死に、魯の哀公が狩をして麟を得たというような、不運がつづいた晩年の孔子が、思わず発した慨嘆の辞である。「天を怨みず、人を尤《とが》めず……」と、自己の心境を語ったことばは、開巻冒頭の「人知らずして慍らず、また君子ならずや。」の趣旨に通じていよう。冒頭に嘆辞をもらし、ついで絶対自由の天地に安んじた境地に到達しうるまでの孔子一生の求道の姿を、その苦難にみちた生涯と豊かな人生体験を通じて述べたものであることを理解したい。

子路問㆓君子㆒。子曰、脩㆑己以敬。曰、如㆑斯而已乎。曰、脩㆑己以安㆑人。曰、如㆑斯而已乎。曰、脩㆑己以安㆓百姓㆒。脩㆑己以安㆓百姓㆒、堯舜其猶病㆑諸。

【読み方】
子路《しろ》君子《くんし》を問《と》ふ。子曰《しいは》く、己《おのれ》を脩《をさ》めて以《もっ》て敬《けい》すと。曰《いは》く、斯《かく》の如《ごと》きのみかと。曰《いは》く、己《おのれ》を脩《をさ》めて以《もっ》て人《ひと》を安《やす》んずと。曰《いは》く、斯《かく》の如《ごと》きのみかと。曰《いは》く、己《おのれ》を脩《をさ》めて以《もっ》て百姓《ひやくせい》を安《やす》んず。己《おのれ》を脩《をさ》めて以《もっ》て百姓《ひやくせい》を安《やす》んずるは、堯舜《げうしゆん》も其《そ》れ猶《な》ほ諸《これ》を病《や》めりと。

語釈・語法

子路　孔子の門人。姓は仲、名は由、字《あざな》は子路、または季路。魯《ろ》（山東省）の人で、孔子より九歳の年少者。勇を好み、信義を重んじた。魯《ろ》や衛《えい》に仕えて、哀公の十五年に六十四歳で他郷に非業の死を遂げた。孔門十哲のひとり。「孔子弟子一覧」参照。　**君子**　『論語』にみえる君子については、普通「三義」を考えればよかろう。①学問徳行ともにそなわった立派な人。才徳の高い人。②学問修養に志す人。③在位の君主。人君など。なお、この他に④高い官職にある人。高級官吏。⑤妻が夫をさしていう称などがある。　**子曰**　前章参照。　**脩**　「修」の古字。おさめる。　**以**　接続詞的用法。そして。「而」に同じ。　**敬**　つつしむ。　**如斯而已乎**　ただこれだけか。そのようなことだけですかの意。「而已」は「のみ」と読み、限定を表わすことば。「乎」は、疑問を表わす終尾辞。　**脩己**　自己の言行をおさめて、ひたすら修養につとめる。　**安人**　人びとを安らかにおさめる。　**百姓**　「ひゃくしょう」とは読まない。天下の人びと。人民などの意。　**堯舜**　中国古代の聖天子である帝堯と帝舜のこと。転じて、聖天子。　**其猶病諸**　「……でさえもやはりこれを悩んだろうよ」の意。「其」は、発語の辞。強調を表わす。「病諸」は、このことを困難なこととして悩んだという意。「諸」は、「之乎」の合字。指示詞。ここの句法は「其……乎」と同じ。推測の意をもった形である。

通釈

（弟子の）子路が（孔子に）君子というものについて質問した。（すると）孔先生が言うことに「自分の言行をおさめ、ひたすら修養につとめて慎しむことである」と。（子路が）言うことに「そのようなことだけですか」と。孔先生が言うことに「自分の言行をおさめ、ひたすら修養につとめ、人びとを安らかに治めることだ」と。（不満足な子路が）言うことに「そのようなことだけですか」と。（孔先生が）言うことに「自分の身を十分に修めて、天下の人びとを安らかに治めることである。自分の言自をおさめ、ひたすら修養につとめて天下の人びとを安らかに治めるということは、あの堯帝、舜帝のような聖天子でさえもなお難事としてこれに悩んだのであろうよ」と。

【参考】

この章では儒学の政治と倫理とに一貫した起点と到達点のあることが示されている。儒教の祖孔子の教えを簡単に一言でいえば、「修己治人の道」である。この理想実現には、それこそ聖天子たちでさえ不可能なために心痛めていたのに、弟子の子路は簡単に考えていたのだろう。孔子の答えが平凡さのあまり、子路は「斯《か》くの如くなるのみか」とくりかえす。まことに勇をもって誇る子路らしい。だが孔子もその平凡さをくりかえしながら、まだ不満げな子路の様子をみて、古代の聖天子堯舜を引き、これこそ最高至難なことだと教え、愛弟子子路を手近かな自己の修食にかえらせようとしたものである。

衛霊公第十五

衛霊公問ニ陳於孔子一。孔子対曰、俎豆之事、則嘗聞レ之矣。軍旅之事、未ニ之学一也。明日遂行。在レ陳絶レ糧。従者病、莫ニ能興一。子路慍見曰、君子亦有レ窮乎。子曰、君子固窮。小人窮斯濫矣。

【読み方】

衛《ゑい》の霊公《れいこう》陳《ちん》を孔子《こうし》に問《と》ふ。孔子《こうし》対《こた》へて曰《いは》く、俎豆《そとう》の事《こと》は、則《すなは》ち嘗《かつ》て之《これ》を聞《き》けり。軍旅《ぐんりよ》の事《こと》は、未《いま》だ之《これ》を学《まな》ばざるなりと。明日遂《つひ》に行《さ》る。陳《ちん》に在《あ》りて糧《りやう》を絶《た》つ。従者《じゆうしや》病《や》みて、能《よ》く興《た》つ莫《な》し。子路《しろ》慍《うら》みて見《まみ》えて曰《いは》く、君子《くんし》も亦《また》窮《きゆう》すること有《あ》るかと。子《し》曰《いは》く、君子《くんし》固《もと》より窮《きゆう》す。小人《せうじん》窮《きゆう》すれば斯《ここ》に濫《らん》すと。

語釈・語法

衛　周代の国の名。周の武王の弟、康叔《こうしゆく》の封ぜられた所。今の河北・河南両省にまたがる。秦《しん》の二世のときに滅びた。　**問陳於孔子**　「動詞ニAヲ（陳）＋助辞（於）＋Bニ一」の基本形。「於」は「に」「を」「より」の意を表わす助辞。訓読のさいは、その場で読まないで、下の語に「ニ」「ヲ」「ヨリ」などと送りがなを施して返って読む。ここでは「ニ」と送る。なお、「ヨリ」と読み、送りがなを施した場合「於」の上に形容詞・形容動詞が置かれたときは、この「於」は、比較を表わす。「陳」は、軍隊の隊伍などを組む陣立て。また戦争のこと。「陣」

の古字。 **対曰** 質問に答えて言うことに。「対」は、尊敬語として用いられることもある。目下の者が目上の者に「お答え」する場合。「曰」は、「いはく」と読み、「言うことに」「言うには」などと訳す。「いはく」の「く」は四段の動詞「いふ」の未然形「いは」についた接尾語で、その動詞を名詞化する働きを表わす。漢文訓読のさいは「曰く……と」と結ぶのが慣例である。これに類するものに「……らく」がある。 **俎豆之事** 祭礼その他の礼についてのこと。「俎豆」は、祭器。「俎」は、犠牲をのせて神前に供える台。「豆」は、木製のたかつき。

則 主語を提示する助辞。なお、前後の節の中間にあって、「……らばすなはち」「……ればすなはち」など、仮定や条件と帰結との密接な関連を表わす助辞の働きを示す場合もある。 **嘗** 以前。以前に（から）。 **聞之矣** 「矣」は、ここでは過去完了を表わす助辞。語句の末に置かれ、きっぱりと言い切る語気を表わすときもある。

軍旅之事 軍隊のこと。一軍は一万二千五百人、「旅」は、五百人の兵士の集団をいう。 **未之学也** 平叙文で「未学之也」とあるべきところ。意味を強めるために倒置法を用いた。「未」は、「いまだ……ず」と返って読み、ある事がらがまだそうならないという未定を表わすことば、再読文字。「之」は、提示詞で「軍旅之事」をさしている。 **遂行** 決然と去る。「行」は、去に同じ。 **在陳** 「陳」は国名。周代、舜《しゅん》の子孫を封じた所。今の河南省開封県以東から、安徽省亳県までの地。 **絶糧** 魯《ろ》（山東省）の哀公六年、孔子は六十四歳のとき、陳国は乱のために食糧が乏しかった。 **病** つかれる。疲幣する。 **莫能興** 立ちあがることができない。「莫能A」は（能くA莫し）と読み、「Aすることができない」と訳す。 **子路** 孔子の門人。姓は仲、名は由、字《あざな》は子路、または季路。魯《ろ》（山東省）の人で、孔子より九歳の年少者。勇を好み、信義を重んじた。魯《ろ》や衛《えい》に仕えて、哀公の十五年に六十四歳で他郷に非業の死を遂げた。孔門十哲のひとり。「孔子弟子一覧」参照。 **慍見** 腹立ちむっとして（孔子）にお目通りする。「慍」は、うらむ。心に不満をいだくこと。怒りを含んでむっとするの意。「見は、尊敬語。お目通りする。お会いする。ここの場合のように「見」が下二段のときは、目下の者が目上の者に会うときに用いる。 **君子** 前章参照。 **亦** 「……もまた」で、並列を表わす。 **有窮乎** 困窮することがあるか。「窮」は、困窮する、「乎」は、疑問を表わす終尾辞。**子**　男子の美称。ここでは学徳すぐれた男子の尊称で、孔子をいう。古代では「師」を称して「子」といった。**固窮**　もちろん困窮することがある。**斯濫矣**　「……すると乱れて道にはずれた行ないをする意。「斯」は、「則」と同じ働きを示し、仮定を表わすことば。「矣」は、語句の終末に置かれ、きっぱりと言い切る気持ちを表わす終尾辞。

通釈

衛の霊公が軍事について孔先生に質問した。孔先生が答えて言うことに「祭祀の礼やその他の礼については、私は以前から学んでいますが、軍事に関しては、まだ勉強しておりません」と。明くる日孔先生は衛の国から出て行かれた。陳の国に行ったとき、食糧が切れてしまった。（孔先生の）お供の人たちは疲れはてて立ちあがる者はいないという有様であった。子路は不満のあまり孔先生にお会いして言うことに「先生のような君子でも困窮することがあるのですか」と。すると孔先生が言うことに「君子だってもちろん困窮することはあるよ。（だがいかに困窮しても乱れない。）小人は困窮すると乱れて人としての道にはずれた行為を平気でするようになるものだ。」と。

【参　考】

孔子の理想政治は徳治主義にあった。「修己」はその理想実現の基礎として、もっとも重要視されているのである。それは『論語』の中にしばしば述べられてもいる。衛の霊公は戦陣のことについて孔子に質問した。ここでは自分の理想政治がとうてい実現すべくもないと思った孔子は、ついに衛の国から決然と立ち去ってしまった。また、陳での困窮を通して、小人が窮した場合には道にはずれた行ないをするが、君子は決してそうしたことはしないとさとしている。窮達に対処する態度によって、君子・小人の別がわかるというもの。「君子固より窮す。小人窮すれば斯に濫す。」は、名句として覚えておきたいものである。

子曰、賜也、女以レ予為ニ多学而識レ之者一与。対曰、然。非与。曰、非也。予一以貫レ之。

【読み方】
子《し》曰《いは》く、賜《し》や、女予《なんぢわれ》を以《もつ》て多《おほ》く学《まな》びて之《これ》を識《し》る者《もの》と為《な》すかと。対《こた》へて曰《いは》く、然《しか》り。非《ひ》なるかと。曰《いは》く、非《ひ》なりと。予《われ》は一以《いつもつ》て之《これ》を貫《つらぬ》くと。

語釈・語法

子曰　前章参照。　**賜也**　賜よ。「人名十也（または乎）」のような場合の助辞「也・乎」などは呼びかけを表わすことが多い。ここもその一例。「賜」は、子貢の名。孔子の門人、姓は端木。その字《あざな》は子貢。孔子より三十一歳の年少者。弁説がうまく、才子はただの人だったので、魯《ろ》や衛《えい》に仕えてしばしば外交談判に成功した。また理財の面に長じ。金持ちであったという。孔門十哲のひとり。「孔子弟子一覧」参照。　**女**　「汝」に同じ。お前。君。　**以予為……**　「私を……と思う」の意。　**多学而識**　「而」は、ここでは順接を表わす。頁二〇七参照。　**識**　記憶するの意。　**与**　疑問を表わす終尾辞。　**対**　人の質問に答える場合と、目下の者が目上の者に「お答えする」場合とに用いる。後者の場合は敬語ということになる。　**然**　そうだ。その通りである。　**非与**　違うのですか。反問を表わすことば。　**一以貫之**　平叙文で「以レ一貫レ之」とあるべきところ。「一」を強めるために倒置法を用いたのである。一つの原理でもってすべてを貫いている。

通釈

孔先生が言うことに「賜よ、お前は私のことを多く学問し、いろんなことを覚えている者と思うかね」と。（子貢が）お答えして言うことに「おっしゃるとおりです。違うのですか」と。孔先生が言うことに「違う。わしは一つのことでもって、すべてのことを貫いているのだよ（個々ばらばらに覚えているのではない）」と。

子曰、無為而治者、其舜也与。夫何為哉。恭レ己、正南面而已矣。

【読み方】

子《し》曰《いは》く、無為《むゐ》にして治《をさ》まる者《もの》は、其《そ》れ舜《しゅん》か。夫《そ》れ何《なに》をか為《な》すや。己《おのれ》を恭《うやうや》しくし、正《ただ》しく南面《なんめん》するのみと。

語釈・語法

子　男子の美称。ここでは学徳すぐれた男子の尊称で、孔子をいう。古代では「師」を称して「子」といった。**曰**　「いはく」と読み、「言うことに」「言うことには」などと訳す。「いはく」の「く」は四段の動詞「いふ」の未然形「いは」についた接尾語で、その動詞を名詞化する働きを表わす。漢文訓読のさいは「曰く……と」と結ぶのが慣例である。これに類するものに「……らく」がある。**無為而治**　なんら人為や作為を用いないで、ごく自然に人民たちを感化してよく治めること。こうした考えは、中国古代の理想政治の在り方で、とくに老荘思想においては「無為にして化す」ことを主張している。「而」は、ここでは逆接を表わす助辞。なお詳しくは前章参照。**舜也与**　舜帝でしょうか。舜は、中国古代の聖天子。有虞《ゆうぐ》氏の名。「也」は、断定を表わすことばであり、「与」は、疑問を表わす終尾辞。　**夫何為哉**　いったい何をしたのであろうか。「哉」は、嘆辞。　**恭己**　ひたすら自分の身を修め、つねに恭敬であること。　**南面**　天子の坐席のこと。天子の坐席は南に面して置かれた。天子の位につくこと。　**而已矣**　「のみ」と読み、限定を表わす終尾辞。

通釈

孔先生が言うことに「人為、作為といったようなものを用いないで、ごく自然に世の中を治めた人は、そりやあ帝舜でしょうか。舜帝はいったい何をしたでしょうか。ひたすら我が身を修め、つねに恭敬で、正しく天子の位についていていただけである」と。

子張問レ行。子曰、言忠信、行篤敬、雖二蛮貊之邦一行矣。言不二忠信一、行不二篤敬一、雖二州里一行乎哉。立則見三其参二於前一也。在レ輿則見三其倚二於衡一也。夫然後行。子張書二諸紳一。

【読み方】

子張《しちやう》行《おこな》はれんことを問《と》ふ。子《し》曰《いは》く、言忠信《げんちゆうしん》、行篤敬《おこなひとくけい》ならば、蛮貊《ばんぱく》の邦と雖《いへど》も行《おこな》はれん。言忠信《げんちゆうしん》ならず、行《おこなひ》篤敬《とくけい》ならずんば、州里《しうり》と雖《いへど》も行《おこな》はれんや。立《た》てば則《すなは》ち其《そ》の前《まへ》に参《まじ》はるを見《み》るなり。輿《よ》に在《あ》れば則《すなは》ち其《そ》の衡《こう》に倚《よ》るを見《み》るなり。夫《そ》れ然《しか》る後《のち》に行《おこな》はれんと。子張《しちやう》諸《これ》を紳《しん》に書《しよ》す。

語釈・語法

子張　孔子の門人。姓は顓孫、名は師、子張はその字《あざな》。陳《ちん》の人で、孔子より四十八歳の年少者。**行**　物事が自分の意のままに世に行なわれること。朱子は「達」と注している。うまく思う通りにゆくこと。**子曰**　前章参照。**忠信**　「忠」は、まこと、まごころを尽すことであり、「信」は、言行一致で、うそいつわりをいわないこと。**篤敬**　行ないが手厚く、身をつつしむこと。「篤」は、厚、「敬」は、慎の意。**雖**　「たとえ……でも」の意。仮定を表わすが、推量の意を含んでいる。**蛮貊之邦**　礼義秩序のない国。「蛮」は、南方のえびすをいい、「貊」は、北方のえびすをいう。ともに礼義社会秩序のない未開の国。**州里**　自分の村里。「州」は、二千五百戸の村をいい、「里」は、二十五戸の村をいう。**行乎哉**　いったいどうして物事が自分の思う通りにうまく世に行なわれるはずがあろうか（行なわれるはずがない）。反語の句法で「何行乎哉」と同じ。**則**　前後の節の中間にあって「……らばすなはち」「……ればすなはち」など、仮定や条件と帰結との密接な関連を表わす助辞。なお「……はすなはち」と読み、「A則B、C則D（AすなわちB、CすなわちD）」のように、二つのことを対比して「AはBであり、CはDである」の意を表わすこともある。**見其**　「其」は、指示詞で、忠信篤敬をさしている。**参**　まじわること。一体となる。**倚**　よりかかる。**於**　「に」「を」「より」の意を表わす助辞。訓読のさいはその場で読まないで、下の語に「ニ」「ヲ」「ヨリ」などと送りがなを施して返って読む。ここでは「ニ」と送り、起点を表わす助辞。なお、「ヨリ」と読んだ場合「於」の上に形容詞が置かれたときは、この「於」は、比較を表わすことに注意してほしい。**在輿**　車に乗っているとき。**衡**　車のながえ（轅）の端についている横木で、馬の首のあたる所のもの。**夫**　発語の辞。**諸**　「之乎」の合字で、指示詞。「これ」と読む。**紳**　大帯を束ねたそのあまりの部分を長くたらした飾り。

通釈

子張が（孔先生）に自分の思うままに何でも世の中にうまく行なわれるにはどうしたらよいものかと質問した。すると孔先生が言うことに「言葉にはまごころを尽し、行ないには手厚くしてつつしむというような態度であれば、たとい野蛮な国でもうまくいくだろう。（これとは反対に）まごころを尽した言葉もなく、その行ないは手厚さもなく、つつしみというものがないとすれば、たとい小さな村里だってうまくいくはずがあるまい。立っている時には忠信や篤敬といったものが目の前にまじわり集って一体となっているように見える。車に乗っている時には忠信や篤敬といったものが車の横木に寄りかかっているように見えるものである。（つねに忠信篤敬ということに心がけ）そうなって始めて自分の思う通りに物事が行なわれるということになる」と。子張は孔先生のお言葉をきいて、大帯の前垂に書きとどめた。

子曰、可ニ与言一而不ニ与レ之言一、失レ人。不レ可ニ与言一而与レ之言、失レ言。知者不レ失レ人、亦不レ失レ言。

【読み方】

子曰《しいは》く、与《とも》に言《い》ふべくして之《これ》と言《い》はざれば、人《ひと》を失《うしな》ふ。与《とも》に言《い》ふべからずして之《これ》と言《い》へば、言《げん》を失《うしな》ふ。知者《ちしや》は人《ひと》を失《うしな》はず。亦《また》言《げん》を失《うしな》はずと。

語釈・語法

子　男子の美称。ここでは学徳すぐれた男子の尊称で、孔子をいう。古代では「師」を称して「子」といった。
曰　「いはく」と読み、「言うことには」「言うには」などと訳す。「いはく」の「く」は四段の動詞「いふ」の未然形「いは」についた接尾語、その動詞を名詞化する働きを表わす。漢文訓読のさいは「曰く……と」と結ぶのが慣例である。これに類するものに「……らく」がある。　**可**　「できる」、「してよい」、「するねうちがある」などの意。　**与**　一緒に。「ともに」と読んで、副詞的用法。　**而**　ここでは逆接を表わす助辞。下文の「而」も同じ。つぎに而の用法について少し述べておこう。①順接を表わす場合「しこうして・しかして・して・て」などと読まれる。②逆接を表わす場合「しかれども・しかも・しかるに・しかし」などと読まれる。③形容詞と動詞とを並べるさいに用いる場合「て・して・にして」などと読まれる。④代名詞として用いられる。このときは「汝・女（なんじ）」と読まれる。⑤「と」と読んで並列を表わす助辞としても用いられる。なお「活用語（日本語の用言）＋而＋活用語……」のような関係にあった場合は、上の活用語にあたる語に「にして・として・して・て」などと送りがなを施して「而」はその場で読まないことが多い。しかも「活用語＋而＋否定のことば……」「否定のことば＋而＋活用語……」というような関係にあった場合の「而」は、逆接を表わすことが多い。　**与之**　「与」は、ここでは従属を表わす助辞。つぎに「与」字の用法について記しておこう。①「A与《へと》㆑B」の場合は従属を表わし、この用法のときは「A」にあたることばがしばしば省略される。つまり、主語の省略である。②「A与《ト と》㆑B」の場合は、並列を表わし、この用法のときは前者と違って「A」が省略されることは絶対にない。③「与㆓其A㆒、寧B（其のAなる与りは、寧ろBなれ）」の場合で、「そのAであるよりは、いっそのことBの方がよい」と訳し、「与」字は、比較を表わす助辞として働いている。この場合は原則として「与」字と「A」の中間に「其」字が置かれることに注意してほしい。④文末に置かれて疑問や詠嘆を表わす終尾辞として用いられる。⑤副詞的用法として用いられる場合があり、このときは返り点がつかない。　**知者**　ものの道理をよくわきまえた人。学識のある人。

通釈

孔先生が言うことに「一緒に語り合うねうちがあるにもかかわらず、その人と語り合わないと（そうしたねうちのある）人を失うことになる。また、一緒に語り合うねうちがないのに、そういう人を相手として語り合うというと、言うべきことばもむだになってしまう。ものごとの道理をわきまえた人は、失うこともないし、また、言うこともむだにしないものだ」と。

【参　考】

相手によって、共に語るべき場合もあるし、そうでない場合もあるということを十分察知することが、知者としての真価である。これいわゆる「人をみて法を説く」という諺に通じていよう。人を失うことも、言を失うことも、これ一に知の足らなさからくるものであるという。

子曰、志士仁人、無ㇾ求ㇾ生以害ㇾ仁、有ㇾ殺ㇾ身以成ㇾ仁。

【読み方】

子《し》曰《いは》く、志士《しし》仁人《じんじん》は、生《せい》を求《もと》めて以《もっ》て仁《じん》を害《がい》すること無《な》く、身《み》を殺《ころ》して以《もっ》て仁《じん》を成《な》すこと有《あ》りと。

語釈・語法

子曰　前章参照。　**志士**　立派な志や理想のある人物のこと。　**仁人**　仁徳を立派にそなえた人。　**求生**　少しでも生きながらえようとする。　**仁**　社会集団において自然に生ずる心の働きで、親しみ愛しむところの徳である。孔子は、この仁をもって諸徳の根元と考え、この仁を自分の心にしっかりと自覚して、この働きを失わないことを学問修養の極地であるとした。　**以**　「而」と同じ。下文の「以」も同じ。　**成**　成就する。なしとげる。

通釈

孔先生が言うことに「立派な志や理想をもっている人や、仁徳を身に体しえたような人物というものは、少しでも生きながらえようとするために、仁をそこなうというようなことはなく、我が生命をすてても仁をなしとげるということがある」と。

【参　考】

自己の生命よりも、仁を重んずることを説く。これは孔子の中心思想を端的に示した有名なことばである。仁の実現こそ理想社会の基礎であり、それは志士仁人なるものに課せられた責務である。この章は「孟子」の告子上にみえる「熊掌」の章「生を舎《す》てて義を取らんものなり。」に通じるもので、極端なまでのことばでもって、仁なり、義なりを守るべきことを説いている。

子貢問ㇾ為ㇾ仁。子曰、工欲ㇾ善二其事一、必先利二其器一。居二是邦一也、事二其大夫之賢者一、友二其士之仁者一。

【読み方】

子《し》貢《こう》仁《じん》を為《な》すを問《と》ふ。子《し》曰《いは》く、工《こう》其《そ》の事《こと》を善《よ》くせんと欲《ほっ》すれば、必《かなら》ず先《ま》づ其《そ》の器《き》を利《り》す。是《こ》の邦《くに》に居《を》りては、其《そ》の大夫《たいふ》の賢者《けんじゃ》に事《つか》へ、其《そ》の士《し》の仁者《じんしゃ》を友《とも》とすと。

語釈・語法

子貢　孔子の門人。姓は端木、名は賜、子貢はその字（「字《あざな》」とは、中国で元服のときに本名以外につける名前をいう）。孔子より三十一歳の年少者。弁説がうまく、才子はだの人だったので、魯《ろ》や衛《えい》の国に仕えて、しばしば外交談判に成功した。また、理財の面に長じ金持ちであったという。孔門十哲のひとり。「孔子弟子一覧」参照。　**為仁**　仁徳を身におさめ行なうこと。　**子**　男子の美称。ここでは学徳すぐれた男子の尊称で孔子をいう。古代では「師」を称して「子」といった。　**曰**　「いはく」と読み、「言うことに」、「言うことには」などと訳す。「いはく」の「く」は四段の動詞「いふ」の未然形「いは」についた接尾語で、その動詞を名詞化する働きを表わす。漢文訓読のさいは「曰く……と」と結ぶのが慣例である。これに類するものに「……らく」がある。　**工**　大工。工匠など、細工を業とする人。　**欲**　しようとする。　**善其事**　その仕事を立派に成就すること。　**利其器**　用いる器械をよく切れるようにする。　**是邦也**　「也」は、主格を提示する助辞。　**事・友**　交際する。

通釈

子貢が（孔子に）仁徳を身におさめ行なう方法について質問した。すると孔先生が言うことに「大工が自分の仕事を立派になしとげようとすれば、必ず第一番に自分が用いる道具を鋭利にする要がある。それと同じように、現在いる国では、大夫の賢い人を選んで、その人に仕え、多くの士の中から仁徳をそなえた立派な人を選んで、その人と交際するようにすることだ（仁を行なうにはより良い師友を持ち、その人たちを範として努力するよう心がけること）」と。

子曰、人無二遠慮一、必有二近憂一。

【読み方】

子《し》曰《いは》く、人《ひと》遠《とほ》き慮《おもんぱかり》無ければ、必《かなら》ず近《ちか》き憂《うれひ》有りと。

語釈・語法

子曰　前章参照。　**遠慮**　自分の遠い将来のことをまえまえから考えておくこと。　**近憂**　自分の身近な心配事。

通釈

孔先生が言うことに「人というものは、自分の遠い将来のことを前もって十分考えておかなければ、きっと身近な心配事が起るものである」と。

【参　考】

有名なことばで、格言として人口に膾炙《かいしゃ》している。恐らく孔子の深い人生体験から生まれた感懐であろう。孔子は、ときに「学ぶにしかず」といい、勉学熟慮の上に、ますます聖人の境に歩を深めていった。その孔子の姿がこの簡潔な章にも十分窺うことができる。蘇軾が、「人間の思慮も千里の外にまで行き届かないと、患禍が几席の下にあるものだ」と評しているのは正しい。なお、「無遠慮」と「有近憂」とは、対句的表現で、これがまた警句として一層親しみ深くしている。

子曰、躬自厚、而薄責二於人一、則遠レ怨矣。

【読み方】

子《し》曰《いは》く、躬《み》自《みづか》ら厚《あつ》くして、薄《うす》く人《ひと》を責《せ》むれば、則《すなは》ち怨《うらみ》に遠《とほ》ざかると。

語釈・語法

子　男子の美称。ここでは学徳すぐれた男子の尊称で、孔子をいう。古代では「師」を称して「子」といった。**曰**　「いはく」と読み、「言うことに」、「言うことには」などと訳す。「いはく」の「く」は四段の動詞「いふ」の未然形「いは」についた接尾語で、その動詞を名詞化する働きを表わす。漢文訓読のさいは「曰く……と」と結ぶのが慣例である。これに類するものに「……らく」がある。　**躬**　自分自身の行ない。「躬」は、身に同じ。　**厚**　厚く責める。きびしく責める。　**而**　ここでは順接を表わす助辞。　**薄責於人**　人を責めるにゆるやかである。人を責めることが少ない。「於」は、「に」「を」「より」の意を表わす助辞。訓読のさいはその場で読まないで、下の語に「ニ」「ヲ」「ヨリ」などと送りがなを施して返って読む。ここでは「ニ」と送り、起点を表わす助辞。なお、「ヨリ」と読んだ場合「於」の上に形容詞が置かれているときは、この「於」は比較を表わすことに注意してほしい。**則**　前後の節の中間にあって「……らばすなはち」、「……ればすなはち」など、仮定や条件と帰結との密接な関連を表わす助辞。なお「……はすなわち」と読み、「A則B、C則D（AはすなはちBであり、CはすなはちDである）」のように、二つのことを対比する場合にも用いられる。**遠怨矣**　怨というものが（自然に遠ざかる）。「矣」は、ものごとをきっぱりと言い切る語気を表わす終尾辞で、訓読のさいは、読まない。

通釈

孔先生が言うことに「自分自身の行ないを責めるときは一層きびしく責め、他人を責めるときはゆるやかにするように心がけるというと、人からの怨みというものは自然に遠ざかるものである」と。

子曰、不㆑曰㆓如㆑之何、如㆑之何㆒者、吾末㆓如㆑之何㆒也已矣。

【読み方】

子《し》曰《いは》く、之《これ》を如何《いかん》せん、之《これ》を如何《いかん》せんと曰《い》はざる者《もの》は、吾之《われこれ》を如何《いかん》ともする末《な》きのみと。

語釈・語法

子曰　前章参照。　**如之何**　これをどうするか。これをどうしようか。疑問の句法。二度繰り返したのは、その困っている様子を強めようとするがためである。「如何」は「いかん」と読む。これが補語をとるときは「如A何（Aが補語）」のように、補語を「如」と「何」との中間に置くことに注意してほしい。「奈何」も同じ。「どうしよう」、「なんとせん」などと事の処置、手段を問う場合に用いる。「いかん」ということばに「何如」があり、これは「どうであるか」、「どんなであるか」などと事の内容、状態などを問う場合に用いる。「何若」も同じ。いずれも疑問や反語を表わすことば。　**末**　無に同じ。　**也已矣**　「のみ」と読み、ここでは断定を表わす終尾辞。「……だけである」と、限定を表わすこともあるから注意してほしい。

通釈

孔先生が言うことに「これをどうしようか、どうしようかと言わない者（心に常に疑問をいだいていないような者）に対しては、私はどう導いてよいか、導いていく方法がない」と。

【参　考】

学問に志しても、常に創意を生むべく工夫しないような人間は、どうやっても導きようがないという。「問を羞《は》づる者は聖人之を去る」（董仲舒）というように、自発的研究心こそ大切だと説く。これは孔子の教育法の一面をあらわすもので、さきの「啓発教育」という語の出典でもあった「述而」篇と合わせて考えると一層味わいが深かろう。この章はまことに簡潔ではあるが、世の学者に対する痛烈きわまる警誡の意をもっているということを十分汲みとってほしい。自発的な最初の意欲を示す「如之何」のことばは、平凡なようではあるが、容易なものではない。いまの学生は「学」は、どうやらだが、「問」は、まるっきりだめだと評される。「問」こそ自発的研究心のあらわれであることを認識したいものである。自発の教育は、それだけ自己鍛練のきびしさというものを自然要求されるものである。また、そうしたところにこそ儒家的教育の特色があったのである。

子曰、君子義以為㆑質、礼以行㆑之。孫以出㆑之、信以成㆑之。君子哉。

【読み方】

子《し》曰《いは》く、君子《くんし》は義《ぎ》以《もっ》て質《しつ》と為《な》し、礼以《れいもっ》て之《これ》を行《おこな》ひ、孫以《そんもっ》て之《これ》を出《い》だし、信以《しんもっ》て之《これ》を成《な》す。君子《くんし》なるかなと。

【語釈・語法】

子　男子の美称。ここでは学徳すぐれた男子の尊称で、孔子をいう。古代では「師」を称して「子」といった。　**曰**　「いはく」と読み、「言うことに」、「言うことには」などと訳す。「いはく」の「く」は、四段の動詞「いふ」の未然形「いは」についた終尾語で、その動詞を名詞化する働きを表わす。漢文訓読のさいは「曰く……と」と結ぶのが慣例である。これに類するものに「……らく」がある。　**君子**　『論語』にみえる君子については、普通「三義」を考えればよかろう。①学問徳行ともにそなわった立派な人。才徳の高い人。②学問修業に志す人。③在位の君主。人君など。なお、この他に④高い官職にある人。高級官吏。⑤妻が夫をさしていう称などがある。　**義**　「宜」に通じて用いられる。自分の心をおさえて事のよろしきにかなうこと。　**質**　本質。根本。　**礼**　ここでは筋道の立った正しい礼義の意。　**孫**　謙遜。謙虚な態度。　**信**　人と言とよりなる文字で、人のことばが心と一致すること。まこと。　**哉**　「きっと……」などと訳され、詠嘆を表わす終尾辞。

通釈

孔先生が言うことに「君子というものは、事のよろしきにかなう義をその本質とし、秩序正しい礼義でもってこの義を実践し、謙遜なことば態度でもって、この義を口に出し、まことの精神でもって、この義を成就させるものである。これでこそきっと立派な君子だろうよなあ」と。

子曰、君子求㆓諸己㆒、小人求㆓諸人㆒。

【読み方】

子《し》曰《いは》く、君子《くんし》は諸《これ》を己《おのれ》に求《もと》め、小人《せうじん》は諸《これ》を人《ひと》に求《もと》むと。

語釈・語法

子曰・君子　前章参照。　**求**　責めるの意。　**諸**　指示詞ではあるが、特定のものをさすのでない。「之於」の合字で、「求㆓諸己㆒」は「求㆓之於己㆒」と同じ。

通釈

孔先生が言うことに「君子というものは、ことが起ると先ず自分の身に反省して自分を心から責めるものであるが、小人というものは、他人をひどく責めとがめるものである」と。

【参　考】
『中庸』に「君子に似たる有り。諸《これ》を正鵠《せいこく》に失ふときは、諸を其の身に反求す。」（第十四章）とみえ、また『孟子』「離婁上」には「人を愛して親まれざれば、其の仁に反《かえ》れ。人を治めて治まらざれば、其の智に反れ。人に礼して答へられざれば、其の敬に反れ。」ともみえるように、「修己」にともなう反省の倫理こそは、儒家思想の根幹をなすものである。いつどのような場合においても、自分の行為の結果を凝視し、つねに反省の精神に立ちむかう姿こそ孔子の最も貴しとしたところであった。

子曰、君子不㆓以㆑言挙㆒人。不㆓以㆑人廃㆒言。

【読み方】
子《し》曰《いは》く、君子《くんし》は言《げん》を以《もつ》て人《ひと》を挙《あ》げず。人《ひと》を以《もつ》て言《げん》を廃《はい》せずと。

語釈・語法
子曰　前章参照。**君子**　『論語』にみえる君子については、普通「三義」を考えればよかろう。①学問徳行ともにそなわった立派な人。才徳の高い人。②学問修養に志す人。③在位の君主。人君など。なお、この他に④高い官職にある人。高級官吏。⑤妻が夫をさしていう称などがある。**以言**　ことばで。ことばを用いて。「以」は、もと日本語の上一段の動詞「用ゐる」が助辞化したものである。「すでに」と読んで、時を表わす場合もあるが、このときは返り点はつかない。**挙人**　人を登用する。人をあげ用いる。**廃言**　ことばをすてる。ことばをとりあげない。

通釈

孔先生が言うことに「君子といわれるような人は、ことばによって人をあげ用いるというようなことはない。だが逆に人によってことばを取りあげないということもない。つねに公平無私な立場に立って用、不用を行なうものである」と。

【参　考】

「憲問」篇に「徳有る者は必ず言有り。言有る者は必ずしも徳有らず。仁者は必ず勇有り。勇者必ずしも仁有らず。」と言っているように、君子たるものは常にその真相を凝視し、すぐれた人物はいうまでもなく、悪人のいったことばでも、それがすぐれたことばであったならば取りあげるべきだろう。ことばは人のすべてではない。時には巧言令色の者もいる。だからこそ君子たる者は、明確な判断力と、適正な取捨力とを兼ねそなえていなくてはならないのである。

子貢問曰、有下一言而可二以終身行一レ之者上乎。子曰、其恕乎。己所レ不レ欲、勿レ施二於人一。

【読み方】

子《し》貢《こう》問《と》ひて曰《いは》く、一言《げん》にして以《もっ》て終身《しゅうしん》之《これ》を行《おこな》ふべき者《もの》有《あ》るかと。子《し》曰《いは》く、其《そ》れ恕《じょ》か。己《おのれ》の欲《ほっ》せざる所《ところ》、人《ひと》に施《ほどこ》すこと勿《なか》れと。

語釈・語法

子貢　孔子の門人。姓は端木、名は賜、子貢はその字（「字《あざな》」とは、中国で元服のときに本名以外につける名前をいう）。孔子より三十一歳の年少者。弁説がうまく、才子はだの人だったので、魯《ろ》や衛《えい》の国に仕えて、しばしば外交談判に成功した。また理財の面に長じ、金持ちであったという。孔門十哲のひとり。「孔子弟子一覧」参照。

一言而　「一言以……」と同じで、「たった一字で」の意。**可以**　「できる」「してよろしい」「するねうちがある」などの意で「ねばならない」の意ではない。**終身**　身の終るまで。一生涯。**者**　「こと」と訳して当る。上の「一言」を受けることば。**子曰**　孔先生が言うことには、「子」は、前章参照。**其恕乎**　そりゃあ本当に思いやりの心だろうね。「其……乎」は「それ……か」と読む。「其」は、発語の辞で、「実に」「まったく」「まことに」などの意。「乎」は、ここでは軽い疑問詞で、婉曲用法である。「恕」は、「心」と「如」とよりなる会意形声文字で、自分の心のように人の心を考えてやること。つまり、思いやりのある心。「わが身をつねって人の痛さを知れ」というようなことが「恕」と思えばよかろう。**所不欲**　自分が人からしてもらいたくないようなことがら。**勿施於人**　他人におしつけるようなことはしちゃいけない。恕の心を守ること。「勿」は、「なかれ」と読み、禁止を表わすことば。「於」は「に」「を」「より」の意を表わす助辞。漢文訓読のさいは、その場で読まないで、下の語に「ニ」「ヲ」「ヨリ」などと送りがなを施して返って読む。ここでは「ニ」と送り、起点を表わす助辞。なお、「ヨリ」と読んだ場合、「於」の上に形容詞・形容動詞などが置かれたときは、この「於」は、比較を表わすことに注意してほしい。

通釈

子貢が（孔先生に）尋ねて言うことに「たった一字で一生涯それを実行していくようなねうちのあることばがあるものでしょうか」と。すると孔先生が言うことに「そりゃ恕だろうね。（その恕というのは）自分が人からしてもらいたくないようなことは、他人にもしないということだよ」と。

【参　考】

この章は孔子がわが過去の生き方を通して、そこに一貫したものの存したことを示したとき、曾子がその統一性の理念を「忠恕」と解した「里仁」篇の章と相関連する。あるとき子貢は、孔子のすぐれた人格を「多く学んで之を識《し》るもの」（衛霊公）と考え、孔子に「非なり」と答えられた。そこには一貫した「恕」「忠恕」なるものがあった。「恕」とは、「わが身をつねって人の痛さを知れ。」ということで、「あわれみ」の感情、愛の精神である。この心をおしすすめると「仁」になるから、一生行なうに足る道であるといえるわけである。孔子は「恕」の内容、あるいは方法を示して「己の欲せざる所、人に施すこと勿かれ。」と説明している。孔子が最高の徳としたのは「仁」であった。ところが孔子は子貢に「仁」といわないで、「恕」といっている。それは「恕」こそ「仁」に到達する重要な手段であったからである。孔門における教育方法は、このように具体的な、しかも実践的なものに根ざすものであったのである。

子曰、吾嘗終日不レ食、終夜不レ寝、以思。無レ益。不レ如レ学也。

【読み方】

子《し》曰《いは》く、吾《われ》嘗《かつ》て終日《しゆうじつ》食《くら》はず、終夜《しゆうや》寝《い》ねず、以《もつ》て思《おも》ふ。益無《えきな》し。学《まな》ぶに如《し》かざるなりと。

語釈・語法

子　男子の美称。ここでは学徳すぐれた男子の尊称で、孔子をいう。古代では「師」を称して「子」といった。
曰　「いはく」と読み、「言うことに」「言うことには」などと訳す。「いはく」の「く」は四段の動詞「いふ」の未然形「いは」についた接尾語で、その動詞を名詞化する働きを表わす。漢文訓読のさいは「曰く……と」と結ぶのが慣例である。これに類するものに「……らく」がある。**嘗**　以前に。**終日**　一日中。**不食**　食事をしない。**終夜**　一晩中。**不如学**　勉学するにこしたことはない。「不如（若）……」は「……に如かず」と読み、「……に及ばない」「……にこしたことはない」と訳す。比較の句法。**也**　ここでは、断定を表わす終尾辞。

通釈

孔先生が言うことに「私は以前に一日中食事もしないで、また一晩中寝ることもしないで、大いに思索にふけりきったことがある。だが何ら得ることはなかった。（思索も大切なことだが、深く思い悩んでいるよりも）勉学するにこしたことはないものだ」と。

【参　考】

この章はけっして思索を軽視しているのではない。自分がいたずらに思索にふけって心身を疲れさせた経験を述べて、古の聖賢の言行を学ぶことが大切であると教えたものである。思索と学問とは、常にバランスがとれていなければならない。したがって「為政」篇の「学んで思はざれば則ち罔《くら》く、思ひて学ばざれば則ち殆《あやう》し。」の章と考え合わせると、一層味わいが深まろう。荀子が「吾嘗《かつ》て終日にして思ふ。須臾《しゅゆ》の学ぶ所に如《し》かざるなり」（勧学）といっているのは、本章の意を受けての言である。一方に偏したものは、自己の修養になんら益のないことを説いているのである。また、孔子の教学が、あくまで実践に根ざすものであることも、この章にはっきりとあらわれている。

子曰、君子謀レ道不レ謀レ食。耕也、餒在二其中一矣。学也、禄在二其中一矣。君子憂レ道不レ憂レ貧。

【読み方】

子《し》曰《いは》く、君子《くんし》は道《みち》を謀《はか》りて食《しょく》を謀《はか》らず。耕《たがや》すや、餒《うえ》其《そ》の中《うち》に在《あ》り。学《まな》ぶや、禄《ろく》其《そ》の中《うち》に在《あ》り。君子《くんし》は道《みち》を憂《うれ》へて貧《ひん》を憂《うれ》へずと。

語釈・語法

子曰　前章参照。　**君子**　『論語』にみえる君子については、普通「三義」を考えればよかろう。①学問徳行とともにそなわった立派な人。才徳の高い人。②学問修養に志す人。③在位の君主。人君など。　**謀道**　人としての道についておもんぱかる。「謀」は、事に先だって方法をはかり考える。おもんぱかる。営みもとめる。　**耕**　農業をいとなむ。農耕。　**餒**　飢のこと。腹がすいてぐったりする。一説に「餒」は餧（いい）で、飯のことだという。耕と学、餒と禄が、それぞれ原因と結果となって二句の対句が完成される。一説の方が理解しやすい。

在其中矣　何か好ましいもの、価値あるものが、ある条件によって自然に自分のものとして生じてくるというような意を表わす慣用句。「矣」は、文末におかれ、物事をきっぱりと言い切る気持ちを表わす終尾辞。**学也**　上文の「耕也」の「也」も同じ働きで、「……する時には」「……する時にも」などの意を表わすもので、時を示す助辞。「学」は、道を求めようとはかる。**禄**　俸禄。俸給。**憂道**　人としての道について心配する。

通釈

孔先生が言うことに「君子といわれるような人は、人の道についてはおもんぱかれるけれども、(衣)食のことなどはおもんぱからない。農耕をしていても(天災などによって)飢えることはある。勉学をしても(俸給は学問と無関係ではあるが)俸給というものは自然にもらえるようになる。かようなわけで君子は人の道について心配するけれども、貧乏については何一つ心配しないのである」と。

【参　考】

安井息軒が「孔子の時、けだし学に志して貧を憂え、耕を念ふ者有り。故にこれをもってこれを警むるなり。」といっているように、世の人びとに学問を勧めたことばであろう。ともすれば禄にのみ走りがちな人びとに、学問をして立派な人格者となれば、自然に認められて俸禄をもらえるようになるものだと教えたものである。「為政」篇に「子張禄を干《もと》めんことを学ぶ。……言尤《とがめ》寡く、行悔寡ければ、禄其の中に在り。」とあるのは、「修己」「慎独」を中心にしたことばであるが、この章と合わせ考えればよかろう。こうした禄を求める処世法こそは、儒家の最も貴しとするところのものであった。したがって孔門における君子は、常に道をはかり、道を憂えるものので、けっして食をはかり、貧を憂えるものではなかったのである。

子曰、民之於㆑仁也、甚㆓於水火㆒。水火吾見㆓蹈而死者㆒矣。未㆑見㆓蹈㆑仁而死者㆒也。

【読み方】

子《し》曰《いは》く、民《たみ》の仁《じん》に於《お》けるや、水火《すゐくわ》よりも甚《はなは》だし。水火《すいくわ》は吾《われ》蹈《ふ》みて死《し》する者《もの》を見《み》る。未《いま》だ仁《じん》を蹈《ふ》みて死《し》する者《もの》を見《み》ざるなりと。

語釈・語法

子　男子の美称。ここでは学徳すぐれた男子の尊称で、孔子をいう。古代では「師」を称して「子」といった。**曰**　「いはく」と読み、「言うことに」「言うことには」などと訳す。「いはく」の「く」は四段の動詞「いふ」の未然形「いは」についた接尾語で、その動詞を名詞化する働きを表わす。漢文訓読のさいは「曰く……と」と結ぶのが慣例である。これに類するものに「……らく」がある。**民**　ここでは「人民」の意ではなく、たんに「人」という意。**民之於仁也**　人が仁というものを必要とする点においては。「仁」とは、社会集団において自然に生ずる心の働きで、親しみ愛しむところの徳である。孔子は、この仁をもって諸徳の根元と考え、この仁を自分の心にしっかりと自覚して、この働きを失わないことを学問修養の極地であるとした。**甚於水火**　水や火よりも一層大切なものである。ここの場合のように「於」の上に形容詞が置かれているときは、下の語に「ヨリ」とか「ヨリモ」という送りがなを施して訓読する。こうしたときの「於」は、比較を表わす助辞。「甚」は、はなはだ大切の意。**蹈而死者**　仁道を実践して死んだという者。「而」は、ここでは順接を表わす頁二二六参照。**矣**　文末におかれて、物事をきっぱりと言い切る語気を表わす終尾辞。**未**　「いまだ……ず」」と返って読む。再読文字。ある事柄がまだそうならないという未定を表わすことば。

通釈

孔先生が言うことに「人が仁というものを必要とする点においては、水や火などよりも一層大切である。だがしかし、水や火は飛び込んで死ぬようなものがいるが、仁をふみ行なって死んだというものはまだない（水火は人類に必須なものだが、時に災害をおこす、仁はそのようなことはないから大いに実践すべきである）」と。

季氏第十六

孔子曰、益者三友、損者三友。友レ直、友レ諒、友二多聞一、益矣。友二便辟一、友二善柔一、友二便佞一、損矣。

【読み方】

孔子《こうし》曰《いは》く、益者三友《えきしやさんいう》、損者三友《そんしやさんいう》。直《ちよく》を友《とも》とし、諒《りやう》を友《とも》とし、多聞《たぶん》を友《とも》とするは、益《えき》なり。便辟《べんべき》を友《とも》とし、善柔《ぜんじゆう》を友《とも》とし、便佞《べんねい》を友《とも》とするは損《そん》なりと。

語釈・語法

曰　前章参照。　**益者三友**　自分のためになる友だちに三通りある。　**直**　正直。直言してはばかることがない。　**諒**　信実で人を欺かない。表裏のないこと。　**多聞**　広く物事の道理を理解しているような博学の人。**矣**　文末におかれて、ある物事をきっぱりと言いきる語気を表わす終尾辞。訓読のさいは殆んど読まれない。**便辟**　体裁をつくって、正直でないこと。形ばかりにとらわれて、正直でない。　**善柔**　顔色だけにこにこしていて、信実がないこと。顔色だけをよくして、人にへつらうこと。「巧言令色」の「令色」に同じ。　**便佞**　口先だけでうまいことを言う。

通釈

孔先生が言うことに「自分のためになる友達が三種類、損になる友達に三種類ある。正直な人を友とし、信実で人を欺かない誠ある人と交際し、博学な人を自分の友達とすれば、自分のためになる。しかし、形ばかりにとらわれていて、正直でない人を友とし、顔色だけをよくして人にへつらう者を友達とし、口先だけうまい者を自分の友達とすれば、自分の損になるものだ」と。

孔子曰、君子有㆓三戒㆒。少之時、血気未㆑定。戒㆑之在㆑色。及㆓其壮㆒也、血気方剛。戒㆑之在㆑闘。及㆓其老㆒也、血気既衰。戒㆑之在㆑得。

【読み方】

孔子《こうし》曰《いは》く、君子《くんし》に三戒《さんかい》有《あ》り。少《わか》き時《とき》は、血気《けつき》未《いま》だ定《さだ》まらず。之《これ》を戒《いまし》むるに色《いろ》在《あ》り。其《そ》の壮《さう》なるに及《およ》んでや、血気《けつき》方《まさ》に剛《がう》なり。之《これ》を戒《いまし》むるに闘《たう》に在《あ》り。其《そ》の老《お》ゆるに及《およ》んでや、血気《けつき》既《すで》に衰《おとろ》ふ。之《これ》を戒《いまし》むるに得《う》るに在《あ》りと。

語釈・語法

曰　「いはく」と読み、「言うことに」「言うことには」などと訳す。「いはく」の「く」は四段の動詞「いふ」の未然形「いは」についた接尾語で、その動詞を名詞化する働きを表わす。漢文訓読のさいは「曰く……と」と結ぶのが慣例である。これに類するものに「……らく」がある。　**君子**　『論語』にみえる君子については、普通「三義」を考えればよかろう。①学問徳行ともにそなわった立派な人。才徳の高い人。②学問修養に志す人。③在位の君主。人君など。なお、この他に④高い官職にある人。高級官吏。⑤妻が夫をさしていう称などがある。　**三戒**　三つのいましめ。「戒」は、警に同じ。　**少**　三十歳以前を「少」といった。　**血気**　肉体の本能的な働き。肉体によって生じる情緒、または欲求などをいう。　**未定**　はげしく動いている。定まらない。「未」は「いまだ……ず」と返って読む。再読文字。あることがらがまだそうならないという未定を表わすことば。　**在色**　男女間の交際にある。　**及其壮也**　「壮」とは、三十歳以後四十歳までをいう。「也」は、語調を整える助辞。　**剛**　つよく盛んなこと。　**闘**　人と争う。たたかう。　**老**　四、五十歳以後をいう。　**得**　財貨や利欲を得ること（ここではそうしたものを貪ること）。

通釈

孔先生が言うことに「君子には三つのいましめがある。年少のころには血気というものがまだはげしく動いて定まっていない。（したがって感情に走り、誘惑にかかりやすく、中でも）心から戒めなければならないのは、男女間の交際についてである。また壮年時代というものは、その血気は一層強く盛んである。（したがって人と争うことも多い）心から戒めなければならないことは、人と争うことである。老年時代は、血気ももはや衰えてしまう。この時代に心して戒めるべきは財貨を貪るということがないようにしなければならないということだ」と。

孔子曰、君子有㆓三畏㆒。畏㆓天命㆒、畏㆓大人㆒、畏㆓聖人之言㆒。小人不㆑知㆓天命㆒而不㆑畏也。狎㆓大人㆒、侮㆓聖人之言㆒。

【読み方】

孔子《こうし》曰《いは》く、君子《くんし》に三畏《さんゐ》有《あ》り。天命《てんめい》を畏《おそ》れ、大人《たいじん》を畏《おそ》れ、聖人《せいじん》の言《げん》を畏《おそ》る。小人《せうじん》は天命《てんめい》を知《し》らずして、畏《おそ》れざるなり。大人《だいじん》に狎《な》れ、聖人《せいじん》の言《げん》を侮《あなど》ると。

語釈・語法

曰　前章参照。　**君子**　前章参照。　**三畏**　三つのおそれつつしむこと。　**天命**　①人力では動かすことのできない天の命令。②自然の運命。幸・不幸・吉凶などのめぐりあわせ。③自然の寿命。④天が人に与えたもの。天から与えられた使命。ここでは④。　**大人**　「たいじん」と読む。①人格の高い人を呼ぶ語。徳望がすぐれ、一世の師表（世の中の手本となる人）となるような人を呼ぶ語。②人を尊んで呼ぶ語。③子どもが親を呼ぶ語。また、母・家長・伯叔父をいう。④権勢ある家がら。　**聖人之言**　古の聖賢たちの遺訓や天命の教えるもの。　**小人**　つまらない人間。①身分の卑しい人。庶民。②人格の低い者。徳のない人。③めしつかい。④自分を謙遜していうことば、など。　**而不畏**　「而」は、ここでは順接を表わす助辞。だから。　**狎**　なれて心やすくする。心やすく、なれあなどる。　**侮**　軽くみて馬鹿にする。人を軽んじなぶる。

通釈

孔先生が言うことに「君子といわれる人には、三つのおそれつつしむことがある。（それは）天が人に与えた使命なるものをおそれ、徳望すぐれた人をおそれ、古の聖賢の遺訓などをおそれてつつしむということである。（それに反して）小人というものは、天が人に与えた使命を知らないから、それ（天命）をおそれることはない。徳望すぐれた人には、なれなれしくして心やすく、古の聖賢たちの遺訓などは軽がろしくみて馬鹿にするものである」と。

【参　考】君子の畏れる三畏も、要するところ天命を畏れることがその根本をなしている。天命が道徳的使命とすれば、現在の人たる大人も、過去の人たる聖人も、ともにそれを実現している人であるから、天賦の徳性を自覚して行動することが中心をなしている。孔子の天命思想は、道徳的天命思想で、天が賦与する徳性と、それに基づく使命（救世）の自覚とを解さねばなるまい。孔子が諸国を歴遊し、道徳をもって社会秩序をととのえ、世を救おうとした情熱は、まさにこの天命の自覚によるものであったのである。

孔子曰、生而知レ之者、上也。学而知レ之者、次也。困而学レ之、又其次也。困而不レ学、民斯為レ下矣。

【読み方】孔子《こうし》曰《いは》く、生《うま》れながらにして之《これ》を知《し》る者《もの》は、上《じやう》なり。学《まな》んで之《これ》を知《し》る者《もの》は、次《つぎ》なり。困《くるし》んで之《これ》を学《まな》ぶは、又其《またそ》の次《つぎ》なり。困《くるし》んで学《まな》ばざるは、民斯《たみこれ》を下《げ》と為《な》すと。

語釈・語法

曰　「いはく」と読み、「言うことに」「言うことには」などと訳す。「いはく」の「く」は四段の動詞「いふ」

の未然形「いは」についた接尾語で、その動詞を名詞化する働きを表わす。漢文訓読のさいは「曰く……と」と結ぶのが慣例である。これに類するものに「……らく」がある。**生而知之**　生れついたままで物の道理がわかる。「生而」は「生れながらにして」と読む。「之」は、特にさすものがないから、動詞についた接尾辞と考えてよい。指示詞とみれば、道理とか、真理などをさすとみてよい。**也**　ここでは断定を表わす終尾辞。**学而知**「而」は、ここでは順接を表わす助辞。つぎに「而」の用法について述べておこう。①順接を表わす場合「しこうして・しかして・して・て」。②逆接を表わす場合「しかれども・しかも・しかるに・しかし」。③形容詞と動詞とを並べるさいに用いる場合「て・して・にして・として」。④代名詞として用いられる時は「汝・女（なんじ）」。なお「活用語（日本語の用言）＋而＋活用語……」のような場合は、活用語にあたる語に「にして・として・して・て」などを施して「而」は、その場で読まないことが多く、順接の助辞として働くことが多い。また「活用語＋而＋否定のことば……」「否定のことば＋活用語＋而＋活用語……」のような場合の「而」は逆接を表わすことが多い。**困而不学**　「困」は、ここでは困難にぶつかって自分で解決がつかないこと。「而」は、ここでは逆接を表わす助辞。**民斯為下**　世の人びとは、こういうのを下愚の人というの意。一説に、「民」は、於の誤りで、この一句は「斯に於て下と為す」、これが最低だ、と解す（宮崎市定『論語の新研究』）　**矣**　文末におかれて、ある物事をきっぱりと言い切る語気を表わす終尾辞。訓読のさいは殆んど読まない。

通釈

孔先生が言うことに「生れついたままで物の道理とか真理といったものを理解している人は上等の人間である。勉強し努力してわかる人はその次である。また困難にぶつかって（何とかわかるようになろうと）勉強する者はその次である。そして難儀をしても勉強という心をおこさない人びとこそ、もっとも下等の人とすべきである」と。

孔子曰、見レ善如レ不レ及、見二不善一如レ探レ湯。吾見二其人一矣。吾聞二其語一矣。隠居以求二其志一、行レ義以達二其道一。吾聞二其語一矣。未レ見二其人一也。

【読み方】

孔子《こうし》曰《いは》く、善《ぜん》を見《み》ては及《およ》ばざるが如《ごと》くし、不善《ふぜん》を見《み》ては湯《ゆ》を探《さぐ》るが如《ごと》くす。吾《われ》其《そ》の人《ひと》を見《み》る。吾《われ》其《そ》の語《ご》を聞《き》けり。隠居《いんきょ》して以《もっ》て其《そ》の志《こころざし》を求《もと》め、義《ぎ》を行《おこな》ひて以《もっ》て其《そ》の道《みち》を達《たっ》す。吾《われ》其《そ》の語《ご》を聞《き》けり。未《いま》だ其《そ》の人《ひと》を見《み》ざるなりと。

語釈・語法

曰　前章参照。　**如不及**　善というものは追っても追っても追いつけないようなものだと一心に追求すること。あたかも追いつけないもののように考えて一心に務める。　**如探湯**　手で熱湯を探るように、非常に恐ろしいもののように考える。傷つくのを恐れて容易に触れようとしない。　**矣**　ある物事をきっぱりと言い切る語気を表わす終尾辞。訓読のさいは殆んど読まれない。　**隠居**　世に用いられないので、退いて隠れる。世の中が乱れているために身を隠す。　**以**　ここでは接続詞としての働きで、「而」に同じ。　**求其志**　他日世が治まった後で、その志を実現するように研究する。　**行義**　官吏になろうとして義を行なうこと。官吏となって自分の志を世に行なうことのできる地位につくこと。　**達其道**　その正しい道理を世にゆきわたらせる。自分が理想として学び養ってきた道を広く世の中に行なうこと。　**未**　「いまだ……ず」と返って読む。再読文字。ある事がらがまだそうならないという未定を表わすことば。　**也**　断定を表わす終尾辞。

通釈

孔先生が言うことに「善を見たときには、これはとても自分にはできそうもない、追いつけそうもないと考えて、それに追いつこうと努力する、また不善を見たときには、熱湯に手を入れて探るような気持ちで、非常に恐ろしいもののように考えてしまう。私はこのような人を実際に見たこともあるし、またそのように言っていることを聞いたこともある。しかし、世に出られないために退き隠れ、後日登用されたときに自分の志を実際に実行するために、その理想を怠らずに研究し、(その日がきたときには) 人としての正しい道をふみ行なって、それを世にゆきわたらせるようにする。私はこのような言葉は聞いている、がしかし、そうしたことを実際に行なったという人はまだ一人として見てはいない」と。

陽貨第十七

陽貨欲レ見二孔子一。孔子不レ見。帰二孔子豚一。孔子時二其亡一也、而往拝レ之。遇二諸塗一。謂二孔子一曰、来、予与レ爾言。曰、懐二其宝一而迷二其邦一、可レ謂レ仁乎。曰、不可。好レ従レ事而亟失レ時、可レ謂レ知乎。曰、不可。日月逝矣。歳不二我与一。孔子曰、諾、吾将レ仕矣。

【読み方】

陽貨孔子《やうくわこうし》を見《み》んと欲《ほつ》す。孔子見《こうしまみ》えず。孔子《こうし》に豚《ぶた》を帰《おく》る。孔子《こうし》其《そ》の亡《な》きを時《とき》として、往《ゆ》きて之《これ》を拝《はい》す。諸《これ》に塗《みち》に遇《あ》ふ。孔子《こうし》に謂《い》ひて曰《いは》く、来《きた》れ、予爾《われなんぢ》と言《い》はんと。曰《いは》く、其《そ》の宝《たから》を懐《いだ》きて其《に》の邦《くに》を迷《まよ》はすは、仁《じん》と謂《い》ふべきかと。曰《いは》く、不可《ふか》なりと。事《こと》に従《したが》ふを好《この》みて亟時《しばしばとき》を失《うしな》ふは、知《ち》と謂《い》ふべきかと。曰《いは》く、不可《ふか》なりと。日月逝《にちげつゆ》く。歳我《としわれ》と与《とも》にせずと。孔子《こうし》曰《いは》く、諾《だく》、吾将《われまさ》に仕《つか》へんとすと。

語釈・語法

陽貨　春秋時代の魯（山東省）の人。季氏の家臣。名は虎。季桓氏を捕えて魯の国の政治の実権を握ったこともあるが、定公にそむいて晋《しん》に逃げた。　**不見**　「見」は、ここでは「まみゆ」と読んで、お目通りするの意。「まみゆ」は、貴人に面会するときに用いるのが原則で、敬語。　**帰**　贈る。「帰」は、贈に同じ。　**帰孔子豚**　これは中国古代の礼である。「大夫」から「士」に対して物を与えた時には、「士」は、贈られた「大夫」の家に出向いて礼を申しのべるのが当時の慣例であったので、「帰豚」という行為によせて孔子を自分の家に来させるようにしたのである。 **時其亡也**　（彼—陽貨が）家にいないのをよい機会と思って。陽貨に会うのをきらって、わざわざ不在をうかがったのである。「時」は、動詞で、「時として」と読む。「也」は、語調を整える助辞。 **拝之**　贈り物を受けたのでお礼を言うこと。 **遇諸塗**　陽貨に途中でばったりと出会った。「諸」は「之於(乎)」の合字で、「これを……に」といった場合に使う指示詞。「塗」は、途に同じで、道路、小道をいう。ここでは「途中」の意。 **謂孔子曰**　孔子に向って言うことに。「曰」は「いはく」と読み、「言うことに」「言うことには」などと訳す。「いはく」の「く」は四段の動詞「いふ」の未然形「いは」についた接尾語で、その動詞を名詞化する働きを表わす。漢文訓読のさいは「曰く……と」と結ぶのが慣例である。これに類するものに「……らく」がある。 **来**　近くまでおいで下さいの意。 **予与爾**　「与」は、ここでは従属を表わす助辞。つぎに「与」字の主な用法について述べておこう。①「A、与《と》レB」の場合は従属を表わし、この用法のときは「A」に相当することばがしばしば省略される。つまり、主語の省略である。②「Aト与《と》レB」の場合は並列を表わし、この用法のときは前者と違って「A」が省略されることは絶対にない。③「与ニ其A一、寧B（其《そ》のAなる与《よ》りは、寧《むし》ろBなれ）」の場合で、「そのAであるよりは、いっそのことBの方がよい」と訳し、「与」は、比較を表わす助辞として働いている。この場合は原則として「与」字と「A」との中間に「其」字が置かれることに注意してほしい。④文末に置かれて疑問や詠嘆を表わす終尾辞として用いられる。⑤副詞的用法として用いられる場合があり、このときは返り点がつかない。 **懐其宝而迷其邦**　宝とすべきすぐれた才徳を胸に懐いているにもかかわらず、それを用いて国を救おうとしないで、自分の国を迷い乱れたままにしておくの意。「而」は、ここでは逆接を表わす助辞。 **可謂仁乎**　仁と評してもよろしいかの意。「仁」は、ここでは人を救うことをいう。「可謂……乎」は「……と評してよいか」と訳し、疑問の句法。「可」は「……きる。……してよい」の意。「乎」は、疑問を表わす終尾辞。 **従事**　政事にしたがう。世の中を救済するような仕事をする。 **亟**　しばしば。何度も。せわしい。ひんぱんなこと。　失時　時機を失う。よい機会をのがす。逝　行き去ること。行ってかえらないこと。逝去。逝水。矣　ここでは完了を表わす終尾辞。訓読のさいは読まない。歳不我与　年月は、私といっしょに止っていない。歳というものは、いつまでも若いままでありたいものだという自分の心といっしょに行動してはくれない。「与」は「ともにす」で「いっしょにする」の意。動詞（サ変）として用いられている。諾　承知の意を表わすことば。　将「まさに……（せんと）す」と返って読む。再読文字。ここでは「……しようと思う。……したいと思う」の意で、願望または未来のことを示すために用いられている。　仕矣　「矣」は、文末におかれ、あるものごとをきっぱりと言い切る語気を表わす終尾辞。

通釈

陽貨が孔子にお目通りしようと思った。しかし、孔子は会おうとされなかった。（そこで陽貨は）孔子に豚を贈った（礼を尊ぶ孔子のことだから、必ず返礼にくると思ったからである）。ところが孔子は陽貨の不在をみはからって出かけ、さきの贈り物に対しての返礼をすませてしまった。（うまくいったと思ったところが）陽貨に途中でばったりと出合ってしまった。陽貨は孔子に向って言うことに「どうぞこちらへ、私はあなたとご面談したいと思っていました」と。（そこで陽貨が）言うことに「自分の身に宝ともすべき才能・学徳を備えているのにもかかわらず、自分のすんでいる国を乱れたままにしておくというのは、仁といえましょうかね」と。（孔子が）言うことに「（仁とは）とてもいえません」と。では「政事にたずさわって庶民を救うような仕事をしてみたいと思っていて、しかも幾度も幾度もよい機会を逃してしまうというのは、知者と言えましょうか」と。（孔子が）言うことに「知者とはとてもいえません」と。月日はどんどん過ぎ去って行くし、歳というものは一瞬たりとも待っていてはくれません。孔子が言うことに「はあ、わしも仕官することにしましょう」と。

子曰、性相近也。習相遠也。

【読み方】

子《し》曰《いは》く、性相近《せいあいちか》し。習相遠《しゅうあいとう》しと。

語釈・語法

子　男子の美称。ここでは学徳すぐれた男子の尊称で、孔子をいう。古代では「師」を称して「子」といった。**曰**　言うことには。言うには。「いはく」と読み、「く」は四段の動詞「いふ」の未然形「いは」についた接尾語で、その動詞を名詞化する働きをあらわす。**性**　天性。生まれつき。**相近**　「相」は、互いに、相互にの意。「近」は、近似、似かよっているの意。**習**　習慣。後天的に身につけたもの。**遠**　隔たって差ができる。

通釈

孔先生がおしゃることには、「人の生まれつきは、だいたい似たりよったりである。しかし、後天的に身につけた習慣によって大きな隔たりができるものである」と。

【参　考】

人間は後天的な習慣によって大きな変化が生ずるというこの考え方は、教育論の立場からも重視しなければならない。ルソーの「万物は神の手を離れるときは善であるが、人の手に移るとだいなしにされる」（エミール）

や、ペスタロッチの「玉座の上にあっても、木の葉の屋根のかげに住んでも同じ人間、その本質からみた人間とは何であろうか」（隠者の夕暮）などと共通した人間性への態度がうかがわれる。孔子は教化の可能性を信じ、その一生を教育についやして、死にいたるまで希望をすてなかった。まこと人類の教師たるにふさわしい孔子のことばである。

子之二武城一、聞二弦歌之声一。夫子莞爾而笑曰、割レ鶏焉用二牛刀一。子游対曰、昔者偃也、聞二諸夫子一。曰、君子学レ道、則愛レ人、小人学レ道、則易レ使也。子曰、二三子、偃之言是也。前言戯レ之耳。

【読み方】

子《し》武城《ぶじやう》に之《ゆ》き、弦歌《げんか》の声《こゑ》を聞《き》く。夫子《ふうし》莞爾《くわんじ》として笑《わら》ひて曰《いは》く、鶏《けい》を割《さ》くに焉《いづく》んぞ牛刀《ぎうたう》を用《もち》ひんと。子游《しいう》対《こた》へて曰《いは》く、昔者《むかし》偃《えん》や、諸《これ》を夫子《ふうし》に聞《き》けり。曰《いは》く、君子《くんし》道《みち》を学《まな》べば、則《すなは》ち人《ひと》を愛《あい》し、小人《せうじん》道《みち》を学《まな》べば、則《すなは》ち使《つか》ひ易《やす》きなりと。子《し》曰《いは》く、二三子《し》、偃《えん》の言《げん》是《ぜ》なり。前言《ぜんげん》は之《これ》に戯《たはむ》るるのみと。

語釈・語法

之　行く。　**武城**　魯国（山東省）の町の名。当時、子游は武城の長官で、礼楽を盛んにして政治を行なっていた。　**弦歌之声**　琴や瑟をひきながら歌をうたう。正しい音楽の音色。「弦歌」は、道徳・礼儀で治める政治の現われとされた。　**夫子**　①大夫《たいふ》の位にある者、また官位にある者の敬称。②知識や徳のある年長者の敬称。③特に孔子の弟子たちの、孔子に対する尊称。④広く先生の意味で対称に用いる。⑤妻が夫に対する敬称。ここでは、孔子をさす。　**莞爾而笑**　「莞爾」は、にっこりと笑うさま。わが意をえたりと笑うさま。　**曰**　前章参照。　**割鶏焉用牛刀**　鶏を料理するのに、どうして牛刀を用いる必要があろうか（そんな必要はあるまい）。反語の句法。小事を処理するのに、大器はいらないというたとえ。「焉」は、疑問または反語を表わす助辞。「牛刀」は、牛を料理するような大きな刀。　**子游**　孔子の門人。姓は言、名は偃《えん》、子游はその字《あざな》。孔門十哲のひとり。「孔子弟子一覧」参照。　**対**　おこたえする。①目下の者が目上の者に対して答える場合、敬語法として「対」を用いる。②人の質問に対して答える場合にも用いられる。　**昔者**　むかし。かつての意。「者」は、時を表わすことば。　**偃也**　「也」は、ここでは提示を表わす。　**諸**　「之乎（於）」の合字で、「これを……に」というようなときに、指示語として使われる。　**君子**　ここでは、位にあって政治を行なう者をいう。為政者。『論語』にみえる君子については普通「三義」を考えればよかろう。①学問徳行ともにそなわった立派な人。才徳の高い人。②学問修養に志す人。③在位の君主。人君。なお、この他に④高い官職にある人。高級官吏。⑤妻が夫をさしていう称などがある。　**則**　前後の節の中間にあって「……らばすなはち」「……ればすなはち」など、仮定や条件と帰結との密接な関連を表わす助辞。なお、「……はすなはち」と読み、「A則B、C則D（AはすなわちBであり、CはすなわちDである）」のように、二つのことを対比する場合にも用いられる。　**小人**　ここでは一般庶民のこと。上文の「君子」の対語。　**学道**　「道」は、礼楽のことをいう（孔安国）。　**也**　断定を表わす終尾辞。　**子曰**　「子」は、もと男子の美称。ここでは学徳すぐれた男子の尊称で、孔子をいう。古代では「師」を称して「子」といった。　**二三子**　そばにいる弟子たちへの呼びかけのことば。愛弟子たちよ。お前たちよ。
偃之言是也　偃の意見は正しい。偃がいったことばは当たっている。「是也」は、正しい。道理にかなっている。
耳　「のみ」と読み、「……だけだ。……だけである」など、断定あるいは限定を表わす終尾辞。

通釈

孔先生が魯の武城という町に行かれたとき、この町で琴や瑟に合わせて歌っている人びとの声を聞いた。(この町の長官は、孔子の弟子である子游という人であった。そしてこの町の政治は、孔子の礼楽をもって政治の基本とする教えにぴったりとかなっていた。これをまのあたり見た孔子は全く得意になって)にっこりと笑いながら(子游に向って)言うことに「鶏を料理するのに(武城の町を治めることのたとえ)、どうして牛を料理する庖丁を使う(礼楽の道を用いることのたとえ)必要があろうか。(そんな必要はあるまい)」と。すると子游がお答えして言うことに「以前に私はつぎのようなことを孔先生からお聞きいたしました。それは人の上に立つ者が礼楽の道を勉強すれば、人間を愛するようになるし、また一般庶民がこの礼楽の道を勉強すれば、使いやすくなる」と。孔先生が言うことに「君たちよ、いまの偃のことばは正しいのだ。わしが前に言ったことばは冗談に過ぎないのだよ」と。

【参考】

「鶏を割くに焉んぞ牛刀を用ひん」という諺の出典である。孔子の政治の基本をなすものは、礼楽をもって治めることで、『論語』「述而」篇に「子斉に在りて韶を聞くこと三月。肉の味を知らず。曰く、図らざりき、楽を為ることの斯に至らんとは。」とみえ、また「泰伯」篇には「子曰く、詩に興り、礼に立ち、楽に成る。」ともいっている。弟子の子游は、その教えを忠実に実行しているのをみて、心から喜んだ。小人といえども、道を学ぶことによって、豊かな、うるおいのある、暖かい人間性が育ち、政治は道に適い、うまく治められることを強調する。「鶏を割くに焉んぞ牛刀を用ひん」には異説もある。「通釈」、「語釈」の項にのべた他に、武城のような狭い土地を治めるのに、子游のようなすぐれた人物を使うのはもったいないと解する説もあるが、孔子が果してそんな考えを持ったであろうか。恐らくそうではあるまい。とにかく子游は、孔子の真意をつかめず、くいちがってしまったので、孔子はほんの冗談なのだよと、軽くそらしてしまった。聖人孔子もときには冗談をいうときもあった。もちろん孔子の教えを忠実に実行している純真な子游は、孔子の愛する弟子の一人であったのである。

仏肸召。子欲レ往。子路曰、昔者由也聞二諸夫子一。曰、親於二其身一為二不善一者、君子不レ入也。仏肸以二中牟一畔。子之往也如レ之何。子曰、然、有二是言一也。不レ曰レ堅乎、磨而不レ磷。不レ曰レ白乎、涅而不レ緇。吾豈匏瓜也哉。焉能繫而不レ食。

【読み方】

仏肸《ひつきつ》召《め》す。子《し》往《ゆ》かんと欲《ほつ》す。子路《しろ》曰《いは》く、昔者《むかし》由《いう》や諸《これ》を夫子《ふうし》に聞《き》けり。曰《いは》く、親《みづか》ら其《そ》の身《み》に於《お》いて不善《ふぜん》を為《な》す者《もの》には、君子《くんし》は入《い》らざるなりと。仏肸中牟《ひつきつちゆうぼう》を以《もつ》て畔《そむ》けり。子《し》の往《ゆ》くや之《これ》を如何《いかん》せんと。子曰《しいは》く、然《しか》り、是《こ》の言《げん》有《あ》るなり。堅《かた》きを曰《いは》はずや、磨《ま》すれども磷《うす》ろがず。白《しろ》きを曰《いは》はずや、涅《でつ》すれども緇《くろ》まず。吾豈《われあ》に匏《はう》瓜《くは》ならんや。焉《いづくん》ぞ能《よ》く繫《かか》りて食《くら》はれざらんや。

語釈・語法

仏肸　晋の大夫《たいふ》趙簡子の邑（中牟）の宰だという。（孔安国）仏肸が孔子を召したのは哀公の五年という（正義）から、孔子六十三歳ごろになる。　**子**　男子の美称。ここでは学徳すぐれた男子の尊称で、孔子をいう。古代では「師」を称して「子」といった。　**子路**　孔子の門人。姓は仲、名は由、字《あざな》は子路、または季路。魯《ろ》(山東省)の人で、孔子より九歳の年少者。勇を好み、信義を重んじた。魯《ろ》や衛《えい》に仕えて、哀公の十五年に六十四歳で他郷に非業の死を遂げた。孔門十哲のひとり。「孔子弟子一覧」参照。**曰**「いはく」と読み、「言うことに」「言うには」などと訳す。「いはく」の「く」は四段の動詞「いふ」の未然形「いは」についた接尾語で、その動詞を名詞化する働きを表わす。漢文訓読のさいは「曰く……と」と結ぶのが慣例である。これに類するものに「……らく」がある。**昔者**「むかし」と読む。「者」は、ここでは時を表わすことば。**由也**「也」は、ここでは提示を表わす助辞。**諸**「之乎（於）」の合字で、「これを……に」というような場合、指示詞として用いられる。**夫子**前章参照。**親**自らの意。**君子不入**「不入」に諸説あり。①その国に入らない。②その家に入らない。③その党に入らない。「君子」については、前章参照。**以中牟畔**自分の領地を押領して主人にそむいた。**如之何**「如何」は、いかがなものか。どういうものであるか。「いかん」と読み、これが補語をとるときは「如A何（Aが補語）」のように、補語を「如」と「何」との中間に置くことに注意してほしい。「奈何」も同じ。「どうしよう・なんとせん」など、事の処置、手段を問う場合に用いる。「いかん」ということばに「何如」があり、これは「どうであるか」「どんなであるか」などと事の内容、状態などを問う場合に用いる。「何若」も同じ。いずれも疑問や反語を表わすことば。**不曰堅乎**ほんとうに堅いものである。「不……乎」は、反語を表わす。下文の「不曰白乎」も同じ。**磨而不磷**「磷」は、石がすりへるように、目に見えないが、少しずつへっていること。「而」は、ここでは逆接を表わす助辞。下文の「而」も同じ。**涅**水中の黒土で、黒く染めるもの。**緇**衣類の黒いこと。黒色。また黒い色に染まること。**豈匏瓜也哉**いったいどうして匏瓜でありえようか（ありえない）。「豈……哉」は、反語の句法。「匏瓜」は、ふくべ。苦瓜だともいい、星の名ともいう。前二者はよかろうが、星の名は、下文の「不食」から考えて従いかねる。**焉能繫而不食**いったいどうしてぶらりと下った食べられないフクベであろうか（そうではない）。「焉……不……」、は反語の句法。「豈匏瓜也哉……而不食」と「不曰堅乎……而不緇」は、ともに成語として用いられる。

通釈

大夫の仏肸が（孔子を）招いた。そこで孔先生は行こうとなされた。その時弟子の子路が言うことに「以前に私は次のようなことを先生からうかがった。先生は、『みずからその身に善くないようなことをする者には、君子は仲間入りしない』と、仏肸という大夫は中牟の町にたてこもって背いているのに、孔先生はどうして行かれようとするのですか」と。すると孔先生が言うことに「その通りだ、確かにそういうことを言った。だがしかし、本当に堅いというものは、いくら研《と》いてもうすくならないものであり、本当に白いというものは、いくら墨で染めても黒くならないものだ（ちょうどこのように私は周囲の人びとがいくら不善者であろうとも、決して感化されることはない）。わしはフクベではない。どうしてブラリとさがって食用にも供されないような無用なものでいられようか。（決していられない）。（私は無用でいるのはたえられない、世に出て人びとのために力を尽くしたいと思う）」と。

子曰、道聴而塗説、徳之棄也。

【読み方】

子《し》曰《いは》く、道《みち》に聴《き》きて塗《みち》に説《と》くは、徳《とく》を之《こ》れ棄《す》つるなりと。

語釈・語法

子曰　前章参照。　**道聴而塗説**　道路で聞いたことがらを、すぐに路上で他の人に話しつたえること。「道」は、人の往来するところの総称。大通り。「塗」は、途に通じ、小道のこと。「而」は、ここでは順接を表わす。この句は有名な「道徳塗説」という熟語の出典で、「ちょっと聞きかじったことを、すぐに他人に話しつたえる」意味で用いられている。 **徳**　「得」に通じ、自分の身にえたものをいう。生れつき得た品性、能力なども「徳」といい、学問修養などによって得た人格、またその結果生ずる徳望（人望）、恩恵などにも徳という。古代においては「徳」は、神を知る能力であり、ついで「力」の意となった。さらに人にそなわった、また人としておさめるべき人間的な価値がある「力」の意へと発展したのである。 **棄**　自分からすてる。廃棄する。 **徳之棄也**　平叙文では「棄ㇾ徳也」とあるべきところ。倒置法。

通釈

孔先生が言うことに「道ばたで聞いたことがらを、すぐに路上で他の人に向かって説くというのは（いかに善言であろうとも、これでは身につくはずもなく）徳を自分から棄て去るようなものである」と。

子曰、予欲ㇾ無ㇾ言。子貢曰、子如不ㇾ言、則小子何述焉。子曰、天何言哉。四時行焉、百物生焉。天何言哉。

【読み方】

子《し》曰《いは》く、予《われ》言《い》ふこと無《な》からんと欲《ほっ》すと。子《し》貢《こう》曰《いは》く、子《し》如《も》し言《い》はずんば、則《すなは》ち小子《せうし》何《なに》をか述《の》べんと。子《し》曰《いは》く、天何《てんなに》をか言《い》はんや。四時《しいじ》行《おこな》はれ、百物《ぶつしやう》生ず。天何《てんなに》をか言はんやと。

語釈・語法

子曰　「子」は、もと男子の美称。ここでは学徳すぐれた男子の尊称で、孔子をいう。古代では「師」を称して「子」といった。「曰」は「いはく」と読み、「言うことに」「言うことには」などと訳す。「いはく」の「く」は四段の動詞「いふ」の未然形「いは」についた接尾語で、その動詞を名詞化する働きを表わす。漢文訓読のさいは「曰く……と」と結ぶのが慣例である。これに類するものに「……らく」がある。**欲**　ここでは意志を表わす。**子貢**　孔子の門人。姓は端木、名は賜《し》、子貢はその字《あざな》。孔子より三十一歳の年少者。弁説がうまく、才子はだの人だったので、魯《ろ》や衛《えい》の国に仕えてしばしば外交談判に成功した。また理財の面に長じ、金持ちであったという。孔門十哲のひとり。「孔子弟子一覧」参照。**如**　「もし」と読み、仮定を表わす助辞。**則**　前後の節の中間にあって、「……らばすなはち」「……ればすなはち」など、仮定や条件と帰結との密接な関連を表わす助辞。なお「……はすなはち」と読み、「A則B、C則D（AはすなわちB、CはすなわちD）」のように、二つのことを対比して「AはBであり、CはDである」の意を表わすこともある。**小子**　門人たちが自らいうことば。**何述焉**　いったい何をのべようか（述べられない）。「何……焉」は、反語の句法。「何」は、反語を表わす疑問副詞。「焉」は、反語を表わす終尾辞。「述」は、一つのことを根拠として敷衍する。ここでは孔子の教えを拠りどころとして伝え述べること。**何言哉**　いったい何を口に出しているのであろうか（言っているはずがない）。反語の句法。**四時**　春・夏・秋・冬の四季をいう。**百物**　万物に同じ。

通釈

孔先生が言うことに「私は何もいうまいと思う」と。（このことばを聞いた）子貢が言うことに「先生がもし何も言われないとしたら、私どもはいったい何を拠りどころとして先生の教えを伝え述べられましょうか（述べられるはずがない）」と。すると孔先生が言うことに「あの天は何を口に出していっているでしょうか。（これと同じように、私が口に出さないからといって、正しい教道を示せないということもなかろう。）（天が何も言わないのに）春夏秋冬の四季は規則正しく循環しており、万物はそれによって生育している。天はいったい何を口に出していっているであろうよ（何も言ってはいまい。）」と。

子曰、飽食終日、無レ所レ用レ心、難矣哉。不レ有二博奕者一乎。為レ之猶賢二乎已一。

【読み方】

子《し》曰《いは》く、飽食《はうしよく》すること終日《しゆうじつ》にして、心《こころ》を用《もち》ふる所無《ところな》ければ、難《かた》いかな。博奕《はくえき》といふ者《もの》有らずや。之《これ》を為《な》すも猶《な》ほ已《や》むに賢《まさ》れりと。

語釈・語法

子曰　前章参照。　**飽食**　満腹するほど食べる。　**終日**　一日中。　**難矣哉**　むずかしいことだなあ。困難だなあ。「矣哉」は、二字でもって「かな」と読み、詠嘆を表わす終尾辞。　**博奕**　双六《すごろく》や囲碁《いご》の類。　**為之**　「之」は、指示詞で、博奕をさす。　**賢乎已**　何もしないよりはまだましである。「乎」は、ここでは比較を表わす助辞。「已」は、「止」と通じ、何もしないことをいう。

通釈

孔先生が言うことに「満腹するほど食べて、一日中心を働かせることもないというようでは（人として成就することは）ほんとうに困難だなあ。双六とか囲碁というものがあるではないか。この遊戯は好ましくはないが、何もやらないでいるよりはましだよ」と。

子路曰、君子尚レ勇乎。子曰、君子義以為レ上。君子有レ勇而無レ義為レ乱。小人有レ勇而無レ義為レ盗。

【読み方】

子路《しろ》曰《いは》く、君子《いんし》は勇《ゆう》を尚《たつと》ぶかと。子《し》曰《いは》く、君子《くんし》は義《ぎ》以《もつ》て上《じよう》と為《な》す。君子《くんし》勇有《ゆうあ》りて義《ぎ》無《な》ければ乱《らん》を為《な》す。小《せう》人勇有《じんゆうあ》りて義《ぎ》無《な》ければ盗《たう》を為《な》すと。

語釈・語法

子路　孔子の門人。姓は仲、名は由、字《あざな》は子路、または季路。魯《ろ》（山東省）の人で、孔子より九歳の年少者。勇を好み、信義を重んじた。魯《ろ》や衛《えい》に仕え、哀公の十五年に六十四歳で他郷に非業の死を遂げた。孔門十哲のひとり。「孔子弟子一覧」参照。**曰**　「いはく」と読み、「言うことに」「言うには」などと訳す。「いはく」の「く」は、四段の動詞「いふ」の未然形「いは」についた接尾語で、その動詞を名詞化する働きを表わす。漢文訓読のさいは「曰く……と」と結ぶのが慣例である。これに類するものに「……らく」がある。**君子**　『論語』にみえる君子については、普通「三義」を考えればよかろう。①学問徳行ともにそなわった立派な人。才徳の高い人。②学問修養に志す人。③在位の君主。人君など。なお、この他に④高い官職にある人。高級官吏。⑤妻が夫をさしていう称などがある。前二者は①であり、後の一つは③であろう。**義**　「宜」に通じて用いられる。自分の心をおさえて事のよろしきにかなうこと。正義。義理。 **義以為上** 平叙文ならば「以レ義為レ上」とあるべきところ。「義」を強めるために倒置法を用いたのである。 **有勇而無義** 「而」は、ここでは逆接を表わす助辞。つぎに「而」について、二、三の用法を述べておく。①順接を表わす場合「しこうして・しかして・して・て」などと読まれる。②逆接を表わす場合「しかれども・しかも・しかるに・しかし」などと読まれる。③形容詞と動詞とを並べるさいに用いる場合「て・して・にして・として」などと読まれる。④代名詞として用いられる時もある。このときは「汝・女（なんじ）」と同じ。なお「活用語（日本言の用言）＋而＋活用語……」のような関係にあった場合は、活用語にあたる語に「にして・として・して・て」などと送りがなを施して「而」は、その場で読まないことが多く、順接の助辞の場合が多い。また「活用語＋而＋否定のことば……」、「否定のことば＋活用語＋而＋活用語……」のような関係にあった場合の「而」は、逆接を表わすことが多い。下文の「而」も逆接。

通釈

弟子の子路が言うことに「君子は勇気というものをたっとびましょうか」と。すると孔先生が言うことに「君子というものは、人としての正しい道をこそたっとぶものだ。身分のある君子が勇気はあるけれども、正しい心がなかったとしたら、それこそ世の中は乱れる。身分のない人たちが勇気があって正しい心を持っていないとしたら、平気で盗みをするようになるものだ」と。

子貢曰、君子亦有レ悪乎。子曰、有レ悪。悪下称二人悪一者上。悪下居二下流一而訕レ上者上。悪二勇而無レ礼者一。悪二果敢而窒者一。曰、賜也亦有レ悪乎。悪二徼以為レ知者一。悪二不孫以為レ勇者一。悪二訐以為レ直者一。

【読み方】

子《し》貢《こう》曰《いは》く、君子《くんし》も亦《また》悪《にく》むこと有《あ》るかと。子《し》曰《いは》く、悪《にく》むこと有《あ》り。人《ひと》の悪《あく》を称《およう》する者《もの》を悪《にく》む。下流《かりゆう》に居《ゐ》て上《かみ》を訕《そし》る者《もの》を悪《にく》む。勇《ゆう》にして礼無《れいな》き者《もの》を悪《にく》む。果敢《くわかん》にして窒《ふさ》がる者《もの》を悪《にく》むと。曰《いは》く、賜《し》や亦《また》悪《にく》むこと有《あ》るかと。徼《うかが》ひて以《もっ》て知《ち》と為《な》す者《もの》を悪《にく》む。不孫《ふそん》にして以《もっ》て勇《ゆう》と為《な》す者《もの》を悪《にく》む。訐《あば》きて以《もっ》て直《ちよく》と為《な》す者《もの》を悪《にく》むと。

語釈・語法

子貢　孔子の門人。姓は端木、名は賜《し》、子貢はその字《あざな》。孔子より三十一歳の年少者で弁説がうまく、才子はだの人だったので、魯《ろ》や衛《えい》の国に仕えてしばしば外交談判に成功した。また理財の面に長じ、金持ちであったという。孔門十哲のとり。「孔子弟子一覧」参照。　**君子**　ここでは暗に孔子をさしている。博愛仁厚の人といったような意。なお、前章参照。　**亦**　「……もまた」で、並列を表わす助辞。　**乎**　ここでは疑問を表わす終尾辞。　**子**　「子」は、もと男子の美称。ここでは学徳すぐれた男子の尊称で、孔子をいう。古代では「師」を称して「子」といった。　**称人悪**　他人の欠点を言いふらす。　**下流**　下位という意。　**而**　ここでは順接を表わす助辞。なお「而」の用法については、前章参照。　**訕上**　自分より身分の高い人の悪口をいう。　**果敢**　思い切りよく、自分から進んで事をなすこと。　**窒**　ふさがる。物の道理に通じないこと。「塞」に同じ。　**徼**　伺察する（朱子）。人の考えや動静などを私心でうかがうこと。　**不孫**　自分より上の者を犯し、尊い人をしのぐ傲慢なこと。　**訐**　他人がかくしていることを摘発する。

通釈

弟子の子貢が孔子に向って言うことに「君子でも他人を憎むというようなことがありますか」と。すると孔先生が言うことに「人を憎むということはある。他人の欠点をいいふらす者を憎む。また、下位にいながら上の者をそしる人をも憎む。そしてまた、勇気ばかりあって、礼儀をわきまえないような人も憎む、思い切りはよいが、道理に通じない人も憎む」と。さらに孔先生が言うことに「賜よ、お前にも憎むことがあるかね」と。子貢が答えて言うに「他人の考えや動静をうかがっておいて、自分はいかにも物知りだというような顔をする者を憎みます。また、傲慢で無遠慮でありながら、自分はいかにも勇者だというような態度をする人を憎むし、人の秘密をあばいておいて、しかも自分では正直だというような態度をする人をも憎みます」と。

子曰、年四十而見レ悪焉、其終也已。

【読み方】

子《し》曰《いは》く、年《とし》四十《しじゅ》にして悪《にく》まるれば、其《そ》れ終《をは》らんのみと。

語釈・語法

年四十　「四十」は「不惑《ふわく》の年」といい、人として物事に一切まどわなくなる年ごろをいう。『礼記』にも「四十を強といい、世間に出て、上に仕え働く年輩だ」といっている。　**見悪**　他人から憎まれる。一説に「君子から憎まれる」と称す。「見」は、ここでは受身を表わす助辞。　**終也已**　もうおしまいだ。「也已」は「……のみ」と読み、「……だけだ」と訳し、限定を表わす終尾辞。

通釈

孔先生が言うことに「人として四十歳にもなれば、もはや分別盛りであるのに、他人から憎まれるようでは、もうおしまいである」と。

柳下恵為㆓士師㆒、三黜。人曰、子未㆑可㆓以去㆒乎。曰、直㆑道而事㆑人、焉往而不㆓三黜㆒。枉㆑道而事㆑人、何必去㆓父母之邦㆒。

【読み方】

柳下《りうか》恵《けい》士師《しし》と為《な》りて、三《み》たび黜《しりぞ》けらる。人《ひと》曰《いは》く、子《し》未《いま》だ以《もつ》て去《さ》るべからざるかと。曰《いは》く、道《みち》を直《しょく》して人《ひと》に事《つか》ふれば、焉《いづ》くに往《ゆ》くとして三黜《ちゅつ》せられざらん。道《みち》を枉《ま》げて人《ひと》に事《つか》ふれば、何《なん》ぞ必《かなら》ずしも父母《ふば》の邦《くに》を去《さ》らんと。

語釈・語法

柳下恵　魯《ろ》の賢大夫。姓は展、名は獲。字《あざな》は禽。恵はその諡《おくりな》である。「柳下」は、封地の名ともいい、号ともいうが不詳。　**士師**　獄官の長官。裁判などもつかさどったという。『周礼』の秋官・司寇の属に「士師」があり、「士」は、刑官を、「師」は、その長をいうとある。　**三黜**　幾度もしりぞけられた。「三」は、しばしばの意。「黜」は、退に同じ。　**曰**　「いはく」と読み、「言うことに」「言うことには」などと訳す。「いはく」の「く」は四段の動詞「いふ」の未然形「いは」についた接尾語で、その動詞を名詞化する働きを表わす。漢文訓読のさいは「曰く……と」と結ぶのが慣例である。これに類するものに「……らく」がある。　**未可以**　まだ……することができない。「未」は「いまだ……ず」と返って読む。再読文字。ある事がらがまだそうならないという未定を表わす助辞。**直道**　自分の行く道をまげない。正しい道を歩むということ。**而事人**　「而」は、ここでは順接を表わす。**焉往而不三黜**　どこへ行ったって三度や四度はしりぞけられる。「焉……不……」は「いづくんぞ（いづくに）……せざらん」と読み、「いったいどうして……されないはずがあろうか（きっと……される）」の意を表わし、反語の句法。**枉**　「直」の反。そりまがること。**何必去父母之邦**　いったいどうして父母の国を立ち去る必要があろうか（そんな必要はない）。生まれ故郷を去る必要はないといっている。「何必……」は、「なんぞかならずしも……せん」と読み、「いったいどうして……の必要があろうか（ない）」と訳し、反語の句法。

通釈

柳下恵という人は獄官の長の裁判官になって、何回かしりぞけられた。するとある人が言うことに「あなたは幾度かしりぞけられ、憂き目に遭いながらも、まだこの国を去ることができないのですか」と。柳下恵が答えて言うことに「私は正しい道を正直に行なって、お上に仕えていて何回かしりぞけられたのですから、今の世ではどこへ行ってもしりぞけられるでしょう。正しい道を曲げ、不正をして時のお上に仕えるというようなことになれば、どこの国でも官吏となれる、どうして父母の国であるわが故郷魯を立ち去る必要がありましょう（そんな必要はあるまい）」と。

長沮・桀溺、耦而耕。孔子過㆑之、使㆓子路問㆑津焉。長沮曰、夫執㆑輿者為㆑誰。子路曰、為㆓孔丘㆒。曰、是魯孔丘与。曰、是也。曰、是知㆑津矣。問㆓於桀溺㆒。桀溺曰、子為㆑誰。曰、為㆓仲由㆒。

曰、是魯孔丘之徒与。対曰、然。曰、滔滔者、天下皆是也。而誰以易㆑之。且而与㆔其従㆓辟㆑人之士㆒也、豈若㆑従㆓辟㆑世之士㆒哉。耰而不㆑輟。子路行以告。夫子憮然曰、鳥獣不㆑可㆓与同㆑群。吾非㆓斯人之徒与㆒而誰与。天下有㆑道、丘不㆓与易㆒也。

【読み方】

長沮《ちやうそ》・桀溺《けつでき》、耦《ぐう》して耕《たがや》す。孔子《こうし》之《これ》を過《す》ぎ、子路《しろ》をして津《しん》を問《と》はしむ。長沮曰《ちやうそいは》く、夫《か》の輿《よ》を執《と》る者《もの》は誰《たれ》と為《な》すと。子路《しろ》曰《いは》く、孔丘《こうきう》と為《な》すと。曰《いは》く。是《こ》れ魯《ろ》の孔丘《こうきう》かと。曰《いは》く、是《こ》れなりと。曰《いは》く、是《こ》れならば津《しん》を知《し》らんと。桀溺《けつでき》に問《と》ふ。桀溺曰《けつできいは》く、子《し》は誰《たれ》と為《な》すと。曰《いは》く、仲由《ちゆういう》と為《な》すと。曰《いは》く、是《こ》れ魯《ろ》の孔丘《こうきう》の徒《と》かと。対《こた》へて曰《いは》く、然《しか》りと。曰《いは》く、滔滔《たうたう》たる者《もの》、天下《てんか》皆是《みなこ》れなり。而《しか》るに誰《たれ》と以《とも》にか之《これ》を易《か》へん。且《か》つ而《なんじ》其の人《ひと》を辟《さ》くるの士《し》に従《したが》はん与《よ》りは、豈《あ》に世《よ》を辟《さ》くるの士《し》に従《したが》ふに若《し》かんやと。耰《いう》して輟《や》めず。子路《しろ》行《ゆ》きて以《もつ》て告《つ》ぐ。夫子《ふうし》憮然《ぶぜん》として曰《いは》く、鳥獣《てうじう》は与《とも》に群《ぐん》を同《おな》じくすべからず。吾斯《われこ》の人《ひと》の徒《と》と与《とも》にするに非《あら》ずして誰《たれ》と与《とも》にせん。天下《てんか》道有《みちあ》らば、丘与《きうとも》に易《か》へざるなりと。

語釈・語法

長沮・桀溺　二人ともに隠者。当時の世を避けて隠れていた人物。　**耦而耕**　並んで畑を耕す。「耦」は、並んで耕すこと。「而」は、ここでは順接を表わす助辞。　**過之**　そこを通りかかる。　**使子路問津焉**　子路に渡し場を尋ねさせた。「使㆓A《ム》……B《ヲシテ》㆒《セ》（AにBさせた）」の形で、使役の句法。「津」は、渡し場。　**子路**　孔子の門人。姓は仲、名は由、字《あざな》は子路、または季路。魯《ろ》（山東省）の人で、孔子より九歳の年少者。勇を好み、信義を重んじた。魯《ろ》や衛《えい》に仕え、哀公の十五年に六十四歳で他郷に非業の死を遂げた。孔門十哲のひとり。「孔子弟子一覧」参照。**焉**　語調を整えるための終尾辞。**曰**　前章参照。**夫**　あの。指示詞。**執輿者**　車の手綱をとっている者。子路が御者として手綱をとっていたが、子路は車を降りて渡し場を尋ねに行っているので、この時は孔子が手綱をとっていたのである。**孔丘**　孔子のこと。本名をもって呼んでいることから見れば、卑下していることがわかる。**与**　ここでは疑問を表わす終尾辞。つぎに「与」字の用法について述べておこう。①「A与《と》レB」の場合は従属を表わし、この用法のときは「A」にあたることばがしばしば省略される。つまり、主語の省略である。②「Aト与レB」の場合は並列を表わし、この用法のときは前者と違って「A」にあたることばが省略されることは絶対にない。③「与二其A一、寧B（其《そ》のAなる与りは、寧ろBなれ）」の場合で、「そのAであるよりは、いっそのことBの方がよい」と訳し、「与」字は、比較を表わす助辞として働いている。この場合は原則として「与」字と「A」との中間に「其」字が置かれることに注意してほしい。④文末に置かれて疑問や詠嘆を表わす終尾辞として用いられる。⑤副詞的用法として用いられる場合があり、このときは返り点がつかない。**是也**　そうです。その通りです。**是知津矣**　この人が魯の孔丘ならば、渡し場ぐらいは知っていることだろう。「是」は、指示詞で、孔子をさす。**対曰**　お答えして言うことに。「対」は、ここでは尊敬語。弟子の子路が、わが師孔子に対して敬語を用いたのである。**仲由**　子路のこと。**孔丘之徒**　孔子の仲間。**滔滔者天下皆是也**　世の中が悪い方へ悪い方へと動いて行くにたとえた。「滔滔」は、水が下へ下へと流れて返らないさま。**誰以易之**　いったい誰といっしょにこの世を改革しようというのかの意。「以」は「ともに」と読み、「与」と同じ。「易」は「かえる」と読み、改革するの意。**且**　「かつ」と読み、添加を表わす。**而**　女・汝（なんじ）に同じ。**与其従辟人之士也、豈若従辟世之士哉**　「与二其A一也、豈若二B一哉」は、「其のAせん与りは、豈にBに若かんや」と読み、「与二其A一、不レ如二B一」と同じ。つまり、「Aよりは、いっそのことBのほうがよい」の意。比較の句法。一方選択を表わす。**辟人之士**　ここでは孔子をさす。孔子は共に理想を語り、道を行なうことができないと、その人を避けて他の人のところへ行って道を、理想を語ったので、このように諷刺したのである。**辟世之士**　桀溺みずから自分を称したのである。世の中から隠れている人物の意。**耰而不輟**「耰」は、播いた種子の上に土をかぶせること。「輟」は、止と同じで、やめること。**夫子**　先生。ここでは孔子をいう。**憮然**　失望して深くなげくさま。「悵然」に同じ。**不可与同群**　鳥獣といっしょに群を同じくすることはできない。山林に隠居すること。**斯人之徒**　この今の世に共に苦しんでいる人たち。「人」は、「鳥獣」の対語。

通釈

長沮と桀溺という二人の隠者が並んで畑を耕していた。孔子はそこを通りかかり、弟子の子路に渡し場をかれらに尋ねさせた。（ところが二人は答えもしないで）、長沮という一人の隠者がいうことに「あの手綱を持っているのは誰なのかね」と。子路が言うことに「（あの方は）孔丘です」と。すると隠者が言うことに「それじゃ魯の孔丘か」と。子路が言うことに「その通りだ」と。隠者が言うことに「それなら渡し場ぐらいは知っているだろうよ」と。（子路はしかたなく）桀溺に尋ねた。（だが答えないで）桀溺が言うことに「あなたはいったい誰なのさ」と。（子路が）言うことに「仲由と申します」と。（隠者が）言うことに「それじゃ魯の孔丘の仲間かね」と。答えて言うには「その通りです」と。（隠者が）言うことに「水がとうとうと低い方へと流れてやまないように、今の世の中は悪い方へと移っている。それなのにいったい誰といっしょに乱れた世を改革しようというのだね。またその上、お前さんは人を避けるような態度をしている孔丘に従っているよりは、いっそのこと世を避けて隠者の生活をしているわれわれに従った方がいいよ」と。（隠者たちはこういって）播いた種子に土をかけるのをやめなかった。子路は孔子のところに行って、これまでの経過を報告した。すると先生はがっかりなさって言うことに「鳥獣といっしょに生活するといった隠者の生活など、とてもわしにはできない。私は苦しみあえいでいる人たちといっしょに生活するのでなければ、いったい誰といっしょに生活するのだ。世の中に正しい道が行なわれているならば、私だって改革しようなどとは思いはしないよ」と。

【参　考】

孔子が魯国を去って、天下国家に遊説に出かけたのは、五十六歳ごろであった。社会秩序の乱れを憂い、乱世を救い、自分の理想とする徳治政治の実現をはかり、積極的に理想実現の情熱にもえて、天下を周遊すること十四年の久しきにわたった。しかし、社会的には何一つとして報いられるところなく、ついに登用する君主もなく、またしても魯国に帰った。ここに現実を救済しようとする儒家の積極的な人生観があった。「この人とともにする」という人類愛、人類共同の観念にもとづくという孔子教学の思想の高さが語られている。そうした孔子にめぐりあった長沮と桀溺の二人、かれらは現実の乱世を逃避して、自分ひとりを潔白に保ち、かつ安易な生活を送ろうとする、道家的思想の持ち主である。これは消極的、独善的な人生観である。中国ではこうした隠者が、人間生活の一つの理想像ともされていたのである。

子路従而後。遇㆓丈人以㆑杖荷㆑蓧。子路問曰、子見㆓夫子㆒乎。丈人曰、四体不㆑勤、五穀不㆑分。孰為㆓夫子㆒。植㆓其杖㆒而芸。子路拱而立。止㆓子路㆒宿、殺㆑鶏為㆑黍而食㆑之、見㆓其二子㆒焉。明日、子路行以告。子曰、隠者也。使㆓子路反見㆑之。至則行矣。子路曰、不㆑仕無㆑義。長幼之節、不㆑可㆑廃也。君臣之義、如㆑之何其廃㆑之。欲㆑潔㆓其身㆒而乱㆓大倫㆒。君子之仕也、行㆓其義㆒也。

道之不レ行、已知レ之矣。

【読み方】

子路《しろ》従《したが》ひて後《おく》る。丈人《ぢやうじん》の杖《つゑ》を以《もつ》て蓧《でう》を荷《にな》ふに遇《あ》ふ。子路《しろ》問《と》ひて曰《いは》く、子《し》夫子《ふうし》を見《み》たるかと。丈人《ぢやうじん》曰《いは》く、四《し》体《たい》勤《つと》めず、五穀《ごこく》分《わか》たず。孰《たれ》をか夫子《ふうし》と為《な》すと。其《そ》の杖《つゑ》を植《た》てて芸《くさぎ》る。子路《しろ》拱《きよう》して立《た》つ。子路《しろ》を止《とど》めて宿《しゆく》せしめ、鶏《けい》を殺《ころ》し黍《きび》を為《つく》りて之を食《くら》はしめ、其《そ》の二子《にし》を見《まみ》えしむ。明日《めいじつ》、子路《しろ》行《ゆ》きて以《もつ》て告《つ》ぐ。子《し》曰《いは》く、隠《いん》者《じや》なりと。子路《しろ》をして反《かへ》りて之《これ》を見《み》しむ。至《いた》れば則《すなは》ち行《さ》れり。子路《しろ》曰《いは》く、仕《つか》へざれば義《ぎ》無《な》し。長幼《ちやうえう》の節《せつ》は、廃《はい》すべからざるなり。君臣《くんしん》の義《ぎ》は、之《これ》を如何《いかん》ぞ其《そ》れ之《これ》を廃《はい》せん。其《そ》の身《み》を潔《いさぎよ》くせんと欲《ほつ》して大倫《たいりん》を乱《みだ》る。君子《くんし》の仕《つか》ふるや、其《そ》の義《ぎ》を行《おこな》はんとなり。道《みち》の行《おこな》はれざるは、已《すで》に之《これ》を知《し》れりと。

語釈・語法

子路　前章参照。　**従而後**　「従」は、孔先生のお供をしての意。「而」は、ここでは順接を表わす助辞。　**丈人**　老人ということ。長老の称。　**以杖**　杖を用いて。杖で。　**蓧**　竹で作った土を運ぶ道具。　**子**　あなた。尊称。もと男子の美称。　**見夫子乎**　孔先生にお会いになりましたか。「夫子」は、先生。ここでは孔子をさす。「乎」は、疑問を表わす終尾辞。　**四体不勤**　体を動かして仕事をしない。働かないこと。「四体」は、両手両足。　**五穀不分**　五穀の区別も知らない。一説に「五穀を分けて植えない」と解する。「五穀」は、黍・稷・稲・粱・麻をいう。一説に「稲・黍・稷・麦・菽」とする。この句は、農事に励まないことをいう。「四体不勤」「五穀不分」は、ともに孔子をさす。　**孰為**　いったい誰を……とするのか。「孰」は、「たれ」と読む。　**植杖**　杖を立ててそれによりかかる。「植」は、たてる。一説に「置く」とする。　**芸**　「くさぎる」と読む。音は「うん」。草をのぞく。草を刈る。**拱**　両手を胸の前で組み、親指をささえ合わせてする礼。**為黍**　黍の飯を炊く。**其二子**　老人の二人の子供。**焉**　文末に置いて語調を整える助辞。**子曰**　「子」は、もと男子の美称。ここでは学問徳行ともにそなわった男子の尊称で、孔子をいう。古代では「師」を称して「子」といった。「曰」は「いはく」と読み、「言うことに」「言うことには」などと訳す。「いはく」の「く」は四段の動詞「いふ」の未然形「いは」についた終尾語で、その動詞を名詞化する働きを表わす。漢文訓読のさいは「曰く……と」と結ぶのが慣例である。これに類するものに「……らく」がある。**隠者**　世をのがれて、静かに暮している人。**使子路反見之**　子路にもどって老人に会うようにさせた。「使ム二AヲシテBセ一」の形で「AにBさせた」と訳す。使役の句法。**至則行矣**　行ってみると老人はいなかった。「則」は、前後の節の中間にあって「……らばすなはち」、「ればすなはち」など、仮定や条件と帰結との密接な関連を表わす助辞。なお「……はすなはち」と読み、「A則B、C則D（AはすなわちB、CはすなわちD）」のように、二つのことを対比して「AはBであり、CはDである」の意を表わすこともある。「矣」は、ここでは完了を表わす助辞。**子路曰**　「路」は衍文で、「子曰く」の二字であったろう。この文章の目的は、儒家と老荘の人生観の相異を示すのが主眼であったろうからである。（宮崎市定著『論語の新研究』）　**不仕無義**　お上に仕えて君臣の関係を生じなければ、君臣の義務も生じない。**長幼之節**　長幼の順序を守るきまり。礼節。**如之何其廃之**　いったいどうしてこれを捨ててしまうことができようか（できない）。反語の句法。一本に「其可廃之」と「可」の字がある。**大倫**　ここでは君臣の道をいう。君臣・父子・夫婦・兄弟・朋友の間で守るべき道を「大倫」という。また五達道（義・親・別・序・信）という。なお「君臣・父子・夫婦」の道を三綱領という。

通釈

弟子の子路が（孔先生の）お供をしておくれたことがあった。一人の老人が杖で竹かごを荷なってやってくるのに出会った。子路が（その老人に）尋ねて言うことに「あなたは孔先生に会いませんでしたか」と。老人が言うことに「仕事もしないで、五穀の区別すらわからない。いったい誰を先生だなどといっているのかね」と。老人はそのまま杖を立てて草を刈りつずけた。子路はうやうやしく手をこまねいて礼をしてその場に立っていた。老人は子路を引きとめて泊らせ、鶏を殺し、黍の飯をこしらえて食べさせ、自分の二人の子どもを会わせた。その翌日、子路は老人と別れて、このことを孔子に報告した。すると孔先生が言うことに「そりゃあ隠者だろう」と。そして子路にもどってその老人に会うようにといいつけた。（そこで子路が）行ってみると、もう老人はどこかへ行ってしまっていた。（老人の子どもたちに向って）子路が言うことに「お上に仕えなければ君臣の義もない。しかし、長幼の間のきまりは棄てることはできない。だとすれば君臣の義というものが、いったいどうして棄てることができようか（できまい）。自分の身だけを清らかにしようとして、人として最も尊ぶべき道を乱している。君子が主君に仕えるというのは、その最も尊い筋道を正しく行なおうとするからである。世が乱れ、正しい筋道が実際に行なわれていないということは、（あなたの父親と同じように）もはや十分知りつくしています」と。

子張第十九

子張曰、士見レ危致レ命、見レ得思レ義、祭思レ敬、喪思レ哀。其可已矣。

【読み方】
子張曰《しちやういは》く、士《し》は危《あやふ》きを見《み》ては命《めい》を致《いた》し、得《う》るを見《み》ては義《ぎ》を思《おも》ひ、祭《まつり》には敬《けい》を思《おも》ひ、喪《そう》には哀《あい》を思《おも》ふ。其《そ》れ可《か》なるのみと。

語釈・語法

子張　孔子の門人。姓は顓孫《せんそん》、名は賜《し》。子張はその字《あざな》。陳《ちん》の人で、孔子より四十八歳の年少者。「孔子弟子一覧」参照。　**曰**　前章参照。　**士**　前章参照。ここでは、学徳があり、志の正しい節操がある人。　**見危**　人の危難にあたっては。主として君父をさす。　**致命**　自分の命をも投げ出してそれを救う。「致」は、「得る」、「授ける」などの意にも用いられる。なお「呼びよせる・まねく」などの意に使われることもある。　**見得**　利を得るときにあたっては。　**思義**　正しい筋道にかなっているかどうかということを考える。　**思敬**　つつしみの心、誠の心を失わない。　**思哀**　死者の死をいたみ哀しむ心を失わない。　**其可已矣**　それだけでよいのだ。「其」は、発語の辞。「可」は、よろしい。「已矣」は「のみ」と読んで、もと限定を表わすことばであるが、ここで断定の意として用いられている。

通釈

子張が言うことに「士というものは、人の危険を見れば命を投げ出して救い、利を得るときに際しては、それが正しい筋道に適っているかどうかを十分に考え、祭の時には慎しむことを考え、とむらいに際しては哀しむことを考える。実際、それだけでよいものだ」と。

子夏曰、日知㆓其所㆒㆑亡、月無㆑忘㆓其所㆒㆑能、可㆑謂㆑好㆑学也已矣。

【読み方】

子夏《しか》曰《いは》く、日《ひ》に其《そ》の亡《な》き所《ところ》を知《し》り、月《つき》に其《そ》の能《よ》くする所《ところ》を忘《わす》るること無《な》きは、学《がく》を好《この》むと謂《い》ふべきのみと。

語釈・語法

子夏　孔子の門人、卜商《ぼくしょう》の字《あざな》。孔子より四十四歳の年少者。孔子の詩学を伝えた。自分の主張を貫き通す強さをもっていたという。孔門十哲のひとり。「孔子弟子一覧」参照。　**曰**　「いはく」と読み、「言うことに」「言うことには」などと訳す。「いはく」の「く」は、四段の動詞「いふ」の未然形「いは」についた接尾語で、その動詞を名詞化する働きを表わす。漢文訓読のさいは「曰く……と」と結ぶのが慣例である。これに類するものに「……らく」がある。　**日……、月……**　互文形。毎日毎月の意。　**所亡**　まだ知らない、まだ行なわれていないところ。「亡」は、無に同じ。　**所能**　自分が知りえたこと。自分が身につけたこと。　**可謂好学也已矣**　学問を自ら積極的に身につけようとしている人と言うべきである。「也已矣」で「のみ」と読み、もと限定を表わす終尾辞であるが、ここでは断定を表わすことばとして用いられている。

通釈

子夏が言うことに「毎日自分が知らない新しい知識を得、毎日毎月自分が今までに知り得たことを忘れることのないようにしたならば、それこそ学問を好む人と評してよい」と。

子夏曰、博学而篤志、切問而近思。仁在二其中一矣。

【読み方】

子《し》夏《か》曰《いは》く、博《ひろ》く学《まな》びて篤《あつ》く志《こころざ》し、切《せつ》に問《と》ひて近《ちか》く思《おも》ふ。仁《じん》其《そ》の中《うち》に在《あ》りと。

語釈・語法

子夏曰　前章参照。　**而**　二つとも順接を表わす助辞。　**篤志**　厚く心に記す。志は、「識」または「記」と釈される（孔安国）。　**切問**　切実に問いただす。何晏は「切問とは、己《おのれ》学んで未だ悟らざるところの事を問ふ。」といっている。皇侃は「切は、急なり」と釈した。敏速に疑問を問いただすこと。　**近思**　自分のなかに思い求める。　**仁**　社会集団において自然に生ずる心の働きで、親しみ愛《いつく》しむところの徳である。孔子は、この仁をもって諸徳の根元と考え、この仁を自分の心にしっかりと自覚して、この働きを失わないことを学問修養の極地であるとした。　**在其中矣**　博学、篤志、切問、近思の四者を心がける、そうした中に仁を体得する要素が自然にそなわっているものである。「在其中」とは、もともと無いものが自然に生じてくるという意味の慣用句。「矣」は、文末に置いて、ある物事をきっぱりと言い切る語気を表わすことば。

通釈

子夏が言うことに「広く学び、しかも手厚く道に志してしっかりと心に銘記し、（少しでも疑問なところがあれば）真剣にその疑問解明のために問いただして（高遠な理想ではなく）身近な自分の中、実際的なことがらについて考えるようにする。仁というものは、そうした中にこそ、自然に得られるものなのである」と。

子夏曰、小人之過也、必文。

【読み方】
子夏《しか》曰《いは》く、小人《せうじん》の過《あやまち》や、必《かなら》ず文《かざ》ると。

語釈・語法

子夏　孔子の門人。卜商《ぼくしょう》の字《あざな》。孔子より四十四歳の年少者。孔子の詩学を伝えた。自分の主張を貫き通す強さをもっていたという。孔門十哲のひとり。「孔子弟子一覧」参照。**曰**　「いはく」と読み、「言うことに」「言うことには」などと訳す。「いはく」の「く」は、四段の動詞「いふ」の未然形「いは」についた接尾語で、その動詞を名詞化する働きを表わす。漢文訓読のさいは「曰く……と」と結ぶのが慣例である。これに類するものに「……らく」がある。**小人**　「君子」の対語。つまらない人間。徳のない人。**之**　上下の修飾関係を結びつける接続詞。　**過也**　「也」は、提示を表わす助辞。　**文**　かざり。「文」は、飾に同じ。あや。

通釈

子夏が言うことに「つまらん人間が過ちをした場合に、必ずその自分の過ちに対して何とか飾りたて、あれやこれやと弁解するものである」と。

子夏曰、君子有二三変一。望レ之儼然。即レ之也温。聴二其言一也厲。

【読み方】

子《し》夏《か》曰《いは》く、君子《くんし》に三変《さんへん》有《あ》り。之《これ》を望《のぞ》めば儼然《げんぜん》たり。之《これ》に即《つ》くや温《をん》なり。その言《げん》を聴《き》くや厲《はげ》しと。

語釈・語法

子夏曰　前章参照。　**君子**　『論語』にみえる君子については、普通「三義」を考えればよかろう。①学問徳行ともにそなわった立派な人。才徳の高い人。②学問修養に志す人。③在位の君主。人君など。なお、この他に④高い官職にある人。高級官吏。⑤妻が夫をさしていう称などがある。ここでは①である。　**三変**　君子というものには三通りの変化がある（君子自身が意識しているのではない）。　**望之**　「之」は、指示詞で、君子をさす。　**儼然**　おごそか。容貌が荘厳にみえる。　**即人**　君子の近く側によること。　**也**　ここでは語調を整える助辞。　**温**　なごやか。温和。　**厲**　厲きびしい。きびしいほど正しい。

通釈

子夏が言うことに「学徳のそなわった人というものは、三通りの変化がある。遠くから離れてみるとおごそかであり、近寄ってみるといかにもおだやかにみえ、そのことばを聞くときびしい」と。

子游曰、子夏之門人小子、当二洒掃応対進退一則可矣。抑末也。本レ之則無。如レ之何。子夏聞レ之曰、噫、言游過矣。君子之道、孰先伝焉、孰後倦焉。譬二諸草木区以別一矣。君子之道、焉可レ誣也。有レ始有レ卒者、其惟聖人乎。

【読み方】

子游《しゆう》曰《いは》く、子夏《しか》の門人小子《もんじんせうし》は、洒掃応対進退《さいさうおうたいしんたい》に当《あた》りては則《すなは》ち可《か》なり。抑《そもそ》も末《すゑ》なり。之《これ》に本《もと》づけば則《すなは》ち無《な》し。之《これ》を如何《こかん》せんと。子夏《しか》之《これ》を聞《き》きて曰《いは》く、噫《ああ》、言游過《げんいうあやま》てり。君子《くんし》の道は、孰《いづ》れをか先《さき》に伝《つた》へ、孰《いづ》れをか後《のち》に倦《う》まん。諸《これ》を草木《さうもく》の区《く》にして以《もっ》て別《べつ》あるに譬《たと》ふ。君子《くんし》の道《みち》は、焉《いづくん》ぞ誣《し》ふべけんや。始有《はじめあ》り卒有《をはりあ》る者《もの》は、其《そ》れ惟聖人《ただせいじん》のみかと。

語釈・語法

子游 孔子の門人。姓は言、名は偃《えん》。子游はその字《あざな》。子夏とともに文学の才をもって称せられ。**曰** 「いはく」と読み、「言うことに」「言うことには」などと訳す。「いはく」の「く」は、四段の動詞「いふ」の未然形「いは」についた接尾語で、その動詞を名詞化する働きを表わす。漢文訓読のさいは「曰く……と」と結ぶのが慣例である。これに類するものに「……らく」がある。　**子夏**　孔子の門人。卜商《ぼくしょう》の字《あざな》。孔子より四十四歳の年少者。文学をもって子游と並び称され、孔子の詩学を伝えた。自分の主張を貫き通す強さをもっていたという。孔門十哲のひとり。「孔子弟子一覧」参照。　**門人小子**　門人の中での年少者。「小子」は、やや年少者をいう。**洒掃**　水をまいたり、掃除をしたりする。　**応対**　賓客に応じてこたえる礼。　**進退**　立居振舞といった作法。**可矣**　できる。「矣」は、物事をはっきりと言い切る語気を表わすことばで、訓読のさいは読まない。　**抑**　転機を表わすことば。　**本之**　その根本について考えると。その根本を推考すると。　**則**　前後の節の中間にあって「……らばすなはち」「……ればすなはち」など、仮定や条件と帰結との密接な関連を表わす助辞。なお「……はすなはち」と読み。「A則B、C則D（AはすなわちB、CはすなわちD）」のように、二つのことを対比して「AはBであり。CはDである」の意を表わすこともある。　**如之何**　どうしたことか。非難の気持ちを含んでいる。「如何」は、いかがなものか。どういうものであるか。「いかん」と読み、これが補語をとるときは「如A何（Aが補語）」のように、補語を「如」と「何」との中間に置くことに注意してほしい。「奈何」も同じ。事の処置、手段などを問う場合に用いる。「いかん」ということばに「何如」があり、これは「どうであるか」「どんなであるか」などと事の内容、状態などを問う場合に用いる。「何若」も同じ。いずれも疑問や反語を表わす。**噫**　ああ。嘆息を表わすことば。　**言游**　子游のこと。「言」は、子游の姓。　**過矣**　まちがっている。　**君子之道**　「君子」については、前章参照。　**孰先伝焉、孰後倦焉**　互文形で、「どれを先に伝え、どれを後に伝え、どれを先に教えることをうみ、どれを後に教えることをうまない」の意。つまり、君子の道を伝えるのに先後の別があるわけでなく、教えることに何の差別もないということ。「孰……焉、孰……焉」は、反語の句法。「後倦」は「不倦」と同じで、「倦まない」の意。「倦」は、うみ怠って教えないこと。　**区**　種類によって区別があること。　**焉可誣也**　いったいどうして欺くこと（無理じいすること）ができようか（いや、できない）。「焉……也」は、反語の句法。「誣」は、欺く。無理する。まだある位置に達しないのを、あたかも達したように扱って欺くこと。**有始**　本がある。根本。　**卒**　終。末のこと。　**其唯聖人乎**　そりゃきっと聖人だけのことだろうよ。「其……乎」は「きっと……だろうよ」と訳す。「乎」は、軽い疑問詞で、婉曲用法。

通釈

子游が言うことに「子夏の門人の年少者たちは、掃除やお客の応対、あるいは立居振舞といったようなことがらに関してはできる。しかしそれは末端のことである。根本のことになると何もできるものがない。どうしたことなのか」と。子夏がこのことを耳にして言うことに「ああ、子游は間違っている。君子の道というものは、どれを先にして伝えるとか、どれを後まわしにして怠るなどいうことはできない。たとえていうと、草木を種類によって区別して植えるようなものだ。君子の道はどうして無理じいできましょうぞ（できるはずがない）。始めがあり、終りもあって、すべて完全だというのは、それこそきっと聖人だけだろうよ」と。

子夏曰、仕而優則学。学而優則仕。

【読み方】

子夏《しか》曰《いは》く、仕《つか》へて優《いう》なれば則《すなは》ち学《まな》ぶ。学《まな》びて優《いう》なれば則《すなは》ち仕《つか》ふと。

語釈・語法

子夏曰　前章参照。　**仕而優**　仕官してまだ力に余裕がある。「仕」は、仕官する。政治を行なう地位などにつく。「而」は、ここでは順接を表わす。つぎに「而」について二・三の用法を述べておこう。①順接を表わす場合「しこうして・しかして・して・て」などと読まれる。②逆接を表わす場合「しれども・しかも・しかるに・しかし」などと読まれる。③形容詞と動詞とを並べるさいに用いる場合「て・して・にして・として」などと読まれる。④代名詞として用いられる時もある。このときは「汝・女（なんじ）」と同じ。なお「活用語（日本語の用言）＋而＋活用語……」のような関係にあった場合は、活用語にあたる語に「にして・として・して・て」などと送りがなを施して「而」はその場で読まないことが多く、順接の助辞の場合が多い。また「活用語＋而＋否定のことば……」「否定のことば＋活用語＋而＋活用語……」のような関係にあった場合、「而」は逆接を表わすことが多い。「優」は、余力のあること。

通釈

子夏が言うことに「仕官してなお余力があったならば勉強する。そしてまた、勉強してなお余力があったときには官に仕えて学んだことを実行に移すようにする」と。

子貢曰、君子之過也、如㆓日月之食㆒焉。過也人皆見㆑之。更也人皆仰㆑之。

【読み方】

子《し》貢曰《こういは》く、君子《くんし》の過《あやまち》や、日月《じつげつ》の食《しょく》の如《ごと》し。過《あやま》つや人皆之《ひとみなこれ》を見《み》る。更《あらた》むるや人皆之《ひとみなこれ》を仰《あふ》ぐと。

語釈・語法

子貢　孔子の門人。姓は端木、名は賜《し》。子貢はその字《あざな》。孔子より三十一歳の年少者。弁説がうまく、才子はだの人だったので魯《ろ》や衛《えい》の国に仕えてしばしば外交談判に成功した。また理財の面に長じ、金持ちであったという。孔門十哲のひとり。「孔子弟子一覧」参照。　**君子**　『論語』にみえる君子については、普通「三義」を考えればよかろう。①学問徳行ともにそなわった立派な人。才徳の高い人。②学問修養に志す人。③在位の君主。人君など。なお、この他に④高い官職にある人。高級官史。⑤妻が夫をさしていう称などがある。　**之**　ここでは上下の修飾関係を結びつける接続詞。　**過也**　「也」は、ここでは上の語をうけて、下の語を起す働きをしている助辞。　**如**　「ごとし」と読み。「あたかも……のようである」の意。比況を表わす助辞。　**日月之食**　日食・月食のこと。　**焉**　文末に置かれて、断定の働きをする助辞。　**更**　あらためる。「改」に同じ。

通釈

子貢が言うことに「君子のあやまちというものは、ちょうどあの日食や月食のようなものである。（君子はしいて自分のあやまちを隠そうとしないから）あやまちを犯すというと人びとは皆それをみる。（しかし率直にこのあやまちを改める。）その時には（さすがに君子としての態度だといって）世間の人びとは、皆これを尊敬して仰ぎみるのである」と。

衛公孫朝問二於子貢一曰、仲尼焉学。子貢曰、文武之道、未レ墜二於地一在レ人。賢者識二其大者一、不賢者職二其小者一。莫レ不レ有二文武之道一焉。夫子焉不レ学。而亦何常師之有。

【読み方】

衛《ゑい》の公孫朝《こうそんてう》子《し》貢《こう》に問《と》ひて曰《いは》く、仲尼《ちゆうぢ》は焉《いづく》にか学《まな》べると。子《し》貢《こう》曰《いは》く、文武《ぶんぶ》の道《みち》、未《いま》だ地《ち》に墜《おち》ちずして人《ひと》に在《あ》り。賢者《けんじや》は其《そ》の大《だい》なる者《もの》を識《し》り、不賢者《ふけんじや》は其《そ》の小《せう》なる者《もの》を識《し》る。文武《ぶんぶ》の道《みち》有《あ》らざること莫《な》し。夫子《ふうし》焉《いづく》にか学《まな》ばざらん。而《しか》うして亦《また》何《なん》の常師《じやうし》か之《こ》れ有《あ》らんと。

語釈・語法

衛　周代の国名。周の武王の弟の康叔が封ぜられた所。今の河北河南両省にまたがる地域。　**公孫朝**　衛の大夫。詳しいことはわからない。　**於**　ここでは起点を表わす助辞。「に」「を」「より」などの意を表わす。訓読のさいは、その場で読まないで下の語に「ニ」「ヲ」「ヨリ」などと送りがなを施して返って読む。ここでは「ニ」と送る。なお「ヨリ」と読んだ場合、「於」の上に形容詞が置かれたときは、この「於」は、比較を表わすことに注意してほしい。例えば「霜葉紅ニ於二月花一」。　**子貢**　前章参照。　**曰**　「いはく」と読み、「言うことに」「言うには」などと訳す。「いはく」の「く」は、四段の動詞「いふ」の未然形「いは」についた終尾語で、その動詞を名詞化する働きを表わす。漢文訓読のさいは「曰く……と」と結ぶのが慣例である。これに類するものに「……らく」がある。　**仲尼焉学**　孔子はどこで学んだのか。「仲尼」は、孔子のこと。「焉」は、どこで・どうしてなどの意を表わす。疑問また反語をみちびく助辞。　**文武之進**　周代の文王や武王といった聖人たちの残した道。孔子は堯帝・舜帝・禹王・湯王・文王・武王・周公といった聖賢の道を学び、ことに周代は過去の礼楽の道を継承し、これをさらに発展させたので、「文武の道」といったのであろう。　**未**　「いまだ……ず」と返って読む。再読文字。あることがらがまだそうならないという未定を表わすことば。「未墜於地」は、亡びないということ。　**在人**　現在の人びとが（文武の道）をよく知り実践しているものがある。　**識**　おぼえている。「知・記」とも解され、朱子は「志・誌」と解している。　**莫不有文武之道焉**　文王や武王の道は、天下いたるところに存在する。「莫不有……」は二重否定を表わす。「焉」は、文末におかれ、語調を整える動詞。　**夫子**　①大夫の位にある人。または官位にある者の敬称。②知識や徳のある年長者の敬称。③孔子の弟子たちの、孔子に対する尊称。④広く、先生の意味で対称に用いる。⑤妻が夫に対する敬称。ここでは③。　**焉不学**　いったいどうして学ばないことがあろうか（いや学んでいる）。「焉不……」は「いづくんぞ……ざらん」で、反語の句法。　**而**　ここでは逆接を表わす助辞。　**何常師之有**　きまった先生は絶対にいない。反語の句法。「常師」は、きまった先生。つねに就いて勉強した師匠。

通釈

衛の大夫、公孫朝が子貢に尋ねて言うことに「孔子という人は、いったいどこの誰に学んだのですか」と。子貢が言うことに「周の文王や武王といった聖賢が説き残された道は、まだすっかり亡びないで、現在の人びとが覚えている。賢者といわれる人は、その中の大きい事を覚えており、賢くない人は、その中の小さい事を覚えている。文王や武王の道は、天下いたるところにあります。孔先生は、誰にでもよく学びました。ですから、一定のきまった先生などはありません」と。

叔孫武叔語㆓大夫於朝㆒曰、子貢賢㆓於仲尼㆒。子服景伯以告㆓子貢㆒。子貢曰、譬㆓之宮牆㆒、賜之牆也及㆑肩。窺㆓見室家之好㆒。夫子之牆数仞。不㆘得㆓其門㆒而入㆖、不㆑見㆓宗廟之美、百官之富㆒。得㆓其門㆒者、或寡矣。夫子之云、不㆓亦宜㆒乎。

【読み方】

叔孫武叔《しゆくそんぶしゆく》大夫《たいふ》に朝《てう》に語《かた》りて曰《いは》く、子貢《しこう》は仲尼《ちゆうぢ》より賢《まさ》れりと。子服景伯《しふくけいはく》以《もつ》て子貢《しこう》に告《つ》ぐ。子貢曰《しこういは》く、之《これ》を宮《きう》牆《しやう》に譬《たと》ふるに、賜《し》の牆《しやう》や肩《かた》に及《およ》ぶ。室家《しつか》の好《よ》きを窺《うかが》ひ見《み》ん。夫子《ふうし》の牆《しやう》は数仞《すうじん》なり。其《そ》の門《もん》を得《え》て入《い》らざれば、宗廟《そうべう》の美《び》、百官《くわん》の富《とみ》を見《み》ず。其《そ》の門《もん》を得《う》る者《もの》、或《あるい》は寡《すくな》し。夫子《ふうし》の云《い》へること、亦宜《またむべ》ならずやと。

語釈・語法

叔孫武叔　魯の大夫で、叔孫氏の第八代目。名は州仇《しゆうきゆう》、武は諡《おくりな》で、叔は字《あざな》。一説に武叔が諡だという。　**語大夫於朝**　大夫に朝廷で話した。「於」は、ここでは起点を表わす助辞。なお「於」字の用法については、前章参照。「朝」は、朝廷の意。　**曰**　前章参照。　**子貢**　孔子の門人。姓は端木、名は賜《し》。子貢はその字《あざな》。孔子より三十一歳の年少者。弁説がうまく才子はだの人だったので、魯や衛の国に仕えてしばしば外交談判に成功した。また理財の面に長じ、金持ちであったという。孔門十哲のひとり。「孔子弟子一覧」参照。　**賢於仲尼**　仲尼（孔子）よりもすぐれている。「於」は、ここでは比較を表わす助辞。前章参照。　**子服景伯**　魯の大夫。名は何。子服は姓。景伯は、その諡。一説に「景」は諡《おくりな》、伯は、その字《あざな》という。　**以告子貢**　「以」字の下に「曰三子貢賢二於仲尼一」が略されている。そのことを子貢に告げたの意。　**宮牆**　やしきの塀。「宮」は、もと家のことで、宮殿の意ではなかった。　**賜之牆也**　「也」は、ここでは提示を表わす助辞。　**及肩**　高さはやっと肩ぐらいの意。　**窺見**　のぞきみる。　**仞**　長さの単位で、七尺あるいは八尺という。　**室家之好**　小じんまりとした住宅の小ぎれいさ。　**夫子**　ここでは孔子をさす。なお「夫子」については、前章参照。　**不得其門而入、不見**　仮定の句法。「得其門而入」は、孔子の教学を知る正しい道をたどって、その教学に入ってみる意。やしきの塀が高いために中が見えないように、孔子の教えは外観だけでは決してわからないということ。「得」は、ここでは、見つけるの意。　**宗廟之美、百官之富**　上句は、孔子の道徳の美に、下句は、孔子の智徳の充実にたとえたもの。「宗廟」は、先祖のおたまや。「百官」は、宗廟に仕える多くの役人。「富」は、充実していること。**寡**　ほとんどない。すくない。「少」に同じ。　**夫子**　あの人。叔孫武叔をさす。　**不亦宜乎**　まことにもっともではないか。反語の句法。「不亦A乎」は、反語で、Aのところには原則として形容詞か形容動詞が置かれる。「亦」は、感嘆を表わす助辞。「宜」は、もっともである。無理もない。

通釈

叔孫武叔が大夫に朝廷で話して言うことに「子貢は孔子よりすぐれている」と。これを聞いた子服景伯がそのことを子貢に告げた。すると子貢が言うことに「やしきの塀は肩ほどの高さです。だから家の中の好さものぞき見できます。ところが孔先生の塀は数丈もありますから、門を見つけて入って行かなければ、その中の宗廟の美しさや役人たちの盛んな様子は見られません。ところが実際にその門を見つけた人は全く少ない。ですから叔孫武叔が言われたことは、なんとまあもっともなことではあるまいか」と。

堯曰第二十

孔子曰、不レ知レ命、無三以為二君子一也。不レ知レ礼、無二以立一也。不レ知レ言、無二以知一レ人也。

【読み方】

孔子《こうし》曰《いは》く、命《めい》を知《し》らざれば、以《もっ》て君子《くんし》為《た》ること無《な》きなり。礼《れい》を知《し》らざれば、以《も》て立《た》つこと無《な》きなり。言《げん》を知《し》らざれば、以《もっ》て人《ひと》を知《し》ること無《な》きなりと。

語釈・語法

曰　言うことには。言うには。「いはく」と読み、「く」は四段の動詞「いふ」の未然形「いは」についた接尾語で、その動詞を名詞化する働きをあらわす。　**命**　天命。天が人に与えた命令。　**不…無…**　否定のことばが、このように重なるときは、上句を仮定形に読むことが多い。　**無以立也**　しっかりと自分を守っていくことはできない。「立」は、世の中に立つ足場。　**知言**　相手のことばの真意がわかる。

通釈

孔先生がおっしゃることに、「天命というものを知らなければ、君子としての資格はない。また礼について知ることがなければ、世に立っていくことはできない。人のことばを正しく判別する知識がないと、人の善悪邪正を正しく知ることはできない」と。

【参　考】

「知命・知礼・知言」という君子たるものの三つの要件をもって、『論語』全章を結んでいることは、首章に応ずるものであり、そこに編者の深い配慮のあったことを汲まねばなるまい。「君子」は有徳者であり、君主であり、また大人、高官でもある。そうした人たちは、天命への自覚実践なくしては君子たる資格はない。人間が指向し、実践し、帰一すべきものは天命である。孔子は「五十にして天命を知る」と述懐しているように、それは大変な道程である。天命は人としての責任であり、義務である。礼を知ることも、人を知ることも、ともにこの天命への自覚・実践の過程においてのみ、その意義がある。天命を信ずることは儒教であり、これを学ぶことこそは、儒学である。しかもこれは中国における古来の正統的民族思想であったのである。

付録

孔子弟子一覧

【七十子】

「孔門三千人、身六芸に通ずる者七十二人」といわれるが、孔子の門人の中でも特にすぐれた者を七十子という。七十二人というのは実数ではなく、一年を七十二候に分ける考え方から出ているのであって、数の多いことをあらわしている。なお、孔子の門人は、ほとんど士か庶人で、貴族出身者はまれであった。

【十哲】

『論語』「先進」篇の中に、孔子の有名な門人十人をあげ、これを各の長所に従って四類に分けている。これを後世、孔門の四科十哲とよんでいる。

① 徳行—顔淵・閔子騫《びんしけん》・冉伯牛《ぜんはくぎゅう》・仲弓
② 言語—宰我・子貢
③ 政治—冉有・季路
④ 文学—子游・子夏

この中には有名な曽参《そうしん》・有若《ゆうじゃく》・子張などの名が見えないので、朱子は十哲というのは俗論であって、孔門の特にすぐれた門人という意味ではなくて、「陳・蔡の厄」の時に随行した十人の名であるとしている。

【顔回】

字は子淵、魯の人。孔子より三十歳わかく、四十一歳で没している。孔子が最も望みを托していた人で、孔門第一の高弟の称があり、後世亜《あ》聖《せい》（聖人につぐ人）といわれたのもゆえないことではない。天性のすぐれた人であったが、また、孔子より最も好学の士と称された。彼が死んだ時には、孔子は絶望的に「天は私を亡ぼした」とまで言った。

【曽参】

字は子輿《しょ》、曽点の子。魯の武城の人。九十余歳まで長生きした。孝をもって聞え、『孝経』『大学』『曽子』十篇を作ったといわれている。まじめな努力家型の人で、弟子が多かった。孔子の孫の子思を初め、楽正子春・公明儀などは、その門人であったという。孔子の学問は、曽子によって伝えられたところが多い。

【有若】

字は子有。孔子より十三歳(一説に三十三歳)若かった。魯の人。徳行の人であるが、知もまたすぐれ、兵事も習っていた。その顔形や気象が孔子に似ていたので、孔子の没後、門人は孔子の代りに有若を立てて仕えようとしたという。

【子貢】

姓名は端木賜。子貢は字。衛の人。孔子より三十一歳年下で、衛・魯に相となり、呉・斉に聘せられたことがある。才智人に過ぎ、弁説に巧みで、貨殖の才もあり、千金の富を有していた。当時、孔子の教えを宣揚するに力があったという。

【子夏】

姓名は卜商。子夏は字。衛の人。孔子より四十四歳若く、しかも孔門中最も長寿で、九十余歳或は百余歳まで生きたという。魯に仕え莒父《きょふ》の宰となり、晩年魏の文侯の師となった。器量は広い人ではなかったが、篤実で、文学すなわち学術で聞え、『詩経』に序し、『易経』『礼記』を解釈し、『春秋』に精微の論をなし、経書を後世に伝えるのに大功があった。『詩経』の「毛詩序」(『文選』所収)の作者とされている。

【子路】

姓名は仲由。字は子路、または季路。孔子より九歳若いだけで孔門の大先輩。卞《べん》の人。魯に仕えて季氏の宰となり、三都破壊の事業に孔子の片腕として働いた。また衛に仕えて蒲の大夫となったが、衛の出公の内乱に赴いて戦死した。勇を好み、政事をもって著名であった。孔子に対しても常に思うことを率直に述べて叱られもしたが、よく孔子を助けた。おそらく孔子が最も親しみを持っていた人物であったろう。

【子游】

姓名は言偃《げんえん》。字は子游。呉の人。孔子より四十五歳若かった。魯の武城の宰となり、礼楽政治をしいたことがある。子夏と並んで文学をもって有名であり、特に礼にくわしかった。『礼記』の檀弓《だんぐう》篇に多くその論をのせている。

【子張】

姓名は顓孫師《せんそんし》。子張は、その字。陳の人。孔子より四十八歳若い。態度風采の堂々たる人で、そのため同門の人から共に仁を行い難いなどと評されたが、晩年には造詣が頗る醇なるものがあったという。

【閔子騫】

姓名は閔損。子騫は、その字。魯の人。孔子より十五歳若い。徳行で著名であり、また孝をもって聞えた。孟子は「聖人の体を具えて微なり」と評し、顔淵と並べて顔閔と称している。

【冉伯牛】

姓名は冉耕《ぜんこう》。字は伯牛。魯の人。徳行をもって有名で、孟子は顔淵、閔子騫と称して「体を具えて微なり」と評した。おそらく癩病のようなものにかかったらしく、孔子は「この人にしてこの病あり」と嘆じている。

【仲弓】

姓名は冉雍《ぜんよう》。字は仲弓。孔子より二十九歳若い。魯の人。魯に仕えて季氏の宰となった。徳行で聞え、孔子は「南面して政治をとらせてよい人物である」と評したことがある。

【冉有】

名は求、字は子有。魯の人。孔子より二十九歳若い。魯に仕えて季氏の宰となり、政事に長じ、理財をよくした。また兵事に通じ、斉軍が魯をうった時戦功をたてた。性格は消極的であったようである。

【樊遅】

名は須、字は子遅。魯の人。孔子より三十六歳若い。季氏に仕え、斉と戦って武功があった。性質は鈍重であるが篤実で、孔子によく質問をしている。

『論語』中の重要成語

敢《あ》えて後《おく》れたるに非《あら》ず。馬《うま》進《すす》まざればなり〔非ニ敢後一也。馬不レ進也〕（雍也）

魯《ろ》の大夫《たいふ》孟之《もうし》反《はん》が味方の敗軍の際に、自軍の退却を助けるためにできるだけ遅れて引きあげ、その功大であったにもかかわらず、「馬進まざればなり」といって、自分の功を誇らなかったという故事。

悪衣《あくい》悪食《あくしょく》を恥《は》ずる者は、未《いま》だ与《とも》に議《ぎ》するに足《た》らず〔而恥ニ悪衣悪食一者、未レ足ニ与議一也〕（里仁）

質素な衣服や食物を恥じるような者は、ともに修養に志す相手とする価値がない。

朝《あした》に道を聞かば夕《ゆうべ》に死すとも可《か》なり〔朝聞レ道、夕死可矣〕（里仁）

人として修養の道がいかに大切であるかは、朝道をきくことができれば、その日の夕方に死んでも心残りはないの意。道を知ることが、人生最大事であるということを強調した孔子のことば。

訐《あば》きて以《もっ》て直《ちょく》と為《な》す者を悪《にく》む〔悪ニ訐以為レ直者一〕（陽貨）

人の秘密をしいてあばき、それが正しい事と思っているような人を憎む。

危《あやう》きを見て命《めい》を授《さず》く〔見レ危授レ命〕（子張）

士といわれるような者は、国家の危険に際して命を投げだして、忠義を尽くすこと。

過《あやま》ちて改《あらた》めざる是《これ》を過《あやまち》と謂《い》う〔過而不レ改、是謂レ過矣〕（衛霊公）

人間であるから過失はあるものだが、その過失を改めるか否かが問題である。したがって、よく改めれば過失以前の自分に返ることはできるが、改めなければ、それこそ本当の過失となってしまい、取り返しのつかないこととなる。

過《あやま》ちては改《あらた》むるに憚《はばか》ること勿《なか》れ〔過則勿レ憚レ改〕（学而）

過失を犯したときには、ためらうことなく速かに改めなければいけない。

過《あやまち》を観《み》て仁を知る〔観レ過斯知レ仁矣〕（里仁）

人が過失を犯した場合、十分観察し、それが誠実さ故の過失であれば、かえって過失を犯したその人自身が仁者であることを知る。

夷《い》狄《てき》の君あるは、諸夏《しょか》の亡《な》きには如《し》かじ〔子曰、夷狄之有レ君、不レ如二諸夏之亡一也〕（八佾）

強力で盛んな君主によって治められている大国も、礼楽のない野蛮な国では値うちがないということ。中国の各諸侯は、主君があってもないかのようで、亡国に近い有り様であるが、いかにおとろえたとはいえ、礼楽が地を掃ってはいないから、夷狄の国にはまさっているということ。

怒《いか》りを遷《うつ》さず〔不レ遷レ怒〕（雍也）

Aに対する怒りをBに向けるようなことはしない。やつあたりはよくないということ。

憤《いきどお》りを発《はっ》して食《しょく》を忘《わす》る〔発レ憤忘レ食〕（述而）

何とも解決できないような難問題にぶつかって、それを解明しようと精神をふるいおこしたときには、寝食を忘れて当るということ。

一隅《いちぐう》を挙《あ》げて三隅《さんぐう》を反《はん》せしむ〔挙二一隅一不下以二三隅一反上則下レ復也〕（述而）

一端を示して、その他のことを自覚させること。

一言《いちげん》以《もっ》て之《こ》れを蔽《おお》う〔一言以蔽レ之〕（為政）

一言で全体の意味を言いつくすということ。

一以《もっ》て之《こ》れを貫《つらぬ》く〔吾(予)道一以貫レ之〕（里仁・衛霊公）

一理をもって全体をつらぬく。一筋に道を求めるという意。

一《いち》を聞《き》いて十を知る〔聞レ一以知レ十〕（公冶長）

物事の一端を聞けば、すぐに全体を悟る。

内《うち》に省《かえり》みて疚《やま》しからず〔内省下ㇾ疚〕（顔淵）

自分の良心に耳かたむけてみても、何一つ恥ずかしいことがない。

益者三友〔季氏〕

交際して自分のためになる友人には、三種（直・諒・多聞）があるということ。

遠慮《えんりよ》なければ近憂《きんゆう》あり〔人無二遠慮一、必有二近憂一〕（衛霊公）

目先きの安楽になれ、遠い将来のことを考えないというと、必ず身近かに心配事がおこるということ。

老《お》いて死せざる是《これ》を賊《ぞく》と為《な》す〔老而不ㇾ死、是為ㇾ賊〕（憲問）

一生涯何の善行もなく、ただいたずらに年老いて、それでいて死にもせず、生をむさぼり、風俗をそこなうのは、これこそ社会の害賊である。

奥《おう》に媚《こ》びんよりは、竈《そう》に媚《こ》びよ〔与三其媚二於奥一、寧媚二於竈一、何謂也〕（八佾）

地位は尊くても、実力のない者のきげんを取るよりは、地位は下でも、実権を握っている者につくほうが得策だということ。

教《おし》えざる民を以《もっ》て戦うは、是《こ》れ之《こ》れを棄《す》つと謂《い》う〔子曰、以二不レ教民一戦、是謂レ棄レ之〕（子路）

日ごろ教練しておかないで、その未教育の人民を戦場にやるのは、野原にすて殺すも同様で、無謀だということ。

己《おのれ》達《たっ》せんと欲《ほっ》して人を達《たっ》せしむ〔己欲レ達而達レ人〕（雍也）

仁者はよい事を行なうに、自他の区別など決してないということ。自分が成し遂げようと思う事は、まず人を助けて目的をとげさせる意。

己に克《か》ち礼《れい》に復《かえ》る〔子曰、克レ己復レ礼為レ仁〕（顔淵）

私欲をおさえて、天理のあらわれである礼を守る。（これが仁というのである）

己に如《し》かざる者を友とする勿《なか》れ〔毋レ友二不レ如レ己者一〕（学而）

自分より劣った人を友とすれば、人としての道を修める上での助けにならないということ。

己の欲《ほっ》せざる所は、人に施《ほどこ》す勿《なか》れ〔己所レ不レ欲、勿レ施二於人一〕（衛霊公）

自分が人からしてもらいたくない事は、他人に対してもしいてはいけない。この「思いやり」ということが「仁」である。

思邪《おもいよこしま》なし〔曰、思無レ邪〕（為政）

思うところをそのまま吐露して、飾り、偽りなどのないこと。私心がなく、公明なこと。

稼《か》は老農《ろうのう》に如《し》かず、圃《ほ》は老圃《ろうほ》に如《し》かず〔子曰、吾不㆑如㆓老農㆒……吾不㆑如㆓老圃㆒〕（子路）

百姓仕事のことなら年老いた農夫に聞けば一番よくわかる。

絵事《かいじ》は素《そ》を後《のち》にす〔子曰、絵事後㆑素〕（八佾）

絵をかくには、最後に胡粉《こふん》をぬって仕上げる。これと同様に、人間は天性の美質に礼によって更にみがきを加えて完成されるということ。

怪力乱神《かいりよくらんしん》を語《かた》らず〔子不㆑語㆓怪力乱神㆒〕（述而）

君子といわれるような者、は怪異（世にも不思議なこと）・勇力・背乱（人としての道にはずれる）・鬼神といった不可思議については語らない。

下学《かがく》して上達《じょうたつ》す〔下学而上達〕（憲問）

手近なところから勉学して、後に高遠な理想に達する。

河図《かと》を出《いだ》さず〔河不㆑出㆑図。吾已矣夫〕（子罕）

末世をなげいたことば。黄河から河図が出現しない。聖人の世には出たが、今は世が乱れたので、そのような瑞祥はあらわれない、これを「やんぬるかな」と孔子がなげいた。

夫《か》の人《ひと》の子《こ》を賊《そこな》わん〔子曰、賊㆓夫人之子㆒〕（先進）

力のたりない年少者にむずかしい任務を与えたのでは、その人の身を失敗させる結果になろうの意。

上礼《かみれい》を好《この》めば民敢《あ》えて敬《けい》せざる莫《な》し〔上好㆑礼、則民莫㆓敢不㆑敬㆒〕（子路）

時の為政者が礼儀を好んで、人びとに対しても礼を失うことがなければ、下の人たちも敬意をもって仕えるものである。

下問《かもん》を恥《は》じず〔子曰、敏而好㆑学、不㆑恥㆓下問㆒〕（公冶長）

目下の者にものを聞くことを恥としない。

危邦《きほう》に入《い》らず乱邦《らんほう》に居《お》らず〔危邦不㆑入、乱邦不㆑居〕（泰伯）

危険な情勢をはらんだ国や、政治風俗民情などの乱れた国は避けるのが、道を全うするためには必要である。

君君《きみきみ》たり、臣臣《しんしん》たり〔君君、臣臣〕（顔淵）

主君は主君としての道を守り、臣は臣の道を守って、それぞれの本分をつくす。また、主君が主君としての道を守らなければ、主君としての資格がなく、臣も臣としての道を守らなくなってしまう。

君に事《つか》えて数《しばしば》すれば斯《ここ》に辱《はずか》しめらる〔事ㇾ君数斯辱矣〕（里仁）

主君に仕えるに当って近づき過ぎ、なれすぎるというと、うるさがられて恥を受けるようになる。

郷原《きょうげん》は徳《とく》の賊《ぞく》〔郷原徳之賊也〕（陽貨）

えせ道徳者はなんの値うちもない。かような人は識見もなく、操守のない点で、むしろ徳をそこなうものである。

曲肱《きょくこう》の楽《たのしみ》〔曲ㇾ肱而枕ㇾ之、楽亦在二其中一矣〕（述而）

貧困に安んじて道を楽しむこと。

君子《くんし》争《あらそ》う所無し〔子曰、君子無ㇾ所ㇾ争〕（八佾）

君子といわれるような人は、他人と争いごとをしない。

君子重《おも》からざれば威《い》あらず〔子曰、君子不ㇾ重則不ㇾ威〕（学而）

人の上に立つ者は重々しくないと威厳がなく人にあなどられる。

君子に三畏《さんい》有《あ》り〔孔子曰、君子有二三畏一〕（季氏）

君子は天命・大人・聖人の言の三つを恐れる。

君子に三戒《さんかい》有り〔孔子曰、君子有二三戒一〕（季氏）

君子といわれるような者は、若い時は色欲を、壮年時には人との争いのないように、老年になってからは欲深にならないように戒めなければならない。

君子《くんし》の儒《じゅ》と為《な》れ小人《しょうじん》の儒《じゅ》と為《な》ること無《な》かれ〔女為二君子儒一無レ為二小人儒一〕（雍也）

立派な君子の儒となって、世におもるようないやしい小人の儒とはなるなということ。自己の修養に努力し、心身とも正しくすることをもっぱらにし、名利を求めないのを「君子の儒」といい、ひたすら名誉利益を得ることばかり考えるような人を「小人の儒」という。

君子の過《あやまち》は日月《にちげつ》の食《しょく》の如《ごと》し〔子貢曰、君子之過也、如二日月之食一焉〕（子張）

君子は稀に過失を犯すことがあっても、それは一時のできごとで消え去り、すぐに本来の徳性に返るものである。

君子の徳《とく》は風《かぜ》〔君子之徳、風也〕（顔淵）

君子は自分の徳によって人民をなびかせ教化すること。そのさまは、風が草の上を吹いて草がなびきふすのに似ている。

君子は器《き》ならず〔子曰、君子不レ器〕（為政）

君子とは単に一芸一能にひいでた人をいうのではなく、すべてにわたって均衡のとれた円満な人柄であること。

君子は義《ぎ》に喩《さと》り、小人《しょうじん》は利《り》に喩《さと》る〔子曰、君子喩二於義一、小人喩二於利一〕（里仁）

君子というものは、すべての物事が人としての正しい道に適合するかどうかを先ず考えるが、小人は、先ず利益があるかどうか、また、どうすれば自分の利益になるかということを考えるものである。

君子は周《しゅう》にして比《ひ》せず〔子曰、君子周而不レ比〕（為政）

君子は誰とでも交際し、その態度は公平でかたよるところがない。

君子は多能《たのう》を恥《は》ず〔子聞レ之曰……故多二能鄙事一。君子多乎哉。不レ多也〕（子罕）

君子は本来あまりいろいろな事にたんのうであるべきでなく、むしろ多能は恥ずべきことであるということ。

君子は貞《てい》にして諒《りょう》ならず〔子曰、君子貞而不レ諒〕（衛霊公）

君子は正しい道理を堅くまもるけれども、そのために片寄って偏屈になることはない。

君子は人の美を成す〔子曰、君子成二人之美一〕（顔淵）

君子は人の美点を認めて、それを一層助長するように努力する。

君子は道を憂《うれ》えて貧《ひん》を憂えず〔君子憂レ道不レ憂レ貧〕（衛霊公）

君子は正しい道理に違いはしないかと心配し、貧しいことは決して心配しない。

敬《けい》して遠《とお》ざく〔敬二鬼神一而遠レ之。可レ謂レ知矣〕（雍也）

敬ってなれなれしくしないこと。転じて、うわべは尊敬するが、内心ではうとんじて親しくしないこと。

犬馬《けんば》の養《やしない》〔至二於犬馬一皆能有レ養〕（為政）

犬や馬が親に食物を分けるのと同じように、父母を養うのにただ口腹をみたすだけで敬意がないのをいう。

賢《けん》を賢とし色《いろ》に易《か》う〔子夏曰、賢レ賢易レ色〕（学而）

色欲をおさえて賢人を尊重する心にかえ、自分も賢人に近づくよう心がける。一説に、賢人を尊重するには平常の顔色を改め、その態度に尊敬の念がなくてはいけないとする。

賢を見ては斉しからんことを思う〔子曰、見レ賢思レ斉焉〕（里仁）

賢人をみては自分もその人と同じようになろうと思う。

剛毅《ごうき》木訥《ぼくとつ》仁《じん》に近《ちか》し〔剛毅木訥近レ仁〕（子路）

意志がつよく、いかなる困難にも屈することなく、言行がじみで、飾り気のないのは、道徳の最高たる仁にちかい。

巧言《こうげん》は徳《とく》を乱《みだ》る〔子曰、巧言乱㆑徳〕（衛霊公）

ことば巧みなのは、実行が伴わないから善悪を乱し、人の徳を傷つける。

後生《こうせい》畏《おそ》るべし〔子曰、後生可㆑畏〕（子罕）

年少者は気力があり、これからの勉強しだいによって、どれほどその力量を示すか測り知れないものがあるので、心からおそれるべきである。

工《こう》その事を善《よ》くせんと欲《ほっ》せば、必《かなら》ず先《ま》ずその器《き》を利《り》にす〔子曰、工欲㆑善㆓其事㆒、必先利㆓其器㆒〕（衛霊公）

職人が、仕事をうまくやろうと思えば、必ずその前に道具をといで、切れるようにし、準備を怠るようなことはしない。

心の欲《ほっ》する所に従えども矩《のり》を踰《こ》えず〔七十而従㆓心所㆒㆑欲不㆑踰㆑矩〕（為政）

自分の心にこれがしたいと思ったことをそのまま行動に移しても、それがすべて道徳の規範からはずれるようなことがない。

斯《こ》の人にして斯《こ》の疾《やまい》あり〔斯人也、而有㆓斯疾㆒也〕（雍也）

こんなに良い人なのに、こんな病気にかかるとは、いったいどうしたことなんだろう。転じて、立派な人なのに、色欲などで身の修まらないことがあるのにいう。

三月肉の味《あじ》を知らず〔三月不レ知二肉味一〕（述而）

三ヶ月もの長い間、肉の美味も忘れるほど物事に熱中する。

三思《さんし》して後行《のちおこ》なう〔季文子三思而後行〕（公冶長）

くり返しよく考えたのちに実行するということ。

三十にして立《た》つ〔三十而立〕（為政）

孔子は三十歳になって始めて心がしっかりして、道徳の上に立って動かなくなったということば。

三人行《おこ》なえば必《かなら》ず我《わ》が師《し》あり〔子曰、三人行必有二我師一焉〕（述而）

一緒に事を行なう場合、少数の人の中にもかならず自分の手本とするに値する人があるということ。善者をみては手本とし、悪人をみては心の戒めとするというように、善悪につけ学びうる人が必ずあるということ。

三年父の道を改《あらた》むること無《な》きは孝《こう》と謂《い》うべし〔三年無レ改二於父之道一、可レ謂レ孝矣〕（学而）

父の志をついで行なうのが孝子の道であるから、三年間の喪中は多少の不便があっても改めないのが孝行である。

四《し》海《かい》兄弟《けいてい》〔四海之内、皆為二兄弟一也〕（顔淵）

天下の人はすべて自分と同じで、決して分け隔だてすべき理由はなく、みな兄弟のようなものであるということ。

四海困窮《こんきゅう》せば天禄《てんろく》永《なが》く終《お》えん〔四海困窮、天禄永終〕（堯曰）

天下の人民が困窮するような事態になると、それは為政者の不徳の結果なのだから、天が為政者に下された福というものも最後であるということ。これは堯帝が舜帝に、舜帝が禹王に政道をつつしむように戒めたことばだといわれている。

志《し》学《がく》〔吾十有五而志二于学一〕（為政）

十五歳。孔子が学問に志した年令。

志《し》士《し》仁人《じんじん》は生を求めて以て害する無し〔子曰、志士仁人無二求レ生以害一レ仁〕（衛霊公）

志士や仁者は、自分の生命を捨てても仁の道を全うするものである。生きようがために仁道にそむくようなことはしない。

耳順《じじゅん》〔六十而耳順〕（為政）

六十歳をいう。孔子は六十歳で人の言を聞けば、何でも誤りなくすらすらと理解するようになったという。

日月《じつげつ》逝《ゆ》いて歳《とし》我《わ》が与《とも》ならず〔日月逝矣歳不二我与一〕（陽貨）

歳月というものはどんどん過ぎて、自分とともにとどまらない。歳月というものは人を待たないということ。

駟《し》も舌《した》に及ばず〔駟不レ及レ舌〕（顔淵）

自分の口から一たんでたことばは、四頭立ての馬車で追いかけても追いつけない。失言の取り返しはつかないから、ことばは軽々しく口から出すものではないということ。

衆《しゅう》これを悪《にく》むも必《かなら》ず察《さっ》す〔子曰、衆悪レ之必察焉〕（衛霊公）

衆人が非難したからといって、軽々しく賛成しないで、自分の見識によって正しい判断をせよということ。

手足《しゅそく》を措《お》く所《ところ》なし〔刑罰不レ中、則民無レ所レ措二手足一〕（子路）

心から安んじて身をおく場所がない。なすところを知らないということ。

小忍《しょうしの》ばざれば即《すなは》ち大謀《たいぼう》を乱《みだ》る〔巧言乱レ徳。小不レ忍、則乱二大謀一〕（衛霊公）

小事にしんぼうできないようでは、大事をなしとげようとしても必ず失敗する。

小人の過《あやまち》や必ず文《かざ》る〔子夏曰、小人之過也、必文〕（子張）
つまらん人間は過失をおかした場合、何とか取りつくろって、その場だけすまそうとするから向上が見られない。

女子と小人は養《やしな》い難《がた》し〔子曰、唯女子与二小人一為レ難レ養也〕（陽貨）
女と小人物は、物の道理をわきまえず、増長しやすく、恨みやすいので扱いにくいということ。

知らざるを知らずとせよ、是《こ》れ知るなり〔知レ之為レ知レ之、不レ知為レ不レ知。是知也〕（為政）
知らないことは正直に知らないとはっきりさせるのが、本当に知るということである。自分が知らないことを、知っているふりをしていたのでは知識の向上はないということ。

而立《じりつ》〔三十而立〕（為政）
三十歳をいう。

仁者は山を楽む〔知者楽レ水、仁者楽レ山〕（雍也）
山は静かで不動であることを、仁者が天命に安んじて欲念に動かされないで、自然を楽しむ心境にたとえたことば。

浸潤《しんじゅん》の譖《そしり》〔浸潤譖、膚受之愬、不レ行焉〕（顔淵）

水がしみ入るように少しずつ讒言《ざんげん》して人をおとしいれること。

仁に当りては師にも譲《ゆず》らず〔子曰、当レ仁不レ譲ニ於師一〕（衛霊公）

仁の道を行なう場合には、相手が先生であろうと遠慮することはない。

紳《しん》に書す〔子張書ニ諸紳一〕（衛霊公）

紳（おおおび）に備忘のため書きつけておく。転じて、よく覚えていて、常に手本として参考にすること。

水火を踏む〔水火吾見ニ踏而死者一矣〕（衛霊公）

非常に苦痛な境涯におちいる。危険を冒すたとえ。

過《す》ぎたるは猶及《なおおよ》ばざるがごとし〔子曰、過猶レ不レ及〕（先進）

物事の度をすごすということは、たらないのと同じで、よくないということ。度がすぎたということはよい事でも害になる。

速《すみや》かならんことを欲《ほっ》する無《な》かれ〔子曰、無レ欲レ速。無レ見ニ小利一〕（子路）

物事は急いではいけないということ。

善《ぜん》を尽《つく》し美を尽す〔尽レ美矣、又尽レ善也〕（八佾）

至上の善美をつくす。最上最高であること。

善を見ては及《およ》ばざるが如《ごと》くす〔孔子曰、見レ善如レ不レ及、見二不善一如レ探レ湯〕（季氏）

他人の善行をみて、自分はいくら努力してもおよばないというふうに一生けんめいそのようになろうと思考し努力すること。

其《そ》の鬼《き》に非《あら》ずして祭るは諂うなり〔子曰、非二其鬼一而祭レ之、諂也〕（為政）

自分の祖先の霊以外のものを祭るのは、へつらうことで、祖先崇拝と迷信とを混同してはならないということ。

其の位《くらい》に在《あ》らざれば其の政を謀《はか》らず〔子曰、不レ在二其位一、不レ謀二其政一〕（泰伯）

自分の本分を越えて、政治の事に差し出口をするものではない。自分に与えられた職分を守って、身分相応の事をせよということ。

其の知や及ぶべし、その愚《ぐ》や及ぶべからず〔其知可レ及也、其愚不レ可レ及也〕（公冶長）

その程度の賢明さは、だれでもまねることができようが、その愚かさに至ると何人もまねできない。

其の身正しければ令《れい》せずして行なわる〔子曰、其身正、不レ令而行〕（子路）

上に立つ人（為政者）が正しい道を行なっていれば、やかましく命令しなくても自然に人民が心服してよい政治ができるようになる。

其の両端を叩《たた》きて竭《つく》す〔我叩二其両端一竭而焉〕（子路）

自分に問うている人の疑問点はどこにあるのか、よく聞き、正しく問題の前後左右あらゆる方面から納得の行くように説明してやるということ。

諾《だく》を宿《とど》むこと無し〔子路無レ宿レ諾〕（顔淵）

他人に対して自分が承諾したことは、そのままにしておかないで、すぐに実行せよということ。

楽しんで淫《いん》せず〔子曰、関雎楽而不レ淫〕（八佾）

楽しんでいて度をすごすことがない。

民を使うに時を以《もっ》てす〔節レ用而愛レ人、使レ民以レ時〕（学而）

人民を課役に召す場合は、時期を十分考えて農業のひまな時にせよということ。

近き者説《よろこ》べば遠き者来《きた》る〔子曰、近者説、遠者来〕（子路）

近い地域の者が喜んで主君に服しているようであれば、遠い地域の人びとまでも帰服して来るということ。

智者《ちしゃ》は水を楽しむ〔知者楽ㇾ水、仁者楽ㇾ山〕（雍也）

水のたえず流転する相を、知者がうまく物事を処理することにたとえたことば。

中道にして廃《はい》す〔子曰、力不ㇾ足者、中道而廃〕（雍也）

力いっぱい出しきらないうちに途中でやめてしまうこと。

鼓《つつみ》を鳴らして攻《せ》む〔小子鳴ㇾ鼓而攻ㇾ之可也〕（先進）

人の罪を言いたてて堂々と攻撃すること。

釣《つり》すれども網《もう》せず〔子釣而不ㇾ網〕（述而）

釣り糸で魚はとるが、網をかけて全部とるというようなことはしない。生物を根絶するような殺生はしないということ。

涅《でっ》すれども緇《くろ》まず〔不ㇾ曰ㇾ白乎。涅而不ㇾ緇〕（陽貨）

悪人といても、汚れた世の中に住んでいても、悪の道にそまらず、人としての正しい行ないをすることのたとえ。黒い土で染めても黒くならない。

天を怨《うら》みず人を尤《とが》めず〔子曰、不ㇾ怨ㇾ天、不ㇾ尤ㇾ人〕（憲問）

自分がいかに不遇な場合でも、天をうらむことなく、また人をとがめることもなく、つねに安んじて自己の修養に努力するということ。

堂に升《のぼ》りて室に入《い》らず〔子曰、由也升レ堂矣、未入ニ於室一也〕（先進）

学問の道がようやく上達したけれども、まだ道の深奥の域にまでは達していないということ。

斗筲《としょう》の人〔子曰、噫、斗筲之人、何足レ算也〕（子路）

見識もない、つまらん人物。小人物。

富而《も》し求むべくんば執鞭《しっべん》の士と雖《いえど》も吾亦之《われまたこ》れをなさん〔子曰、富而可レ求也、雖ニ執鞭之士一、吾亦為レ之〕（述而）

この世の富というものが、求めさえすれば得られるものならば、どんな卑しい職業にでも従事するということ。

朋《とも》有り遠方《えんぽう》より来《きた》る〔有レ朋自ニ遠方一来〕（学而）

教えを求めて学友が遠方からやって来る。近くの人びとはもちろんやって来るに違いない。自分の説く道の理解者があるのは楽しいということ。

鳥の将《まさ》に死なんとする、その鳴くや哀《かな》し〔曽子言曰、鳥之将レ死、其鳴也哀〕（泰伯）

鳥の死にぎわの悲鳴は、実に悲痛さがあって、人の胸をうつものがある。

名正《ただ》しからざれば則《すなは》ち言順《げんじゅん》ならず〔名不レ正、則言不レ順〕（子路）

名分が正しくないと、その言説は道理にはずれる。名分を正すことが秩序を正すものであるということ。

鶏《にわとり》を割《さ》くに焉《いずく》ぞ牛刀《ぎゅうとう》を用《もち》いん〔夫子莞爾而笑曰、割レ鶏焉用二牛刀一〕（陽貨）

鶏を料理するのに大きな包丁を使う必要はない。小事を処理するのに、大人物または大げさな方法を用いることはないということ。

匹夫《ひっぷ》も志《こころざし》を奪《うば》うべからず〔匹夫不レ可レ奪レ志也〕（子罕）

卑しい者でも、その人の固く守っている志は曲げさせることはできない。匹夫、下人でも志のある人はあなどることができないこと。

人にして恒《つね》無くんば以て巫医《ふい》を作《な》すべからず〔曰、人而無レ恒、不レ可三以作二巫医一〕（子路）

人というものは常に不動の正しい心を持っていなければならないのに、それがないような人は巫女や医者でも救いようがない。

人の己《おのれ》を知らざるを患《うれ》えず、人を知らざるを患う〔子曰、不レ患三人之不二己知一。患レ不レ知レ人也〕（学而）

世の人びとが自分の真価を認めてくれることを求める必要はない。そんなことよりも、自分が他人の才徳を認める点で落ちどはないかと気をつけよということ。

人の将《まさ》に死なんとする、その言や善《よ》し〔人之将レ死、其言う也善〕（泰伯）

人が死を前にして言うことばは、真実がこもっていてよいということ。

日に三たび身を省《かえり》みよ〔曽子曰、吾日三省二吾身一〕（学而）

毎日何回となく自分をかえりみて、行ないを正しくすること。

百里の命〔可三以寄二百里之命一〕（泰伯）

百里四方の地の政令をいう。

瓢《ひょう》簞《たん》屢《しばしば》空《むな》し草顔淵《がんえん》が巷《ちまた》に滋《しげ》し〔一簞食一瓢飲、在二陋巷一〕（雍也）

孔子の弟子顔淵の日常は、飲食物も欠乏しがちで、草はそのちまたに茂りのびほうだいである。

非礼《ひれい》視《み》ること勿《なか》れ〔子曰、非礼勿レ視〕（顔淵）

礼儀にかなわぬことは一切見てはいけない。

汎《ひろ》く衆を愛して仁に親《した》しむ〔汎愛レ衆而親レ仁〕（学而）

あまねく衆人を愛し、仁者に近づき親しんで修養せよということ。

博《ひろ》く文を学び、之《こ》れを約するに礼を以《もっ》てす〔君子博学二於文一、約レ之以レ礼〕（雍也）

学問は広く学び、得たところの知識は単に知識としてでなく、礼をもってこれを統括し、徳行の面に活用するということ。

博く学びて篤《あつ》く志し、切《せつ》に問いて近く思う〔子夏曰、博学而篤志、切問而近思〕（子張）

広く学んで見識をひろめ、これを実践し、また学んで疑問のことがあれば熱心に質問し、高遠な理想を考えて現実から離れないようにし、身近な問題について徳の実践のために考えるということ。

貧《ひん》にして怨《うら》むこと無きは難《かた》し〔子曰、貧而無レ怨、難〕（憲問）

貧乏して人を恨まず、世を恨むことなく、天命に安んじるということはなかなかできにくいことである。

貧にして楽しむ〔未レ若二貧而楽レ道、富而好レ礼者一也〕（学而）

貧しくても天命に安んじて、人としての正しい道を楽しむこと。

夫子《ふうし》自《みずか》ら道《い》う〔子貢曰、夫子自道也〕（憲問）

自分で自分の行ないを言っているということ。

父母《ふぼ》在《いま》せば遠く遊ばず〔子曰、父母在不二遠遊一〕（里仁）

親は子の身を非常に心配するものだから、孝子は父母が在世中は余儀ない場合以外は遠く旅たつことをしない。

父母は唯其《ただそ》の疾《やまい》を之《こ》れ憂《うれ》う〔子曰、父母唯其疾之憂〕（為政）

諸説あり。①親は自分の子の病気だけを心配する。だから体を大切にして親に心配をかけないのが孝の道だということ。②「父母には唯其の疾を之れ憂えよ」と読み、父母が老年になり、病気になることだけが何にもまして心配である。（伊藤仁斎）③「父母には唯其の疾を之れ憂えしむ」と読み、病気のときだけは心配をかけるが、その他のことでは心配をかけないようにする。

故《ふる》きを温《たず》ねて新しきを知る〔子曰、温レ故而知レ新〕（為政）

①以前に自分が学んだ事柄をよく復習し、それを基にして新しい道理を発見すること。②過去の事実を研究して、新しい知識や見解を広める。伝統に立って、新しく現代を認識するということ。

不惑〔四十而不レ惑〕（為政）

四十歳をいう。

文質彬彬《ひんぴん》として然《しか》る後《のち》に君子なり〔文質彬彬、然後君子〕（雍也）

外貌が重々しくととのっていて、内容の充実とほどよく調和がとれて、はじめて成徳の君子ということができる。

糞土《ふんど》の牆《しょう》は杇《ぬ》るべからず〔糞土之牆、不レ可レ杇也〕（公冶長）

きたない土で作った土塀は、こてを使って塗ることができない。これと同じように、人も一生懸命やろうという気持ちのない者は、教えるかいもないということ。

文を以《もっ》て友を会す〔曽子曰、君子以レ文会レ友〕（顔淵）

漫然と集会しないで、学問の研究のために会合する。学問をもって交友関係を結ぶ。

片言獄《へんげんごく》を折《さだ》む〔子曰、可ニ片言以折レ獄者、其由也与〕（顔淵）

一方の訴えを聞いただけで裁判を決し、原告被告を信服させること。

暴虎《ぼうこ》憑河《ひょうが》の勇〔子曰、暴虎憑河、死而無レ悔者、吾不レ与也〕（述而）

〔『詩経』小雅、「小旻」〕素手で虎を打ち、川を徒歩でわたるような勇気。血気の勇にはやること。向こうみずの勇気。

北辰《ほくしん》其《そ》の所に居《い》て衆星之《こ》れに共《むか》う〔譬如下北辰居ニ其所一而衆星共上レ之〕（為政）

主君が仁徳をもって政治を行なえば、すべての人が心服することのたとえ。不動の北極星のまわりを他の星がめぐり、これに向って帰している。

木鐸《ぼくたく》〔天将下以二夫子一為中木鐸上〕（八佾）

木の舌のついている大鈴。「鐸」は、古代中国で教令をふれる時にたずさえて鳴らしたもので、「金鐸」と「木鐸」とがあった。「木鐸」は、文教の令をだす時に振り鳴らした。転じて、世論をよび起し、世人を教導する人をいう。学者・新聞記者は「社会の木鐸」といわれた（近代）。

貧しきは諂《へつら》う〔子貢問曰、貧而無レ諂〕（学而）

人は貧乏になると、心も卑屈になって人にへつらうようになる。

学びて思わざれば即《すなわ》ち罔《くら》し〔子曰、学而不レ思則罔〕（為政）

学びとるだけで、自分から思索しなければ、真理は決して明らかにならない。

学べば即《すなわ》ち固《こ》ならず〔学則不レ固〕（学而）

学問をすると知識も広がり、度量も大きくなって偏見にとらわれることがない。

道同じからざれば相為《あい》に謀《はか》らず〔子曰、道不レ同、不二相為謀一〕（衛霊公）

信奉する道が同じでない者とは、いっしょに事を行なうことができない。

躬《み》自《みずか》ら厚くして薄《うす》く人を責《せ》むれば即《すなは》ち怨《うらみ》に遠ざかる〔子曰、躬自厚、而薄責二於人一、則遠レ怨矣〕（衛靈公）

自分にはきびしく反省を加え、人の欠点を責めることには寛大であるというと、うらみを受けることが少ない。

無為《むい》の治《ち》〔子曰、無為而治者、其舜与〕（衛靈公）

天子がことさらに手段を施さないで、賢者に政治をまかせて世の中が自然に治まるということ。

紫《むらさき》の朱《あけ》を奪《うば》う〔子曰、悪三紫之奪二朱也〕（陽貨）

間色が正色をみだすこと。にせ物が本物に勝つということにたとえる。また、たんに似て非なることにも用いる。

命を知らざれば以て君子と為ること無し〔子曰、不レ知レ命、無三以為二君子一也〕（尭曰）

天が自分に下したものを知り、生死とか窮達に心を動かされない境地に達した者でないと君子とは言いがたいということ。

黙識《もくし》〔黙而識レ之〕（述而）

勉強して身にえた事柄を口に出さないで、じっと胸の中にしまっておくこと。

以《もっ》て六尺《りくせき》の孤《こ》を託《たく》すべし〔曽子曰、可㆔以託㆓六尺之孤㆒〕（泰伯）

一人立ちのできないみなし子を預けても、心配のないほど信頼できる人物であるということ。

本立ちて道生《しょう》ず〔君子務㆑本。本立而道生〕（学而）

親には孝であり、兄長にはよくつかえることが人道の根本で、これを社会に立派に役立ててはじめて道義、仁愛の道が生ずるのである。

勇有《ゆうあ》りて義無《ぎな》きは乱《らん》を為《な》す〔君子有㆑勇而無㆑義、為㆑乱〕（陽貨）

勇気にはやるだけで、義を尊ぶ心がないというと世を乱すようになる。

勇者は懼《おそ》れず〔勇者不㆑懼〕（子路）

真の勇者は心にやましいこともなく、つねに道義に合しているから、何も恐れることがない。

行くに径《こみち》に由らず〔行不㆑由㆑径〕（雍也）

裏通りや小道を歩かない。公明正大、つねに正しい道を歩み行なう。

利を見ては義を思い危《あやう》きを見ては命を授《さず》く〔見㆑利思㆑義、見㆑危授㆑命〕（憲問）

自分の利益になることがあったら、それを取るのが正しいかどうか、十分考えてからきめる。危急のときは、自分の命を投げだして事にあたる。

論語読みの論語知らず

書物を読んで、字面の上で理解するだけで、実行がともなわないことのたとえ。

吹野　安（ふきの・やすし）
国学院大学名誉教授

論語［新装版］

2008年03月30日　新装版第１刷発行

著　者　吹　野　安
発行者　池田　つや子
装　丁　椿屋事務所
発行所　有限会社　笠間書院

〒101-0064　東京都千代田区猿楽町 2-2-3
Tel.03-3295-1331 Fax.03-3294-0996
振替 00110-1-56002

NDC分類　921

ISBN978-4-305-60303-6

福島印刷／渡辺製本

乱丁・落丁本はお取りかえいたします。
出版目録は上記住所までご請求ください。
e-mail info@kasamashoin.co.jp